南部绣花式综合扶贫

杨浩　庄天慧　等◎著

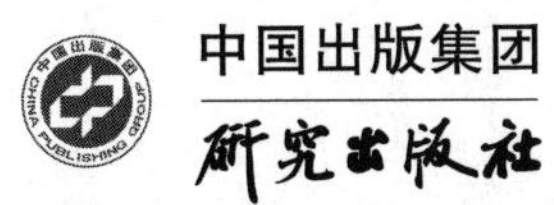

图书在版编目 (CIP) 数据

南部 : 绣花式综合扶贫 / 国务院扶贫办组织编写
. -- 北京 : 研究出版社 , 2021.4
ISBN 978-7-5199-0879-9

Ⅰ. ①南… Ⅱ. ①国… Ⅲ. ①扶贫 – 研究 – 南部县
Ⅳ. ① F127.714

中国版本图书馆 CIP 数据核字 (2021) 第 042925 号

南部: 绣花式综合扶贫
NANBU : XIUHUASHI ZONGHE FUPIN

国务院扶贫办　组织编写

责任编辑: 寇颖丹

研究出版社 出版发行
(100011　北京市朝阳区安华里 504 号 A 座)

河北赛文印刷有限公司　新华书店经销

2021 年 6 月第 1 版　2021 年 6 月北京第 1 次印刷
开本: 710 毫米 ×1000 毫米　1/16　印张: 16.25
字数: 208 千字

ISBN 978 – 7 – 5199 – 0879 – 9　定价: 38.00 元

邮购地址 100011　北京市朝阳区安华里 504 号 A 座
电话 (010) 64217619　64217612 (发行中心)

版权所有 • 侵权必究
凡购买本社图书，如有印制质量问题，我社负责调换。

“新时代中国县域脱贫攻坚研究丛书”
编审指导委员会

主　任：刘永富　谭　跃

副主任：欧青平　洪天云　陈志刚　夏更生　黄志坚

委　员：海　波　陈武明　苏国霞　王光才　黄　艳　左常升
曲天军　杨　炼　许健民　桑　明　黄承伟　刘俊文
李富君　陆春生　李　岩　陈永刚

评审专家组：（按姓氏笔画排序）

于鸿君　王晓毅　艾四林　左　停　叶敬忠　向德平
刘晓山　张　琦　张志明　张丽君　陆汉文　和　龚
郑风田　郝振省　曹　立

《南部：绣花式综合扶贫》编写组

编写人员：杨　浩　庄天慧　张海霞　蓝红星
孙锦杨　骆　希　张维泰　许　慧
刘　成　王明月　郝奥亚　胡钟仁

目　录

第一章 脱贫概况：化困境为动力，豪迈启程新征程

贫穷不是社会主义。如果贫困地区长期贫困，面貌长期得不到改变，群众生活长期得不到明显提高，那就没有体现我国社会主义制度的优越性，那也不是社会主义。因此，各地区各部门要加强组织领导，在已经取得成绩的基础上，加大对扶贫对象和贫困地区的扶持力度，充分发挥贫困地区干部群众的积极性、主动性、创造性，广泛组织和动员社会力量积极参与扶贫济困，确保如期实现扶贫开发“两不愁、三保障”的奋斗目标。

——2013 年习近平总书记在党的十八届二中全会第二次全体会议上的讲话

党的十八大以来，以习近平同志为核心的党中央向全党发出脱贫攻坚进军令，并作出庄严承诺：小康路上一个都不能少。号角吹响、战鼓雷鸣，责任如山，南部县冲锋出击，唯此为大，明确责任书，画出路线图，下足绣花功夫，精准扶贫、精准脱贫，决战决胜全面小康，立足南部县县情，直面脱贫攻坚困难与挑战，取得了显著成效，实现了脱贫摘帽，走出了一条具有南部特色的脱贫之路。

一、南部县整体情况①

（一）地理自然情况

1. 地理地貌

南部县是四川省南充市市辖县，位于四川盆地北部、嘉陵江中游，介于东经105°27′至106°24′，北纬31°04′至31°30′之间，东西相距89.7千米，南北相距59.5千米。东与仪陇县、蓬安县相邻，南与西充县、顺庆区接壤，西与盐亭县、梓潼县交界，北与剑阁县、阆中市相连，面积2229平方千米。县城距南充市100千米，距重庆市300千米，距省会成都市300千米。

南部县属盆周中低山区，处于深丘、低山区与浅丘过渡地带，地势由西北向东南倾斜，西北高，东南低。嘉陵江东岸属大巴山余脉，西岸属剑门山余脉。地形多以低山、丘陵为主，境内最高海拔826米，最低海拔298米。西北部以低山、高丘为主，海拔高度一般在500—600米，面积414平方公里，占全县面积的18.5%；东南部以丘陵为主，海拔高度一般在300—400米，面积952.56平方公里，占全县面积的42.6%；中部以低山、高丘为主，海拔高程一般在400—500米，面积869平方公里，占全县面积的38.9%。

2. 气象水文

南部县属亚热带湿润季风气候区，气候湿润，雨量充沛，四季分明，季风气候明显。自然灾害主要以旱灾、洪涝、低温霜冻、大风及冰

---

① 本部分地理、气象和土壤资料主要来源于南部县人民政府网站，http://www.scnanbu.gov.cn/h/zjnb.html。

雹为主，旱灾以冬旱、春旱、连伏旱为主，盛夏多暴雨，秋季多秋涝。（1）气温。年平均气温16.8℃，历年极端最高气温42.4℃，极端最低气温-5.0℃。最低月（1月）平均气温5.9℃，最高月（8月）平均气温27.4℃。多年平均无霜期285天，最长345天，最短252天，大于0℃积温平均6238.7℃，大于10℃积温5399.5℃，在热量方面能满足作物生长要求。（2）日照。历年日照时数平均值1409.3小时，日照率为32%。春季平均日照380.5小时，占全年的27%；夏季平均日照570.8小时，占全年的40.5%；秋季平均日照270.6小时，占全年的19.2%；冬季平均日照187.4小时，占全年的13.3%。（3）降水。多年平均降水量976.4毫米，降水在境内地域分布不均，随着地势增高而减小，县境西北部829.5毫米，东南部1019毫米。降水多集中在5—10月，占全年降水的81%，冬春季降水占全年的19%。（4）风速。多年平均风速1.4米/小时，平均最大风速15.0米/小时。（5）蒸发。多年平均水面蒸发量为791.3毫米，陆面蒸发量在694.5毫米以上。蒸发量最大在8月，最小在1月，4—8月为全年蒸发量最大时段，占全年蒸发总量的65.9%。

南部县水资源较为丰富，水资源总量多年平均为253.01亿立方米，其中过境水245.5亿立方米，地表水6.57亿立方米，地下水0.94亿立方米。境内主要河流有嘉陵江、西河、宝马河。嘉陵江由正北向东南贯穿境内，流经17个乡镇进入蓬安县境内，流长68公里；其支流西河由西北流向东南，境内流长202公里。拥有库容量13.39亿立方米的升钟水库、1657万立方米的八尔滩水库、装机容量9万千瓦的红岩子水电站等大中型水库、水电站多座。

3. 土壤植被

南部县有红紫泥土、红棕紫泥土、黄棕紫泥土、棕紫泥土、冲积土、紫色泥土、黄棕泥土等七大类土壤。紫色土占面积的90.5%，冲积黄壤占

9.5%。县境西北部主要为红紫泥土；西南部主要为黄棕紫泥土；东南部沿嘉陵江、西河河谷及平坝地带，多为黄黏土及冲积土带。从土壤颗粒分布情况看，县境西北部大致为黏土，中部为轻黏土，东南部为壤土。肥力为甲等土占 20%，乙等土占 30%，丙等土占 30%，丁等土占 20%。中性土占 92.64%，微酸性土占 7.36%。

南部县是全国造林绿化模范县，被中国花卉报社授予“中国桂花城”称号。森林总面积 87710 公顷，森林覆盖率 45.2%。活立木蓄积量达 540 万立方米，森林蓄积量达 480 万立方米。植被种类主要有亚热带针叶林，常绿、落叶阔叶林，针叶、灌木林，等等。县境内主要用材树种有松、柏、梓栎、桦、杉等。名贵药用植物有杜仲、黄柏、金银花、五倍子、厚朴、天麻、半夏、大黄、党参等。观赏植物有兰草、映山红等。

（二）社会经济情况

南部县辖 73 个乡镇（街道）1039 个行政村，县人民政府驻地南部蜀北街道办事处。县域内有户籍总人口 130.2 万人，其中农业人口 105.7 万人，非农业人口 24.5 万人。南部县历史悠久，文化厚重，是中国革命老区县，老区精神在这里薪火相传。南部县地处秦巴山区，受自然、社会等多重因素影响，贫困问题一直较为严重，长期被列为国家级贫困县。近年来，南部县人民发扬自力更生、艰苦奋斗的优良作风，积极实施脱贫攻坚，取得显著成绩，于 2017 年通过国家评估验收，成功摘掉了“贫困县”的帽子。

1. 历史悠久，文化厚重

南部县历史悠久，最早设立行政单元可追溯到西汉初（公元前 206 年）置充国县。中华人民共和国成立后，南部县隶属南充专（地、市）区；1993 年南充撤地建市后，隶属南充市；至 2011 年 8 月，南部县光华乡划归仪陇县管辖，调整后，南部县辖2个街道31个镇40个乡。在两千多年的发展历史中，南部县形成了厚重的文化积淀，尤以地方历史文献最具特色，其中《清代南部县衙档案》是发现的历时最长、数量较多的清代地方档案，2003年10月入选第二批《中国档案文献遗产名录》，次年12月被列入国家清史纂修工程项目，具有极高的档案学、历史学、文献学、文物学、法学研究价值。①

2. 革命老区，薪火相传

南部县是川陕革命根据地老区县。20世纪30年代，革命先烈徐向前、李先念、许世友等率领红军在此浴血奋战，播撒革命星火。这里爆发过震惊全川的升钟寺起义，先后成立了长坪山红色苏维埃政权、德丰县苏维埃政权等，是全国爱国主义教育基地之一。②坚定不移、矢志不渝、不怕牺牲、勇往直前、自力更生、艰苦奋斗、勇于实践、勇于开拓的老区精神一直激励着南部人民为追求美好生活而努力奋斗。

3. 秦巴山区，贫困严重

南部县地处秦巴山区南麓，以深丘、深谷、低山等地形为主，农业生产环境恶劣，加之信息闭塞，群众观念落后，超过50%的农村地区长期徘徊在“猪粮安天下”的传统农业层面，贫困问题突出。从1986年起，南部县就被国务院确定为国家扶贫开发工作重点县、秦巴山区连片扶贫开发县，也是国家工信部、四川省委政研室等单位定点帮扶县。2014年，全县共有贫困村198个，建档立卡贫困人口32390户102059人，贫困发生率9.6%。贫困面宽、量大、程度深，区域性贫困与结构性贫困问题突出；致贫返贫原因多重叠加，多维致贫与多元返贫并存；贫困人口发展制约因素多，特殊贫困与相对贫困交织。

①② 资料来源：南部县人民政府网站，http://www.scnanbu.gov.cn/a/d/103.html。

4. 自力更生，艰苦奋斗

南部县坚持发扬自力更生、艰苦奋斗的革命老区精神，苦干实干谋发展，近年来经济社会发展总体平稳。2011 年至 2015 年，全县地区生产总值由 145.4 亿元增长到 266.2 亿元，年均增长 11.9%；经济总量跃居全省扩权县第 9 位，财政收入稳步增长。财政总收入由 26.7 亿元增加到 60.05 亿元，其中地方财政一般预算收入由 3.46 亿元增加到 7.75 亿元，实现五年翻番。经济质量明显提高，全社会固定资产投资由 93.6 亿元增加到 249.3 亿元，年均增长 21.6%；社会消费品零售总额由 43.3 亿元增加到 87.1 亿元，年均增长 14.2%；专利申请量和授权量每年以 10% 的速度递增，2015 年申报专利达到 160 件。

产业结构逐步优化，其中第一产业由 31.6 亿元增加到 53.7 亿元，年均增长 4.2%；第二产业由 82.1 亿元增加到 150.4 亿元，年均增长 14.4%；第三产业由 31.7 亿元增加到 62.2 亿元，年均增长 11.2%，三次产业增加值比重由 2010 年的 21.7∶56.5∶21.8 调整为 2015 年的 20.1∶56.5∶23.4。农民收入明显提高，农村居民人均可支配收入由 5457 元增加到 11257 元，年均增长 15.6%。

2016 年，全县实现地方生产总值 289 亿元，增长 7.8%，财政总收入 76.1% 亿元，一般公共预算收入 8.8 亿元，增长 18.6%，固定资产投资 280 亿元，城镇居民人均可支配收入 29629 元，农村居民人均可支配收入 12358 元，持续保持“十二五”以来的较高增长。总体上，南部县经济发展取得了显著成效，当然，由于基础薄弱，整体发展水平还亟待提升，区域软、硬件设施还亟待改善。

二、脱贫路困难重重，奋进新时代机遇犹存

2013年11月，习近平总书记到湖南湘西考察时首次作出了“实事求是、因地制宜、分类指导、精准扶贫”的重要指示。2014年3月，习近平总书记参加两会代表团审议时强调，要实施精准扶贫，瞄准扶贫对象，进行重点施策。习近平总书记关于精准扶贫的论述，为如期打赢脱贫攻坚战指明了方向，同时也对脱贫攻坚工作提出了高质量的要求。南部县在精准扶贫初期还面临不少困难，南部县扶贫干部和群众不畏艰险，直面困难，抓住机遇，取得了一系列成效和突破。

（一）面临困难

南部县是四川36个“国贫县”之一，是1986年进入第一轮“国贫县”名单的“资深”贫困县，也是2016年四川省明确“摘帽”的两个国家级贫困县之一。2014年南部县有贫困村198个，建档立卡贫困人口32390户102059人，贫困发生率9.6%。从地域分布看，南部县的贫困人口主要分布在嘉陵江以东、西河沿线和升钟湖库区“三大片区”。其中，嘉陵江以东7703户27318人，占26.8%；西河沿线14920户44646人，占43.7%；升钟湖库区9767户30095人，占29.5%。从致贫原因分布来看，致贫原因涉及因病、因残、因学、缺技术、缺资金、缺劳力等13种类型，其中因病致贫占比最大，高达56.19%，其次是缺技术、缺资金，分别占14.96%和14.51%。

南部县脱贫基础较为薄弱，虽然在区域经济发展方面取得了一些进展，但是贫困人口发展能力不足，贫困程度较深。作为脱贫摘帽“第一梯队”，要在精准扶贫经验不足、脱贫时间较为紧凑的情况下实现脱贫达标，

面临重重困难。具体而言，南部县脱贫摘帽曾经面临的困难和挑战如下：

贫困“面宽量大程度深”，区域性贫困与结构性贫困突出。南部县的贫困“面宽量大”，而且随着脱贫攻坚的深入推进，剩存的贫困人口都是贫困程度深的“硬骨头”，脱贫难度更大。南部县地处秦巴山区南麓，以深丘深谷、低山窄谷地形为主，农业生产环境恶劣，加之交通闭塞，群众观念落后，超过 50% 的农村地区仍徘徊在“猪粮安天下”的传统农业层面，蚕桑、水果等特色产业因水利等基础设施落后、农户科技水平不高、管理投入不到位等因素，增收效果大打折扣。外出务工仍是当前大多数农民的主要收入来源。在贫困村内，距离公路沿线较近的贫困村发展相对较好，局部集中性贫困问题得到基本缓解，但余下的贫困人口居住更为偏远，分布更为零散，结构性、个体性贫困交织，尤其是嘉陵江以东革命老区连片贫困地区在交通、水利、安居、人居环境、文化建设等方面明显滞后于全县平均水平，区域性贫困与结构性贫困问题突出。

致贫返贫原因多重叠加，多维致贫与多元返贫并存。南部县扶贫对象的致贫原因主要包括因病致贫占 56.19%、缺技术致贫占 14.96%、缺资金致贫占 14.51%、缺劳力致贫占 1.82%、因学致贫占 0.72%、因残致贫占 7.93%、因交通条件落后致贫占 0.86%、其他原因致贫占 3.01%。致贫因素相互交织、多维叠加，增加了贫困人口的致贫概率。重大疾病、重大灾害、缺少资金、缺少技术等是造成南部县农村贫困的重要原因，物质贫困和能力贫困并存。由于南部县贫困地区大多处于交通闭塞、深山峡谷的丘陵地带，山体滑坡、旱灾和水灾易发，自然灾害频发，贫困人口因灾返贫风险大；在贫困乡村，传统农业的种植模式占比较大，农业增收的渠道有限，现代农业的普及程度还有待大幅提高，稳定脱贫的基础仍然薄弱，已脱贫人口的抗风险能力依然较脆弱，无法实现稳定脱贫，因病、因灾、因学返贫现象较为突出。

贫困人口发展制约因素多，特殊贫困与临界贫困交织。南部县贫困村和大部分贫困人口主要分布在远离国道、省道主干线与城镇中心等边缘区域，多山少地、交通不便、水资源匮乏、信息封闭、地质条件恶劣、植被生态脆弱，常年自然灾害频发，基础设施建设明显滞后，贫困人口发展制约因素多。另外，“插花式”贫困地区贫困人口的致贫因素多元且复杂，特殊贫困问题突出；已脱贫人口发展不稳定，相对贫困问题明显，返贫风险大，政策综合需求高。

“精准发力”尚难到位，资源整合与机制创新乏力。精准扶贫初期，历经数月的“精准识别”扶贫对象工作，南部县对全县的扶贫对象进行了全方位的精准识别，并建立和完善了系统数据和县域数据库。但扶持政策措施的精准性、有效性需要进一步增强，主要表现在个别乡镇的扶持政策的分类施策力度还不够深入，在扶贫工程、产业发展等方面，规划不精准、实施不精细，存在“眉毛胡子一把抓”、盲目跟进的现象；扶贫资金和社会力量的整合力度还不够充分，统筹兼顾做得还不够好，个别贫困村和贫困户“等靠要”思想不同程度存在，扶贫先扶志任重道远。这些问题的存在，都对南部县大力实施精准扶贫、精准脱贫带来新的考验。

（二）脱贫机遇

中央对扶贫工作空前重视，脱贫攻坚上升为全局性任务。党的十八大以来，新一届中央领导集体把扶贫开发工作上升到了道路和方向的高度，高规格召开中央扶贫工作会议进行部署。习近平总书记关于脱贫攻坚的一系列重要讲话精神以及“四个切实”[①] 重要指示，把脱贫攻坚作为重中之重来抓，明确要求“确保农村贫困人口到 2020 年如期脱贫”，采取力度更

① 切实落实领导责任，切实做到精准扶贫，切实强化社会合力，切实加强基层组织。

大、针对性更强、作用更直接、效果更可持续的政策措施。中央财政扶持资金和国家重大项目向西部尤其是国家级贫困县重点倾斜，社会保障和基本公共服务加快向贫困地区、贫困人口延伸覆盖，对民族地区、革命老区采取特殊支持政策。

省、市、县扶贫体制机制不断创新，改革红利进一步放开。伴随着精准扶贫的号角吹响，省、市、县三级不断进行机构职能调整，创新扶贫体制机制，先后出台并实施了《四川省农村扶贫开发条例》《四川省农村扶贫开发纲要（2011—2020年）》《贯彻〈关于创新机制扎实推进农村扶贫开发工作的意见〉实施方案》《关于建立扶贫项目审批权下放到县 实行责任、权力、资金、任务“四到县”制度的意见》《四川省贫困县农村扶贫开发工作考核办法（试行）》《南部县脱贫攻坚五大计划》等规章制度，引领和推进南部县扶贫领域改革创新，建立和完善扶贫开发体制机制。进一步细化完善了贫困户识别、资金管理、督查考核等制度办法，对贫困村、贫困户逐一建立帮扶台账，实行县、乡、村三级数据管理，落实干部驻村帮扶“五个一”全覆盖，建立了县、乡、村三级脱贫攻坚双组长领导小组制度，成立了南部县脱贫攻坚挂图作战指挥部，进一步强化了南部县脱贫攻坚工作的组织保障和法治保障，初步构建起了精准扶贫、精准脱贫的工作体系。扶贫体制机制改革进入深水区，扶贫工作逐步步入良性发展态势，脱贫攻坚由“输血式”向“造血式”转变，贫困村和贫困户的自我发展内生动力得到激发。

自我发展能力不断增强，后发优势更加凸显。党的十八大以来，南部县在交通、水利、电力、通信等重大基础设施方面加快建设，县域脱贫攻坚客观上有了更为坚实的物质条件。在有效依托中央、省、市各项扶贫优惠政策条件下，全县在扩大招商引资转移就业、农民专业合作社的建立、特色农产品的发展、乡村旅游的推广、新农村建设等方面实现了长足进步。特别是近年来贫困地区人口综合素质稳步提升，各项制约性体制机制得到理顺，县域水资源优势、森林生态建设优势、人文环境优势等潜能逐步转化为经济优势和发展动力，后发势头和劲头更足。

脱贫攻坚总体部署精准到位，脱贫举措更加明确。党的十八大以来，中央、省、市都对脱贫攻坚的总体工作进行了层层部署，中共南部县委对接中央和省委、市委的精神，召开了县委全委会，对脱贫攻坚工作进行了再安排、再部署，进一步明确了全县脱贫攻坚工作的时间表和任务图，统一了全县干部群众脱贫攻坚的思想认识，鼓足了干劲，凝聚了全县人民战胜贫困、向全面小康迈进的坚强意志和坚定决心，同时为南部县的脱贫工作指明了方向。

三、破局创新显成效，开启脱贫奔康新篇章

尽管扶贫路上困难重重，但是南部县始终以前所未有的重视抓住机遇，迎难而上，聚焦贫困山村、贫困人口，全县上下决战意志高度统一，决战态势全面形成，始终以前所未有的担当，坚持把脱贫攻坚的责任抓在手上、扛在肩上、落实在行动上，上至县主要领导，下至村组干部和每一位党员，统一调度，一线冲锋；始终以前所未有的要求抓脱贫，发扬特别能吃苦、特别能奉献的拼搏精神，发动上千名干部和驻村工作组下沉到村，分块包片，责任包干；始终以前所未有的力度抓脱贫，各级党政领导既挂帅又出征，亲临一线指挥，亲临前线参战，亲临火线突击，制定任务书，列出时间表，现场观摩、现场验靶，确保脱贫攻坚有力推进，落实有效；始终以前所未有的督查抓脱贫，高密度督查暗访，每日一通报，每周一挂牌，每月一评比，每季一拉练，形成了人人给力、大家尽力，一切为了脱贫攻坚的浓厚氛围。通过全县各部门、扶贫干部和群众的艰苦奋斗，脱贫攻坚战取得了阶段性胜利，扶贫成效相当显著。

（一）攻坚克难进入新阶段，率先实现脱贫摘帽

党的十八大以来，南部县按照习近平总书记关于精准扶贫的要求，以《四川省农村扶贫开发纲要（2011—2020年）》《南部县“十二五”扶贫攻坚实施规划》为蓝图，坚持“抓基础、促产业、惠民生”的工作思路，稳步推进全县各项扶贫工作，以义无反顾、攻坚克难的精神，发动数十个帮扶单位、两百多个驻村工作小组、四百余名“第一书记”和驻村农技员全部下沉，倒排工期，挂图作战。通过全县人民齐心协力、努力奋斗，贫困群众的生产生活条件得到明显改善，扶贫开发工作成效显著，贫困人口规模大幅下降，全县贫困人口从2014年的102059人减至2016年底的24879人，贫困发生率从9.6%下降到2.35%，贫困程度得到明显缓解。

作为全国首批摘帽的国贫县之一，面对“贫困基数全省最大、减贫任务全国最重”的巨大压力，全县上下争分夺秒、挑战极限、顽强拼搏。2017年10月，以全国领先成绩率先摘帽，脱贫攻坚的“南部做法”赢得了多方肯定，全国18个省580多个县先后到南部学习考察。摘帽以后，南部县丝毫没有懈怠，持续保持了归零的心态和攻坚的状态，2018年又稳定脱贫2467户6490人，全县贫困人口减至3户9人，198个贫困村全部退出，全县基本实现整体脱贫。

（二）区域发展形成新格局，协调共享益贫增长

精准扶贫实施以来，南部县大力加强全县的基础设施、公共服务、产业发展、人居环境和文化素质等方面的建设，坚持普惠与特惠同步推进。至2016年，全县区域发展取得明显成效，区域益贫能力明显增强，区域带动能力得到强化，城乡发展更加协调。

交通环境显著改善。普通干线公路、高速公路、铁路贯穿县境，广南、成巴高速和兰渝铁路相继建成通车，结束了南部县不通高速、不通火车的历史；完成 S101 线、S204 线改造，新建一级公路（定水至升钟湖）30 公里。新改建农村水泥公路 2820 公里，全县公路通车总里程 5600 公里，实现村村通水泥路或沥青路。2018 年被交通运输部、农业农村部、国务院扶贫办授予“四好农村路”全国示范县，被省政府授予“四好农村路”省级示范县。

水利基础设施不断完善。整治隐患水库 64 座，新建蓄水池 249 口，整治山坪塘 202 口，新建杜家湾、偏柏树等 6 处治水工程，日供水能力由五年前的 4.1 万吨增加到 13.5 万吨，全县 62 个乡镇 200 个村实现集中供水，45.7 万人安全饮水问题得到解决，“三源六厂九线 +N”全域供水格局基本形成，饮水安全工作经验在全省推广。

城镇建设快速推进。城区建成面积大幅拓展，县城建成区面积从 20 平方公里扩展至 30 平方公里，城镇化率从 40% 提高到 47%，以产兴城、以城促产的产城融合发展新格局逐步形成。城市功能配套日趋完善。行政中心竣工搬迁，桂花博览园、市民公园成为南部新亮点；大润发、申新泰富等十大城市综合体全面建成，成功创建全国卫生城市和全省环境优美示范县，南部县的美誉度进一步提升。美丽新村建设加快推进。260 个“前庭后院、生态田园”新型社区式小康农房示范点和火峰—碧龙美丽乡村示范区基本建成，新增幸福美丽新村 125 个，黑龙观省级新农村示范片成为乡村旅游新示范点。

社会事业健康发展。全面实施学前教育三年行动计划，农村小学初中入学率、巩固率、高中入学率分别为 100%、95.1%、86.2%，成为全国农村艺术教育实验县、全国基础教育质量监测样本县，“国家义务教育发展基本均衡县”创建通过省级验收；成功创建全国农村中医药先进单位、全国计划生育优质先进县，每千人拥有卫技人员、床位数分别达到 1.96 人、

2.8 张；城乡居民医保参合率稳定在 98% 以上；建成农村敬老院 52 所，“五保”集中供养率达到 39%；城镇登记失业率控制在 4.3% 以内；公共文化服务体系基本建成，广播电视覆盖率达 95% 以上。

（三）改革创新取得新突破，精准扶贫体系建立

精准扶贫实施以来，南部县以《贯彻〈关于创新机制扎实推进农村扶贫开发工作的意见〉实施方案》确定的六大机制改革为基础，综合脱贫攻坚出台的各项机制，全面谋划脱贫机制改革。一是对接四川省委的“六个精准”、十个专项扶贫计划和“五个一批”工程，出台了《南部县脱贫攻坚五大计划》和培育“四小工程”“三个一工程”；二是以精准识别为契机，建立并完善了扶贫对象县域数据库，确保了县、乡、村和国扶办子系统数据的一致性；三是创新管理体制，成立了县精准扶贫一线考察办公室，建立了对第一书记管理的 GPS 定位手机打卡考勤系统，制定了挂图作战、现场验靶的考核机制。

（四）社会扶贫开创新局面，构建出大扶贫格局

精准扶贫实施以来，南部县积极拓宽扶贫的广度和深度，依托南部县的地理优势和资源优势，以招商引资办企业辐射带动、引导乡友回乡创业帮助、社会爱心基金扶持、阿里巴巴农村淘宝电商惠及等模式，成立了农村专业合作社 260 个，引导 215 名带头人回乡创业致富，工业园区每年解决县域就近务工近万人，县扶贫基金会筹资 500 万元用于扶贫项目开展，电商平台解决了农产品的产销渠道瓶颈。同时，全县各行业（部门）、企事业单位、党员干部、企事业员工都以不同身份和不同形式参与精准扶贫工作，在全县基本形成了政府、市场、社会互为支撑，专项扶贫、行业扶贫、社会扶贫三位一体的大扶贫格局。

第二章 脱贫模式：出实招见实效，阔步走出“南部路”

20世纪90年代以来，党中央和四川省、南充市先后在南部县实施了八七扶贫攻坚计划和以产业发展、劳务输出为主的开发式扶贫行动，使农村基础设施、公共服务、生产生活条件明显改善，农村群众温饱问题基本解决，扶贫攻坚取得了阶段性成效。党的十八大以来，南部县坚持以习近平总书记关于扶贫工作的重要论述为指导，组织专班进村入户，开展农村住房、产业现状、劳务输出、基础设施等多个专题调研，不断探索、调整，制定实施产业、安居、能力、基础、民生“五大专项扶贫攻坚计划”，形成了具有一定特色和推广价值的脱贫攻坚“南部经验”。

一、南部何以率先“摘帽”

（一）“南部经验”破解了五大难题

只有准确把握习近平总书记关于扶贫工作的重要论述所体现的思想方法和工作方法，才能提高攻坚克难、驾驭脱贫攻坚复杂局面的能力，才能掌握履职尽责打赢脱贫攻坚战的本领，才能坚持战略导向、问题导向、需求导向和做到“六个精准”，确保当期长期“双达标”、精神物质“双脱贫”。“南部经验”的主要特点和意义在于通过强有力的组织机制将精准扶贫思想、精准扶贫政策落到了实处、见到了实效，率先集中力量解决了脱贫攻坚中的五个难题。

1. 破解“最后一公里”难题

2019 年 3 月，习近平总书记在十三届全国人大二次会议甘肃代表团参加审议时强调，脱贫攻坚任务能否完成，关键在人，关键在干部队伍作风。要把全面从严治党要求贯穿脱贫攻坚全过程，强化作风建设，确保扶贫工作务实、脱贫过程扎实、脱贫结果真实。要及时纠正脱贫攻坚中反映的干部作风问题，深化扶贫领域腐败和作风问题专项治理，完善和落实抓党建促脱贫制度机制，加强贫困地区农村基层党组织建设。

干部是脱贫攻坚中的决定性因素，是解决扶贫政策、资源难以“落地见效”问题，破解基层扶贫“最后一公里”难题的关键。为了把脱贫攻坚抓落实、抓落地，南部县坚持以上率下，任务最重的乡镇，书记、县长亲自挂；问题最多的村，县级干部亲自包；难度最大的户，县级干部亲自帮；同时，创新推进机制，层层紧逼，让广大“一线战斗员”迸发出更大爆发力，把各个层级干部的战斗力发挥得淋漓尽致。具体而言，南部县从转变干部工作作风入手，常态化开展“干群一家亲”活动，以重拾“与群众同坐一条板凳”的作风，带领群众打响了一场脱贫摘帽的全民战役，同时注重改进干部工作方式，变“为民做主”为“让民做主”，全面推行“三议”群众工作法，坚决不办群众不支持的事、群众不愿办的事和群众没有能力办的事，凡涉及村内重大事务（如贫困户识别、贫困户的动态调整、贫困户的精准退出、村内项目的实施、资金的分配等），一律按村“两委”提议、村民代表审议、全体村民决议的“三议”程序决策，自上而下宣传、自下而上决策，干部指导不拍板、群众自己说了算，真正体现村民自治的“让民做主”。

在基层组织和实施机制上，南部县设计了四项机制，极大地提升了精准扶贫、精准脱贫政策在基层的实施效果。一是现场验靶机制。南部县始终聚焦“作战图”，每季度对乡村、部门的扶贫成效进行一次全覆盖“现场验靶”，战绩好的授予“流动红旗”，战绩差的给予“黄牌警告”，连续3次被“黄牌警告”的，乡镇“双组长”和帮扶单位“一把手”一律引咎辞职。凡是得到“黄牌警告”的，由挂联县领导主持召开班子民主生活会，人人剖析原因，从严提醒谈话，以此激发干部为尊严而战、为荣誉而战。二是巡察督导机制。全县共抽调150名纪检干部，组成40个巡察组，全天候进村入户，密集式巡回督察，发现问题，立即交办、限期整改，限期整改时间一到，立即复查复核，发现问题，立即交由县脱贫办轨迹剖析，电视问政、从严追责。三是差评召回机制。凡连续两次被“黄牌警告”的第一书记一律召回，第一次被召回，由单位最优秀的副职替补，第二次被召回，直接由单位“一把手”顶岗。四是悬帽攻坚机制。成立一线考察办公室，坚持在脱贫攻坚一线发现干部、培养干部、考察干部、储备和使用干部。

2. 破解持续、稳定增收难题

2012年12月，习近平总书记在河北省阜平县考察扶贫开发工作时的讲话中指出，要把党和政府的扶贫开发政策、支持农业农村发展的政策、支持农民增收的政策原原本本传递给乡亲们。2017年春节前夕，习近平总书记在赴河北张家口看望慰问基层干部群众时的讲话中指出，要以精准扶贫、精准脱贫为主线，分类施策，真抓实干，吹糠见米，确保贫困人口如期实现脱贫。要把发展生产扶贫作为主攻方向，努力做到户户有增收项目、人人有脱贫门路。

贫困人口自身能力较弱，提高其稳定增收能力是脱贫攻坚的难点。南部县针对贫困人口增收问题，从短期增收和长效增收两个方面，制定了一系列措施，其中重点通过“三个一”能力培训、发展“四小工程”“五方联盟”建产业园等举措，千方百计让贫困群众的钱袋子鼓起来、腰杆硬起来，实现了“人有一技之长、户有致富门路、村有当家产业”。“三个一”能力培养，包括帮助有条件的每户培养一名以上大中专毕业生、帮助每户培养一名种植养殖技术明白人、帮助具备条件的每户培养1名劳务致富能干人，重在解决“人有一技之长”问题。发展“四小工程”创收，包括发展小庭院、小养殖、小买卖、小作坊等当年投资当年见效的短平快增收项目，解决“户有致富门路”问题。“五方联盟”建园，是探索建立起龙头企业+专合组织+农民群众+金融机构+保险公司“五方联盟”产业发展机制，通过龙头企业带动、合作社领办、贫困户入股、金融贷款支持、保底保险跟进，建立脱贫奔康产业园，贫困户以土地、资金等入股，在保证利润“兜底”的前提下，按股分红、稳定增收。“五方联盟”解决了“村有当家产业”问题。

3. 破解因病致贫与返贫难题

2019年3月，习近平总书记在参加十三届全国人大二次会议甘肃代表团审议时强调，脱贫攻坚工作要“尽锐出战、迎难而上，真抓实干、精准施策”。2016年8月，习近平总书记在全国卫生与健康大会上的讲话中指出，“患病是致贫返贫的重要原因。据统计，我国农村贫困人口中患大病的有二百四十万人，患长期慢性病的有九百多万人。要深入实施健康扶贫工程，提高贫困地区医疗卫生服务能力，做到精确到户、精准到人、精准到病，通过加强人才培养、对口支援等形式提高当地卫生服务能力，保障贫困人口健康”。

南部县在精准扶贫过程中，特别注重找准致贫原因，标本兼治，治防结合。南部根据全县大病、癌症病人发病率较高，因病致贫特别突出的情况，提出了从医疗保障和生活条件提升健康扶贫成效，化解因病致贫问题的思路。

一方面，强化医疗救助政策，对贫困人口参加城乡居民医疗保险实行财政全额兜底，由县财政按最低档次全额代缴，并在此基础上，“建起了四道医疗防线”，即基本医保防线（降低个人支付和提高慢性病门诊报销比例）、大病医保防线（细化档次，大力度提高贫困户住院医疗费用补贴）、民政救助防线（在以上三道防线报账基础上对个人支付仍然较高的给予民政大病救助）、爱心扶贫基金防线（经过医疗保险、商业保险报销和民政大病救助后，个人负担费用仍超过 1 万元的，由爱心基金再补偿剩余部分的 30%）。通过“四道医疗防线”层层保障了贫困人口医疗福利，有效遏制了因病致贫现象。

另一方面，南部县通过大量实地调查、卫生和医疗检测，发现农户浅层水井水质差，对农户健康有着明显影响，从而决定下大力气把城乡一体全域供水作为治本之策，从水源阻断致病因子。对此，南部县对“集中供水网”“水源保护网”“水质监测网”实行了“三网同建”。在投入上，整合资金，建立“项目资金 + 财政补助 + 社会融资 + 群众自筹”的多元投入机制，实行“三级保障”。在管护上，从上到下建立起“城乡水务有限公司 + 片区供水服务中心 + 乡镇供水服务站 + 村用水户协会 + 水管员”的五级管护体系，实行“五级联动”。

4. 破解脱贫“不满意”难题

2017 年 2 月，习近平总书记在十八届中央政治局第三十九次集体学习时的讲话中指出，扶贫工作必须务实，脱贫过程必须扎实，扶真贫、真扶贫，脱贫结果必须真实，让脱贫成效真正获得群众认可、经得起实践和历史检验，决不搞花拳绣腿，决不摆花架子。2018 年 2 月，习近平总书记主持召开打好精准脱贫攻坚战座谈会并发表重要讲话强调，确保到 2020 年现行标准下农村贫困人口全部脱贫，消除绝对贫困；确保贫困县全部摘帽，解决区域性整体贫困。稳定实现贫困人口“两不愁三保障”，贫困地区基本公共服务领域主要指标接近全国平均水平。

精准扶贫是一项系统、复杂的民生工程，难点在于让贫困地区群众满意，特别是让脱贫人口有实实在在的脱贫获得感，让贫困地区、贫困村和广大群众对扶贫工作有真切的认同。“两不愁三保障”是对精准扶贫的核心要求，也是贫困人口对扶贫工作感受最真切的几个方面，关系到贫困人口的切实生活，“两不愁三保障”做不好，群众满意度自然难以提高。

南部县在精准扶贫过程中，特别注重调查贫困人口的真实需求、意见和想法，项目前期多倾听群众的声音，从而实现了广大群众对脱贫的认可。在扶贫项目设计和实施中比较突出的是南部县住房建设问题。住房安全是脱贫退出的底线，是脱贫攻坚的重中之重、难中之难，如何做到既解决贫困户的住房安全问题，又让非贫困户不眼红、认可满意，更是难上加难。为做到“非常满意”，南部县组织了六个调研组，分别对建房户（含危房改造户）、非贫困户、乡镇干部、村干部、帮扶干部和行业扶贫部门六个层面进行走访调研，听取汇报并就集中反映的问题梳理汇总，提出解决问题的办法措施和机制，再征求意见，反反复复，上上下下，全县上下形成了四大共识，划定“户均补贴不超过6万元”“户均自筹不超过1万元”两条底线，采取统规自建、统规联建、统规统建三种方式，定制四套户型，明确“超面积20%不补助、自筹资金超100%不补助、旧房不拆除不补助、工期超规定6个月不补助”。在工作中实施了“四书一报告”程序，即建房户必须提交建房申请书、建房承诺书，签订安全责任书，出具乡村告知书，出具工程验收报告，从而实现变“要我建”为“我要建”。在易地搬迁的同时，南部县按照“五改三建”[改危、改水、改厨、改厕、改圈和建园（小庭院）、建场（小养殖场）、建路（入户路）]的标准同步推进了危旧房改造，切实做到生活设施与生产功能配套，安居措施和致富产业同步。

5. 破解内生动力激发难题

2012 年 12 月，习近平总书记在河北省阜平县考察扶贫开发工作时指出，贫困地区发展要靠内生动力，如果凭空救济出一个新村，简单改变村容村貌，内在活力不行，劳动力不能回流，没有经济上的持续来源，这个地方下一步发展还是有问题。一个地方必须有产业，有劳动力，内外结合才能发展。2017 年 6 月，习近平总书记在山西太原主持召开深度贫困地区脱贫攻坚座谈会时指出：区域发展必须围绕精准扶贫发力，加大各方帮扶力度，加大内生动力培育力度。

脱贫内生动力是扶贫最难解决的问题，群众的内生动力就是“主人翁”的意识、“能脱贫”的共识、“该脱贫”的信心、“想脱贫”的干劲。南部县委把激发群众内生动力作为思想的“杠杆”，让群众自己做主、让群众主动参与、让群众自愿脱贫，激起全县群众由“要我脱贫奔康”到“我要脱贫奔康”的豪情。

在激发群众内生动力方面，南部县倡导“勤劳、奋进、包容、感恩”，深入开展“五大专题教育”，开展住上好房子、过上好日子、养成好习惯、形成好风气“四好”星级示范户评选和“四好村”创建，通过公开授牌、专项奖励，调动了群众脱贫的积极性。同时，对“四好村”和“四好户”，优先支持发展长效产业和到户“四小工程”，群众抢着干加油干，实现了“滚雪球”式发展。依托农民夜校，常态化开展感恩教育、法纪教育、习惯教育、风气教育和脱贫光荣的自尊教育等“五大专题教育”，进一步明确“户要干净、村要整洁、人要勤劳、心要感恩”的导向，让“勤劳致富光荣、懒惰致贫可耻”观念厚植人心。同时，注重先进典型示范，树立脱贫标兵，引领群众增强愿脱贫、敢脱贫的动力，坚持把选树典型的过程作为宣传党的扶贫政策的过程。

（二）南部经验主要特征

政策“套餐”方面，南部县以产业扶贫、安居扶贫、能力扶贫、基础扶贫、民生扶贫“五大扶贫攻坚计划”和精准识别数据平台、扶贫项目融资平台、驻村帮扶工作平台、项目资金管理平台、社会扶贫对接平台等“五大平台”为基础统领脱贫攻坚。

参与主体方面，以“三级六方”责任体系推进脱贫攻坚。南部县、乡、村层层签订“责任书”，人人立下“军令状”，全面构建起书记县长的第一责任、县级领导的挂联责任、乡镇党政和部门“一把手”的主体责任、村“两委”和下派第一书记的直接责任、帮扶单位的扶持责任和纪检监察机关的监督责任“三级六方”责任体系，将全县划分为33个战区，把117个帮扶单位、238名第一书记和3万名帮扶干部归整到各个战区，形成了由县级干部一线指挥的33支战队，由33名县级干部挂帅出征；同时，充分发挥群众主体作用，调动其主动参与主动脱贫的积极性。

程序环节方面，针对县情和脱贫总体要求，制定了“三年集中攻坚，两年巩固提升”的总目标，紧紧围绕“六个精准”“五个一批”，聚焦脱贫户“一超、两不愁、三保障、三有”和脱贫村“一低、五有”标准，以钉钉子的精神，下足绣花功夫，精耕细作，稳步推进。2017年高质量通过贫困县摘帽国家级评估检查，南部县正式退出了国贫县序列。2018年基本实现整体脱贫，进入巩固脱贫成效、决胜全面小康的新阶段。

资金保障方面，围绕扶贫主体和扶贫资金，整合了五大资源。实施精准扶贫五年来，全县共投入扶贫资金45亿元，主要整合了专项扶贫资金、财政涉农资金、行业扶贫资金、金融扶贫资金、社会扶贫资金等中央和省市拨付资金以及县级财政匹配资金、捐资帮扶和群众自筹资金，形成了“以专项扶贫为引领、行业扶贫为主体、社会扶贫为补充”的强大合力。一是加大财政资金投入，在财政十分困难的前提下，加大县级财政投入，为打赢脱贫摘帽这场输不起的硬仗提供坚实的后勤保障。二是盘活存量资产投入，全面深化农村产权制度改革，通过产权交易、土地流转、资产抵押等，想方设法变资源为资产、变资本为资金。三是激励社会资金投入，充分发挥驻外商会人脉优势和资源优势，组织社会力量为脱贫攻坚献爱心。四是引导金融资金投入，鼓励金融机构建立扶贫信贷风险基金，通过保险公司参与政府风险和贫困户贷款风险的再担保。四是鼓励自筹资金投入，推行村“两委”提议、村民代表审议、全体村民决议“三议”，群众自发筹资、竞相发展。

二、南部经验的启示价值

（一）经验启示

南部县以优异成绩高质量实现全国首批脱贫摘帽。2018 年，南部县被国家审定为全国脱贫攻坚六个先进县之一，参加了脱贫攻坚成果展，荣获“全国脱贫攻坚组织创新奖”。南部县脱贫攻坚对政府推进区域性脱贫和贫困人口脱贫都具有一定借鉴意义，其主要经验启示为：

1. 问题是最大的导向

为提高脱贫质量，南部县采取了一系列措施，主要包括：针对问题开展蹲点巡察，40 个巡察组共配备 60 台摄像机、40 台照相机、40 支录音笔，全天候蹲点巡察，全程音像纪实，发现问题，当天交办、当天整改、第三天复查，整改不到位的，电视问政、从严追责。平时没有发现问题，复查时出现问题的，倒查巡察组责任；围绕问题对标补短，围绕边界、边远、边角的 129 个村，没有贫困户的 98 个村，100 个低收入的村和 9800

个低保户、残疾人、“五保”户、易迁户、危改户等“五类户”以及“烂房户”，查找问题，采取过硬措施，逐户补齐短板；依据问题分类管理，根据排查出来的问题，把贫困户分为稳定脱贫的“示范户”、脱贫有一定困难的“中间户”和脱贫问题较大的“困难户”三个类别，按照稳定示范户、提升中间户、攻坚困难户的原则，分类建立清单，精准辨证施治。

南部县在脱贫攻坚过程中始终注重把工作落到实处，始终坚持差距就是潜力、问题就是财富，始终坚持问题导向，不断优化工作方式、方法。南部脱贫攻坚的实践表明脱贫工作中发现的问题越多、整改的问题越多，脱贫攻坚各项工作反而推进得越扎实，脱贫质量也就越高。

2. 精神是最强的动力

全县县级干部以身示范，党员干部倾力付出，全县群众同心同行，演绎了许多可歌可泣的感人故事，展现出了催人奋进的南部脱贫攻坚精神。全县充分发挥党组织作用，党员干部全员进村入户开展扶贫，全体干部几乎没有星期天、节假日，扶贫部门、帮扶单位和干部逐村逐户调研，白天发现问题，晚上开群众会，现场解决问题。全县扶贫干部集中精力忘我工作，把工作能力、工作效果发挥到了极限，全县发动社会群众全心参与扶贫事业，真正形成了“全县上下万众一心、党心民心空前同心”的局面。实践证明，脱贫攻坚要见实效，关键是扶贫干部要有爱心，要有敢于奉献、敢于拼搏、敢于吃苦的精神。

3. 民心是最牢的基础

脱贫摘帽的过程，本质上就是一个做群众工作的过程，做群众工作的过程实质就是巩固党的群众基础、阶级基础、执政基础的过程。在这个过程中，干部是考生，群众是老师。如何处理好贫困户之间、贫困户和非贫困户之间、贫困村和非贫困村之间的矛盾，如何让贫困户和非贫困户都满意，异常艰难。南部县在脱贫过程中，特别注重了两个方面。

（1）在政策指导上做好“三个统筹”，消除“不平衡”的心态。妥善处理特惠与普惠、贫困户与非贫困户、贫困村与非贫困村“三个关系”，在精准特惠的同时，高度重视特惠与普惠的比例，把握正确的度，确保大多数群众可接受，及时消除群众之间不平衡的心态。一是坚持特惠与普惠统筹。特惠是指针对建档立卡贫困户的政策支持，普惠是指面向群众政策的普惠兼顾。尤其重视特惠与普惠的比例，避免贫困户与临界困难户因为在政策导向上反差过大而引发潜在不满意的风险。二是坚持贫困村与非贫困村统筹。对贫困村的贫困户和非贫困村的插花地区贫困户，从一开始就坚持一样的标准、一样的力度、一样的考核，同步用力，同舟共济。三是坚持贫困户与非贫困户统筹。通过广泛召开村组干部会、党员会、群众代表会、联社会、院户会等“五会”，把贫困户和非贫困户召集在一起，耐心细致地宣传政策、沟通思想，消除非贫困户与贫困户之间的思想隔阂。同时，在村级重大事项决策上，始终坚持民主决策；在基础设施和产业发展上，让非贫困户和贫困户共享扶贫成果，这样非贫困户也没有意见，贫困户和非贫困户就走到了一起。

（2）在攻坚过程中突出人文关怀，引发“该脱贫”的共鸣。通过“干群一家亲”活动，让帮扶干部与贫困群众“结对子”“攀穷亲”“交朋友”。帮扶干部坚持与群众同吃同住同劳动。这份诚心和温情，引发了贫困群众的共鸣，升华了鱼水情谊。实践证明，脱贫攻坚要让扶贫对象满意和拥有获得感，关键是要以人为本，走到广大贫困群众生产、生活中，走入贫困群众的心里。

（二）推广价值

精准扶贫、精准脱贫是中国新时代扶贫的实践创新，精准脱贫在科学评估贫困对象的贫困现状和各主体扶贫开发能力的基础上，划定脱贫时间节点，设定脱贫目标，在时间、目标、结果的三重约束下，精准识别贫困对象，精准判定致贫原因，精准实施帮扶措施，精准扫除脱贫障碍，实现贫困对象的可持续脱贫。精准扶贫要求扶贫方法（技术手段）要先进、科学、精准，只有采取精准的方法，才能够克服传统扶贫工作中出现的“瞄准偏误、资源浪费、主体不清”等问题，为精准扶贫提供技术支撑。[①]随着精准扶贫、精准脱贫的稳步推进和如期完成，扶贫经验的国内交流、知识分享和国际合作力度必然进一步加强。因此，有必要系统性总结、梳理现有扶贫经验和典型模式，凝练出具有鲜明时代特征的一系列扶贫案例，从而为国内还未脱贫地区乃至别国所借鉴。

南部县精准扶贫、精准脱贫经验具有较强的典型性。作为百万人口的大县，在脱贫攻坚过程中，南部县全面激发了贫困群众脱贫致富的信心和同步全面建成小康社会的决心，做到了不落下一户一人，创造出了可复制、可推广的“南部经验”。南部县率先完成脱贫摘帽，已经为后续脱贫县提供了经验参考。在国内，全国已有 18 个省 580 多个县到南部县学习交流扶贫经验，北至内蒙古、南至海南、东至黑龙江、西至云贵藏，均派出代表到南部县考察学习，并且邀请南部县领导前去作专场报告；在国外有南非、东南亚部分国家组织减贫培训班到南部县作学习交流。南部县脱贫摘帽实践中创造的经验做法，具有很强的指导性、针对性和可操作性，以南部脱贫经验为基础形成的“南部模式”具有较强的参考和借鉴意义，已经显示出了较为强大的生命力。

一是该模式适用性强。扶贫过程中往往存在着资源需求缺口大的问题，贫困地区通常存在着较多的交通、水利等建设需求，贫困人口通常存在较为明显的慢性贫困，需要长时间、多资源的持续投入，而贫困地区往

---

① 杨帆、庄天慧：《精准扶贫的理论框架与实践逻辑解析——基于社会发展模型》，《四川师范大学学报（社会科学版）》2017 年第 2 期。

往又有明显的资金短缺、资源稀缺问题，这就给贫困地区扶贫带来了难以破解的困难。而“南部模式”成本小、限制少，南部县不少扶贫项目采取了政府与市场、社会多主体相结合的做法，充分调动社会各个层面的资源，适用于任何地区、任何地域，适合在国内未脱贫地区乃至全球范围内推广借鉴使用。

二是该模式针对性强。精准扶贫过程中必须解决，而又难以解决的就是安全住房、稳定增收、医疗保障等问题。一方面，资源瞄准容易出现偏误，贫困人口的需求不是完全显性的，如何多维识别贫困人口的需求，同时有针对性地制订可行的扶贫方案具有一定难度；另一方面，如何将政策、方案层层落实到位，确保资源传递有效，避免政策执行偏误，特别是破解扶贫“最后一公里”难题，是扶贫过程中必须解决好的问题。南部县重点针对精准扶贫的关键问题，进行创新实践，其中不乏对基础设施建设、贫困人口持续增收、提升脱贫动力等方面的有效探索，特别是在组织机制、扶贫干部队伍建设方面积累的经验，对破解扶贫“最后一公里”难题具有重要参考价值。

三是该模式成效突出，对防范返贫和贫困地区乡村振兴有一定借鉴意义。精准脱贫的核心思想在于强调扶贫和脱贫的可持续性，强调防范返贫和提升贫困地区、贫困人口内生脱贫动力。如何促进区域发展与贫困人口脱贫“双轮驱动”，如何将精准扶贫与乡村振兴有机衔接，是目前扶贫需要重视和解决的问题。一方面，“南部模式”对阻断贫困群众代际传递、提升脱贫成效、稳定脱贫、遏制新贫、防止返贫等均有直观实效；另一方面，“南部模式”中巩固脱贫与乡村振兴紧密结合，为贫困地区、贫困人口后续发展提供了长效保障，为贫困治理提供了“治本”的参考范本。

第三章 预则立：瞄准实效打好战略战术组合拳

要真真实实把情况摸清楚。做好基层工作，关键是要做到情况明。情况搞清楚了，才能把工作做到家、做到位。大家心里要有一本账，要做明白人。要思考我们这个地方穷在哪里？为什么穷？有哪些优势？哪些自力更生可以完成？哪些需要依靠上面帮助和支持才能完成？要搞好规划，扬长避短，不要眉毛胡子一把抓。

——2012 年习近平总书记在河北省阜平县考察扶贫开发工作时的讲话

南部县是精准扶贫以来全国最早一批脱贫摘帽的贫困县，在精准扶贫过程中既没有足够的经验借鉴，也没有明确的模式可循。在“摸着石头过河”探索脱贫背景下，南部县抓住脱贫与发展机遇，深入发动广大干部、群众，迎难而上，集思广益，群策群力，特别注重“从群众中来，到群众中去”的工作方法，“自上而下”和“自下而上”相结合；特别注重瞄准实效，花大力气对全县精准扶贫的战略、战术开展大讨论、大调查，在实践中注重扶贫一线干部和群众的反馈，及时修正精准扶贫各项流程，不断优化、完善扶贫体制机制，逐步形成了全面完善、因地制宜、能见实效的南部扶贫战略、战术体系。

一、“2+5+5”战略统筹

南部县坚持以脱贫攻坚统揽全局。精准扶贫实施以来，南部县把“摘帽奔康”作为最大政治任务、最大发展机遇和最大民生工程，动员全社会力量，坚持精准扶贫、精准脱贫，强化党政“一把手”负总责的责任制，以群众为中心，自加压力，抓好“三个统筹”，靶向发力夯基础；聚焦“两不愁三保障”，以产业培育为前提、就业培训为基础、社会事业为托底、基础设施为保障，全面推进脱贫攻坚各项工作，突出“三个重点”，精准施策补短板，强化“三个导向”，凝聚合力增动力，形成了全员出征、全域作战、全力攻坚的大扶贫格局。

集中全县资源实施脱贫攻坚战略。在整体布局上，通过不断丰富和完善形成了“2+5+5”战略体系。以站位高、接地气、针对性强的“2+5+5”政策“套餐”，总揽全县脱贫攻坚工作。通过深入调研，制订了两个精准扶贫顶层方案和五项脱贫攻坚计划，搭建了五个保障平台，细化了22个行业扶贫专项方案，做到脱贫摘帽任务项目化、工程化、实物化，专项方案精准到村、精准到户、精准到人，逐项形成清晰的挂帅出征、挂图作战、挂责问效的“任务书”“路线图”和“时间表”。

“2”即《关于集中力量扶贫攻坚加快全面小康步伐的决定》和《精准扶贫督查考核细则》两个文件，这两个文件从顶层设计上明确了全县脱贫攻坚的总体目标、总体要求、方向路径、攻坚计划、体制机制和督查考核办法，对脱贫攻坚实施重点、难点、保障机制进行了方向性拟定，明确了全县脱贫攻坚总体路线，为后期精准识别、精准帮扶、精准管理和精准脱贫提供了框架性制度化依据和参考。

“5”即产业扶贫、安居扶贫、能力扶贫、基础扶贫、民生扶贫五个

“专项扶贫攻坚计划”。该系列计划针对南部县脱贫攻坚的短板，既涉及短期改善贫困人口生活水平方面，又涉及长期增收和可持续稳定脱贫方面，重点在于夯实脱贫增收的产业基础，加快解决农村贫困群众住房难题，提升贫困户自主“造血”能力，全面改善贫困群众生产生活条件，强化教育、医疗、文化等民生保障。

“5”即全面搭建精准识别数据平台、扶贫项目融资平台、驻村帮扶工作平台、项目资金管理平台、社会扶贫对接平台等“五大平台”。南部县在精准扶贫伊始便认识到精准扶贫的大扶贫特征，必须在信息上、资金上、人员上集成资源，因此平台建设尤为重要。五大平台建设为精准识别扶持对象，精准安排扶贫项目，精准派驻“五个一”帮扶力量，精准监管、使用项目资金，精准调度社会帮扶力量，提供了坚强有力的保障。

二、“三个一”战术路线

（一）一个攻坚目标

设定脱贫进度和目标。结合南部县实际，对标脱贫标准，按照“三年整体脱贫，五年全面小康”总目标，坚持精准扶持、靶向滴灌到村到户到人，每年减少贫困人口 2.7 万人。到 2018 年，198 个贫困村 10.2 万贫困人口消除绝对贫困，贫困县“摘帽”；贫困户实现农保、医保、安全饮水、安全住房、医疗救助“五个全覆盖”，有条件的贫困户家庭每户实现有一个骨干增收项目、有一人参加职业技术培训、有一人实现转移就业、有一人享受特惠资助、有一名干部结对帮扶的“五个一”目标。到 2020 年，农民年人均纯收入比 2010 年翻一番以上；实现基本公共服务均等化、社会保障全覆盖，乡乡有“标准中心校、达标卫生院、便民服务中心”，村村有“集体经济、硬化路、卫生室、文化室、宽带网”，户户有“安全饮水、安全用电、广播电视”，农村居民普遍住上好房子、过上好日子、养成好习惯、形成好风气。

（二）一组攻坚计划

1. 产业扶贫攻坚计划

制订多元化分类引导的产业扶贫计划。重点针对有劳动能力、可以通过生产脱贫的贫困人口，加大产业扶持力度，因地制宜发展贫困人口参与度高的特色优势产业，实现贫困人口稳定脱贫。针对相关片区和贫困区域，制定产业带发展引导计划；针对贫困村，制订村级产业发展引导计划；针对贫困户，制订家庭小产业引导计划。

特色农业计划。对蚕桑、速生林、粮油、畜禽等传统产业，重在提质增效、培育优势，促进转型升级。对产业带动力弱或无特色产业的地方，立足自然条件、比较优势和现代消费需求，规模化、组团化发展以脆香甜柚为主的水果、天然健康水产、特色蔬菜等区域优势产业，加快形成“一村一品、户户增收”的产业格局。产业培育突出资源深度利用、立体开发、品牌打造和小型农机化，走立体式复合型增收路子。以放活土地经营权为突破口，积极培育龙头企业、农民合作组织、专业大户、家庭农场等新型经营主体，完善利益联结机制，带动群众增收致富。健全乡村商品服务网点和物流配送体系，支持电商企业发展农村网点，培育一批知名“特色农业+互联网”品牌，促进特色优势农产品线上线下销售全覆盖。

“四小工程”计划。积极支持引导贫困户发展短期有收益、长期可致富的小庭院、小养殖、小作坊、小买卖等“四小工程”。因地制宜打造以水果为主的小庭院，以农家生态养殖和桑果林下绿色养殖为主的小养殖，致力于把小庭院、小养殖培育成大品牌。积极发挥大户、能人带动作用，支持引导有基础、有条件的贫困户经营小买卖、开办小作坊。因户施策，规划到户、建档到户、验收到户，确保每个贫困户至少有1—2项“四小工程”项目。

乡村旅游计划。深度开发利用嘉陵江、升钟湖、八尔湖水资源水生态，大力发展水上运动、森林康养产业。围绕长坪山红色文化、黑龙观莲花文化和一批现代农业园区、古民居、古建筑及非物质文化遗产，加快发展文旅、农旅深度融合的乡村旅游业。完善乡村旅游标准体系，规范乡村旅游行业管理，落实旅游产业支持政策，打造一批特色旅游示范村和乡村旅游达标户，加快创建一批省级、市级旅游扶贫示范点，充分发挥旅游产业对增收脱贫的带动作用。

县域工业带动计划。立足资源禀赋和比较优势发展县域工业，大力实施工业强县富县战略，放大以工促农优势。深化开放合作，发挥驻外商会乡友优势，优化园区功能布局，沿链招强引优，促进优势产业全链聚集，形成新的经济增长点。着力培育农产品精深加工业、劳动密集型产业和特色手工业，致力于推动本土工业和民营经济转型升级，培育壮大新兴产业。

2. 安居扶贫攻坚计划

制订一系列贫困人口住房保障计划。针对保障贫困人口有安全住房这一目标，不采取一个模式、一种方法进行建设，既尊重贫困人口本身意愿，又对标住房保障基本要求，因地制宜采取迁、改、建、租、调等综合措施，逐户破解贫困群众“安居难”。

全面实施危房改造。整合使用C、D级危房改造、灾损农房恢复重建、贫困残疾人危房改造等资金，重点支持贫困户危房改造。开展农村危房改造信贷贴息试点，积极落实金融支持政策，确保全面完成农村危房改造任务。

推进农村廉租房建设。实行政府主导、村集体组织实施，为建不起、改不起房的无房户和特困户提供保障性住房。注重盘活村集体用房、农村闲置房屋，利用财政专项资金建设或购买部分廉租房，多渠道增加廉租房源。鼓励社会捐资助建农村廉租房。

因地制宜建设新村。始终把改善贫困户住房条件与新村建设相统筹。整合移民避险搬迁、易地扶贫搬迁、地质灾害避让搬迁、城乡建设用地增减挂钩、新村基础设施建设等项目，优先支持贫困户改善住房条件。支持生存环境恶劣、居住过于分散的高山吊角贫困户进行移民搬迁，通过调拨、转让或集中进行土地开发等方式，解决搬迁农户宅基地、基本口粮田问题。抓好地震、洪涝、滑坡、泥石流等受灾贫困户的住房恢复重建工作，对个别建不起房的特困家庭实行政府兜底。贫困户迁、改、建住房原则实行统规自建，支持贫困村在安居攻坚行动中建设一批承载乡土气息、农村情趣、田园风光、历史记忆的幸福美丽新村。

3. 能力扶贫攻坚计划

制订两大能力帮扶计划。从根本上提升贫困人口可行能力，主要包括瞄准在校学生进行能力帮扶，瞄准就业人口根据就业意愿进行扩大职业技能和转移就业培训，提升贫困户自我发展能力，从发展能力上实现稳定脱贫。

实施“助学解困工程”。支持有条件的贫困家庭 1 户培养 1 名大中专学生，阻断贫困代际传递。统筹整合贫困大学新生入学路费补助、大学生圆梦计划、企业职工大学生子女补助、慈善助学等资金，对贫困家庭大中专学生开展助学行动。支持社会捐资助学，县级帮扶部门（单位）4 年结对帮扶 5—10 户贫困家庭培养 1 名大中专学生。

实施“技术培训工程”。对贫困家庭开展“种养加”技术培训，1 户培养 1 名稳定就业的技术工。围绕市场需求，结合贫困人口就业意愿，大力实施就业订单培训，增加贫困家庭工资性收入。突出抓好贫困家庭不再继续升学的初、高中毕业生就业培训，贫困家庭外出务工人员技能提升培训。积极支持旅外商会结对帮扶贫困村，引导贫困人口转移就业。培训项目实行台账管理，由主管部门公开招标培训机构，由人力资源部门牵头组织考试考核，确保各项培训具有针对性、实效性。

4. 基础扶贫攻坚计划

狠抓基础设施短板建设。根据区域发展实际情况，统筹区域发展和城乡发展，把精准扶贫和区域开发紧密结合，紧紧围绕道路、水利、电力、通信等重点领域，开展基础扶贫攻坚，全面改善贫困村、贫困户生产生活条件。

路网通达工程计划。立足对外畅通、村村连通、社社贯通，全力支持过境高速公路建设，加大国、省干线道路整治改造力度，大力推进农村公路改善提升工程，加快实施村社断头路的改造，联网路、产业路、入户便民路的建设，实现所有建制村、新村聚居点贯通硬化路，从根本上改变群众出行难、行路难、运输难的状况。

供水保障计划。积极规划大中型骨干防洪控制性工程、抗旱应急备用水源工程建设，大力推进灌区续建配套与节水改造、小型农田水利和高标准农田建设，因地制宜发展“五小水利”工程。坚持集中供水为主、联户供水为辅，建成楠木水厂、大坪水厂，形成“三源六厂九线 +N”全域供水体系；“十三五”期间重点推进旱片死角联户供水工程建设，延伸扩大集中供水工程覆盖面，全面提升农村饮水安全保障水平。支持农民用水合作组织建设，加快小型水利工程确权颁证步伐，结合“河长制”工作，大力开展中小河流治理、山洪地质灾害工程治理和“清洁水”行动，全域构建安全、生态、通达的用水保障体系。

电力信息网络建设计划。实施农村电网改造升级工程，全面提升配网供电能力和供电质量。推动电信网、广电网、互联网互联互通，统筹有线、无线和卫星三种覆盖方式，推进电视户户通、广播村村响和“宽带乡村”建设。采取政府补贴、企业减免、社会支持等方式，鼓励农村贫困户使用信息网络，实现行政村广电网、互联网全覆盖。

5. 民生保障攻坚计划

保障贫困人口基本医疗、教育。调动城市资源，对特殊贫困人口实行政策兜底扶贫，大力改善贫困乡村教育、卫生条件，广泛开展文化科技扶贫行动，全面提升贫困人口社会保障水平。

政策兜底扶贫计划。对丧失劳动能力、无法通过产业扶持和就业帮助实现脱贫的贫困人口，全部纳入最低生活保障，按要求落实贫困地区扶贫线和低保线“两线合一”实施办法，逐步把低保线提高到扶贫线标准。加大对残疾人扶持力度，率先对低于贫困线标准的贫困残疾对象实行生活费补贴，使其相应收入超过国定贫困线标准，建立并实施贫困家庭残疾儿童抢救性救助制度。加快养老设施建设，力争乡乡有1所敬老院，在供养对象自愿的前提下，将农村无劳动能力、无生活来源、无赡养人扶养人的特殊人员全部纳入集中供养。扩大社会保险覆盖面，将贫困地区城乡居民纳入基本养老保险、基本医疗保险，实现人人有社保，并逐步缩小城乡社会保障差距，编织兜住贫困地区困难群众基本生活的社会保障网。

医疗救助扶持计划。按规定及时调整医保政策，逐步提高贫困人口的参保标准，建立与医保制度有效衔接的大病保险制度，提高农村贫困人口重大疾病医疗保障水平；探索通过财政、民政、社会多渠道筹集资金，建立医保救助基金，资助最低生活保障对象、残疾人扶贫对象和特困供养人员参加基本医疗保险，购买重大疾病医疗保险；加大贫困户、残疾人重大疾病医疗救助力度，推进乡镇卫生院、村卫生室达标建设和县级医院能力建设。

提升基础教育计划。落实贫困家庭子女从幼儿教育到高中阶段的资助政策和免费职业教育政策，实现建档立卡贫困家庭全覆盖。建立健全义务教育控辍保学责任机制，执行义务教育“三免一补”政策，巩固提升义务教育成果。科学实施义务教育学校设置和建设规划，办好保留的村小和教学点，保证学生就近入学。积极对接实施远程教育，逐步实现城乡中学宽带网络校校通、优质资源班班通、网络学习空间人人通。

文化科技扶贫计划。加强社会主义核心价值观宣传教育，通过“新家园、新生活、新风尚”活动，倡导现代文明理念和生活习惯。建设幸福美丽新村文化院坝，推进“视听乡村”、农村电影放映、农家书屋等文化惠民工程，扶持发展农民演艺团体。实行县乡农业科技人员入户帮扶指导、一对一带动，鼓励科技人员带技术带项目进村入户，领办或创办产业项目。

（三）一套攻坚策略

在明确攻坚目标、攻坚计划背景下，南部县对区域发展和精准扶贫双轮驱动、政府引导和市场主导互补等方面进行了深入调研和论证，在发展思路上厘清了地区内城市和农村、政府和市场、贫困户和贫困村、非贫困和贫困之间的发展关系，拟定了从区域发展到各项工程，从城镇带动到乡村提升的系列扶贫策略，为后续政策的实施和落地提供了依据。

坚持“全域扶贫”策略。坚定不移地以全域扶贫统揽“三农”工作、推进城乡统筹发展，始终不渝地把促进群众增收作为全域扶贫的核心任务。紧密结合经济社会发展的阶段特征，一手抓现代农业，做大农业总产值的“分子”；一手抓新型城镇化、新型工业化促进农业人口转移，缩小农村人口这一“分母”。加快发展现代农业，立足“一村一品”，选项目、培育优势，发展壮大支柱产业，实现特色优势产业对贫困村、贫困户全覆盖。促进新型城镇化和农业人口转移，牢牢抓住全国中小城市综合改革试点机遇，致力于产城一体和重点镇、示范镇建设，不断提高城镇对农业人口的吸纳承载能力。

实施“两轮驱动”战术。坚持连片扶贫与精准扶贫“两轮驱动”。紧紧围绕嘉陵江以东地区、西河沿岸地区、升钟湖库区等“三大片区”实施连片扶贫，整体规划，集中攻坚。严格落实精准扶贫、精准脱贫要求，坚持精准识别，严禁平均分配、照顾人情；坚持个性扶持，因村因户针对性施策，精准扶持到村到户到人，变“大水漫灌”为“靶向滴灌”；坚持动态管理，跟踪监测脱贫户与返贫户，把返贫户及时纳入扶贫对象，从根本上解决脱贫后又返贫的问题。

打好“工程推进”战役。始终把扶持生产和就业发展一批、易地扶贫搬迁安置一批、低保政策兜底一批、医疗救助扶持一批、灾后重建帮扶一批等“五个一批”，作为贫困人口精准脱贫的根本保证。致力于把解决贫困村和贫困户增收、安居、出行、用水、用电、通信、上学、就医等具体困难，作为整体改善贫困村面貌的重要抓手。坚持扶贫工作项目化、工程化，把“五个一批”和贫困村基础扶贫细化为攻坚项目，实行挂图作战、专班攻坚、现场验靶。坚持急事难事先突破、重点突破，分阶段攻坚推进、落地见效。

三、“五个一”管理举措

分类管理，精准帮扶。在全覆盖蹲点督导的基础上，由县级挂联领导牵头，组织“五个一”帮扶力量，逐户进行会诊，根据排查出的问题，对贫困户实行A、B、C分类管理，能稳定脱贫的定为示范户（A类），有一定难度的定为中间户（B类），问题较大的定为困难户（C类），并按照“稳定示范户、提升中间户、攻坚困难户”的原则，分类建立清单，定实攻坚措施。对当年脱贫成功率大的“示范户”，鼓励其自主创业，自力更生，全面兑现帮扶措施和脱贫政策；对加一把力、鼓一把劲就能脱贫的“中间户”，及时调整帮扶力量，抽调精兵强将，进行点对点、人对人、面对面精准帮扶；对当年脱贫问题较大的“困难户”，针对安全住房、安全饮水、人均收入等方面存在的“硬伤”，一户落实一个工作组，一项工作落实一个责任人，每天一盘点、每周一会诊，集中力量攻坚，确保如期脱贫。

挂图作战，现场验靶。县领导、县级部门和乡镇主要负责人结合行业特点和相关乡、村、户的实际，逐一明确攻坚目标、攻坚任务、攻坚时限，制作指向精准、责任清晰、要求具体的攻坚作战图，并悬挂在每个办公室的醒目位置，切实做到目标就在眼前、责任常记心中。每一季度进行一次现场验靶，由 30 多名县领导担任验靶组长，利用 15 天时间，对所有贫困村、所有贫困户和随机抽查的部分非贫困户进行拉网式检查，情况好的颁发“流动红旗”，情况差的给予“黄牌警告”，三次被“黄牌警告”的，单位“一把手”必须引咎辞职。每一次验靶结束，均组织被“黄牌警告”的乡镇和帮扶单位的主要负责人、驻村工作组长、第一书记等，召开全县性的警示大会，凡三次警示的，一律升格为诫勉谈话。同时，规定被“黄牌警告”的乡镇第一时间召开民主生活会，挂联的县级领导全程参加，深刻反省和检视存在的突出问题，逐一制定整改措施、落实整改责任、明确整改时限，并适时开展回头看、回头访、回头查等活动。

精细管理，差评召回。配备第一书记定位对讲工作电话，建立远程实时管理平台。县脱贫办运用平台记录收集第一书记工作图片，建立第一书记工作电子档案。实行月督查、季测评、年考核制度。月督查，即查阅乡镇日常管理，查看第一书记工作情况，并随机走访党员群众；季测评，即先审核公示季度工作实绩，再组织党员、干部、群众代表进行民主测评，测评内容分权重计分，按 20% 的比例纳入年考核；年考核，即与第四季度测评一并进行，分现场打分和领导评价两个部分，分别以 10% 的比例纳入年考核结果。

强力督查，多元促动。每月，专题约谈月督查定性为“差”的第一书记，责令限期整改；连续三次被约谈，全县通报，取消当年评优资格，并召回调整工作岗位；第一次被召回的，由派出单位副职递补，副职被召回的，由派出单位“一把手”顶岗。每季度，根据工作电子档案和月督查汇总结果，核发第一书记下乡补助。每年，根据年考核结果，按第一书记总数 20% 的比例确定优秀等次人员；年考核不称职的，扣发个人当年目标奖，扣减派员单位当年目标考核分值，取消当年派员单位领导班子年度考核评“好”和单位主要负责人评先评优资格。

蹲点巡查，电视问政。由 30 余名挂联县领导牵头，“五个一”帮扶力量全程参与，坚持统筹协调、问题导向、重点突破、缺啥补啥的原则，对全县 198 个贫困村 17166 户贫困户进行蹲点督导、蹲点观察、蹲点会诊，逐户走访、实地查看、现场办公，形成“问题清单”，逐项落实整改措施、整改责任人、整改时限，确保脱贫攻坚取得实实在在的效果。同时，抽调 150 名干部组建 40 个专项巡察组，开展常态化走访、约访、接访和明察暗访，坚持问题发现、梳理、汇总、上报、转办或移交“五不过夜”，所有问题逐一实行“挂号”整改、逐一进行“销号”管理，重大问题线索第一时间移交纪检监察机关。由县委宣传部负责，组织外宣办、电视台、新闻媒体记者，深入贫困村、贫困户进行脱贫成效专题采访；开办“脱贫在一线”电视电台专栏，对好的典型进行深度挖掘、广泛宣传；开设《阳光问效・追责问责》专题电视节目，对反面典型进行轨迹剖析、电视问政、通报曝光。

一线考察，“悬帽”攻坚。成立一线考察办公室，由县委常委、组织部长兼任办公室主任，坚持在脱贫攻坚一线发现干部、培养干部、考察干部、储备和使用干部。2017年换届，全县提拔重用了120多名奋战在脱贫一线的优秀干部。定期拿出一部分县级部门和乡镇正科、副科岗位“悬帽”，对作风务实、业绩优秀、群众认可的扶贫干部，通过一线考察论功行赏、火线提拔；对心浮气躁、架天线、跑关系的干部，一律纳入“黑名单”管理，三年内不得提拔重用。整个干部队伍风清气正、人心思干。已提拔重用扶贫成效明显的第一书记20人，在攻坚一线培养预备党员113人、村干部88人，为贫困村建立了一支永不撤离的工作队。

四、经验启示

战略设计考虑前瞻性，战术设计考虑适应性。精准扶贫是动态变化的，扶贫过程中实行的诸多政策应随着实际情况的变化而变化，这就要求战略、战术上给政策调整留下足够空间，要有一定前瞻性，深刻领会党中央的扶贫要求，重视调研和前期设计，根据地区实际情况，尽量提前考虑到扶贫过程中出现的各种可能性，制订各种应对和补救方案，避免扶贫项目的目标偏离。比如：南部县实施易地搬迁时间较早，虽没有其他可行经验借鉴，但并未盲目实施，而是花了几个月时间发动部门和扶贫干部开展扶贫搬迁建设调研，最后在听取行业部门、扶贫干部、贫困群众多方意见基础上，形成了易地搬迁的4种方案、4种户型，出台每人补助1.75万元、每户最高不超过6万元的补助政策，防止因特惠幅度过大引发群体矛盾，坚持“人均筹资不超过3000元，户均筹资不超过1万元”底线，防止贫困户因建房负债加深贫困程度。

综合推进扶贫项目落地，把解决问题看作扶贫“财富”。精准扶贫贵在项目实施落地，而项目实施落地效果和问题检查、整改密不可分，平时发现的问题越多、整改的问题越多，扶贫验收出问题的可能性就越小，因此必须坚持把发现和解决问题贯穿脱贫“摘帽”全过程，拿出绣花功夫，做到识真贫、真脱贫。比如：南部县始终紧扣“一达标、两不愁、三保障”和“四个好”目标，逐一推动分类管理、精准帮扶等攻坚举措落地落实，在认识上统一，杜绝任何侥幸心理，实实在在把工作做深入做扎实，始终坚持问题导向，全天候蹲点巡察，发现问题当天交办、限期整改；平时没有发现问题，复查时出现问题的，倒查巡察组责任。

提振干部精神是最强动力，深入民心是最牢基础。脱贫摘帽，关键在干部，只有干部有压力、有动力，脱贫攻坚才能给力。比如：南部县通过现场验靶、差评召回、一线考察、“悬帽”攻坚，提振干部精气神，激发干部为荣誉而战。脱贫“摘帽”期间，全县干部几乎没有星期天、节假日，不少一线同志，经常两三个月不回一次家，充分展现了争分夺秒的拼抢精神、挑战极限的拼命精神、不胜不休的拼搏精神、万众一心的拼合精神。脱贫“摘帽”的过程，本质上就是做群众工作的过程，干部是考生，群众是老师，只有尊重群众、依靠群众、发动群众，才能交出满意答卷。比如：南部县通过“三议”群众工作法、开展“干群一家亲”活动和“五大专题教育”，激发群众主体活力，密切了干群关系，广泛赢得了民心。

第四章 党建实：组织保障靶向“最后一公里”

要抓住群众最关心的教育、医疗、社会保障、食品安全等问题，实打实地做，循序渐进地推。要通过推进就业创业，发展社会事业，打好扶贫开发攻坚战，不断打通民生保障和经济发展相得益彰的路子。

——2015 年习近平总书记在贵州调研时的讲话

越是进行脱贫攻坚战，越是要加强和改善党的领导。各级党委和政府必须坚定信心、勇于担当，把脱贫职责扛在肩上，把脱贫任务抓在手上。各级领导干部要保持顽强的工作作风和拼劲，满腔热情做好脱贫攻坚工作。

——2015 年习近平总书记在中央扶贫开发工作会议上的讲话

党的十八大以来，党中央对脱贫攻坚做出新部署，吹响了打赢脱贫攻坚战的进军号。脱贫攻坚事关巩固党的执政基础和国家长治久安。南部县把加强党的建设与脱贫攻坚有机结合，充分发挥基层党组织的战斗堡垒作用与党员干部的先锋模范作用，真抓实干、持续发力，确保抓党建促脱贫政策落地、任务落实，实现扶贫开发与基层党建“双向推进”。

一、用“心”扶贫，南部县精神当代传承

脱贫“摘帽”过程中，全县干群一心、众志成城，以最铿锵的步伐、最顽强的毅力、最有力的行动，演绎了许许多多可歌可泣的感人故事，展现出了一股催人奋进的精神力量。南部县广大党员干部争分夺秒的拼抢、挑战极限的拼命、不胜不休的拼搏、万众一心的拼合，升华为最震撼人心的南部攻坚精神。

（一）争分夺秒的“拼抢精神”

脱贫攻坚过程中，全体干部几乎没有星期天、节假日，很多县级领导长期是早上 6 点钟出发，逐村逐户走访，白天发现问题，晚上开群众会，现场解决问题，12 点以后才回到办公室处理文件和业务工作；很多帮扶单位负责人，白天当“村主任”，晚上当局长，特别是行业扶贫部门，长期担任“先锋队”“排头兵”，有的同志经常是几天几夜不合眼，凭着顽强的意志力战胜了一个又一个困难。

专栏：当家产业的“当家人”——记梁德华扶贫工作二三事

梁德华是南部县农牧业局局长，毕业于四川农业大学农学专业，他生在农村、长在农村，是脱贫攻坚团队中的一员。他“懂农业、爱农村、爱农民”，为了建成覆盖 198 个贫困村的“脱贫奔康”产业园，在每一个产业基地和产业园建设期间，梁德华从不缺席群众动员大会。让他一生最遗憾的是，2016 年端午节，年近 90 高龄的外婆突然病重，当时正值招引广东温氏集团到大堰乡发展肉鸡托养产业园的关键阶段，园内离不开梁德华，他为了能尽快回家看望老人，夜以继日

地工作。可是，在7月20日那天，他仍像往常一样坚守在产业园建设工地，最疼他的外婆却突然去世，留给他一生的遗憾。

“福无双至，祸不单行。”2017年5月27日，刚参加工作的女儿在成都华西医院被查出甲状腺有问题，要求立即手术。女儿打电话颤抖的声音撞击着当父亲的心，妻子也反复叮嘱，要求梁德华马上到成都陪女儿手术。但是，面对群众会上热情高涨的村民、办公室里堆积如山的急件，他不得不坐下来，一件件处理好后才往成都赶。

在脱贫攻坚期间，梁德华无怨无悔地奔走在南部产业由小到大、由大到强的每一个现场，用不变的初心和真情，丈量出贫困群众全面小康的幸福生活！梁德华是千千万万个南部县扶贫干部的缩影。他们分秒必争地投入脱贫攻坚工作，强化帮扶责任，深化帮扶感情，增强贫困户脱贫的信心和决心。正是由于这种争分夺秒的“拼抢精神”，才使得南部县能在脱贫攻坚战中取得优异的成绩。

（二）挑战极限的“拼命精神”

不少一线的同志，夫妻双方都是扶贫干部，经常是两三个月难回一次家，连家中十岁左右的小孩儿都学会了洗衣做饭、独立生活。县武装部派出的第一书记，几个月没回家，爱人打电话埋怨；自己在村上饱一顿饿一顿，最后胃溃疡出血，经医院抢救，才脱离了生命危险。

（三）不胜不休的“拼搏精神”

脱贫攻坚过程中，很多单位平时只留一两个人值班，其余干部全部进村入户扶贫；有的帮扶单位之前得了“黄牌警告”，“一把手”带队，全员出动，卧薪尝胆，连续两个月蹲点在村上，逐户查找问题、解决问题、补齐短板，把一个缠访闹访的问题村变成了干群一心的“四好”村；在最紧张、最关键的时刻，有些同志就连家中亲人离世，也仍然坚守在一线。

专栏：脱贫一线的铁汉“参谋”

2015 年 6 月，郭小进主动请缨到三合村做第一书记。担任第一书记后，他几乎没有时间照顾家人。“我是一名军人，理应勇挑重担，为老百姓做实事。”郭小进是这样说的，也是这样做的。

群众有需要的时候他总是第一个出现。常年加班，郭小进的身体超负荷运转，眼睛出现肿痛，不得不入院治疗，可就在南部县某医院进行手术治疗的当天，他又接到了新的工作任务。待手术做完后，他拔掉输液管立即回村工作。由于郭小进昼夜连续工作，长达 80 余小时未合眼休息，积劳成疾。2015 年 7 月 18 日，郭小进在工作中突感胸闷，当场口吐鲜血。很多群众得知郭小进生病后，自发组织来看望他。医生多次嘱咐他静养休息，但他始终放不下三合村的群众，放不下自己肩负的重任，身体还没痊愈，又回到扶贫工作第一线继续工作。

扎扎实实做好驻村帮扶工作。既要为贫困程度深、扶贫难度大的村分派有思路、有能力、有责任心的帮扶责任人，同时也要深刻把握农村贫困人口需求，着重为贫困群众赋权与增能。脱贫攻坚过程中，郭小进主动请缨，勇挑大梁；克难攻坚，为民解忧。他带领贫困群众取得脱贫攻坚战的圆满胜利。

（四）万众一心的“拼合精神”

攻坚期间，全县上下呈现出了前所未有的凝聚力和战斗力，所有县级领导和基层干部通宵达旦、一丝不苟，实事求是、精准补短；18 个南部驻外商会纷纷召开动员会，统一务工人员思想，很多外出乡友担心老人没有文化，主动请假回乡参与评估；县内 26 家网络媒体、微信朋友圈、手机 QQ 群，传递的全都是脱贫“摘帽”的信息，满满的正能量。

专栏：扑下身子干实事，找准问题脱真贫

2011 年，梁先辉到大堰乡任党委书记。梁先辉上任后，带领干部们对全乡进行了调研，踏遍了全乡的山山水水，走访了全乡的党员群众。通过走访发现，道路基础设施落后，严重影响了村民生活和农业发展。“大堰要发展，修路才是出路”，梁先辉找准大堰乡脱贫的突破口，带领干部到群众家里走访谈心，号召群众积极投工投劳，组织村民一起查看地形、规划路线，仅一周时间，公路顺利开工。

面对修路资金的缺口，大堰乡的党员干部们一方面积极向相关单位争取项目资金，另一方面不断跟在外乡友联系，发动募捐。经过多方的支持和努力，半年后，长 5 公里、宽 4 米、水泥混凝土路面的大（堰）古（楼）路，终于建成通车。经过近几年持久发力，在全乡党员干部的共同努力下，大堰乡修通了 100 多公里村组道路，基本实现“户户通”，极大地方便了群众的出行和生产生活。

发现问题以评促改，尤其是找准“真问题”，进行“真扶贫”和做到“脱真贫”，无疑是一种动员社会力量参与精准扶贫的机制创新。梁先辉深知，一个人的力量是微小的，因此他团结各方力量，集中人力、财力，做细做全农村基层工作，谱写美丽南部新篇章。

二、打造“四个力”，层层传导保障落地

习近平总书记反复强调：“要把夯实农村基层党组织同脱贫攻坚有机结合起来，选好一把手、配强领导班子，特别是要下决心解决基层班子软弱涣散的问题，发挥好村党组织在脱贫攻坚中的战斗堡垒作用。”南部县以健全机制体制、明确党建责任、巩固基层组织、完善监督机制、加强投入力度为主线，建设善于领导发展、服务发展的基层组织，培养想发展、能发展的党员队伍，层层传导抓脱贫，保障扶贫项目、扶贫资源落地生根，破解“最后一公里”难题。

（一）各级书记一起抓，强化政治“保障力”

党的十八大以来，脱贫攻坚取得了决定性进展。中国特色脱贫攻坚制度体系全面建立，精准扶贫、精准脱贫方略扎实推进，各方联动、社会参与的大扶贫格局基本形成。2017 年，党中央关于脱贫攻坚的决策部署得到全面贯彻落实，各地区各部门责任进一步强化，“五级书记”抓脱贫攻坚的思想自觉和行动自觉基本形成。

南部县紧密结合“五级书记”抓脱贫的工作格局开展工作。在这个格局中，“第五级书记”——村支书和以村党支部为核心的村级组织，就是落实脱贫攻坚任务的“前沿指挥部”。为了充分发挥“第五级书记”的作用，确保扶贫路上能扶长远，让低收入群众稳定持续增收，创新组建“村扶贫互助协会”，通过这个抓手，建强筑牢脱贫攻坚的“前沿指挥部”，夯实“第五级书记”脱贫攻坚中的主体责任。

南部县通过创新村级组织的管理运营模式，建强村级政权，统筹解决“空壳村”等问题，打通了“最后一公里”，提升了村党支部的凝聚力、号

召力、执行力，让村级组织干事有平台，管理有手段；真正把群众组织起来，将村级组织打造成为扶贫工作“不走的工作队”，全面发挥了“第五级书记”的作用。

重视发挥“第五级书记”的作用。因为只有他们与贫困户距离最近、对情况掌握得最清。其他各级书记为贫困村、贫困户给钱，济物，送政策，引导各种资源向贫困群众倾斜，建设项目向贫困地区布局，各方力量向脱贫攻坚汇聚。注重整合各方资源，把干部群众的积极性调动起来，把组织活力化为攻坚动力，打赢脱贫攻坚战。

（二）落实党建责任，强化担当“推动力”

加强扶贫队伍建设。全县组织工作把握新理念、新思想、新战略根本指引，坚持稳中求进工作总基调，围绕省市组织工作重点和全县总体工作部署，突出全面从严治党主线，聚焦聚力扎实抓好领导班子建设、干部队伍建设、党员队伍建设和人才队伍建设。

1. 统筹谋划部署

坚持一线靠前作战，打造全域统筹的指挥体系。县委作为一线“指挥部”，坚持对脱贫攻坚工作全域谋划、统筹联动，紧盯“两不愁三保障”和“四个好”目标，动员和凝聚各方力量向脱贫一线聚集。县委、县政府下发《关于推进精准扶贫加快脱贫步伐的决定》，围绕精准脱贫强化基层组织建设，县乡均成立脱贫攻坚领导小组，在县建立脱贫一线“指挥部”，在乡设立“指挥所”，在村建立“作战室”，层层挂出“作战图”，按图施工、照图拉练；县委组织部下发十个党建责任清单和基层党建“一票否决”项目清单，将抓党建促脱贫明确为各级党组织和党组织负责人的第一职责，为党建考核“一票否决”项目，定期督导查进度、现场观摩查标准、实地验靶查履职，构建起党建工作与脱贫攻坚无缝对接的“顶层设计”。充分发挥组织部门整体功能，使干部工作与各级组织工作有机结合，有效组织协调重大决策和工作部署的落实。

2. 联系指导督促

联系贫困村和贫困户。在打赢精准脱贫攻坚战中，南部县把精准脱贫作为最大政治任务，县委、县人大、县政府、县政协“四套班子”成员及县法院院长、检察院检察长、人武部政委、公安局政委、工业集中区管委会主任等县级领导挂联帮扶全县 198 个贫困村中的部分贫困村，每名县级领导至少挂联 1 个贫困村，联系贫困户不少于 1 户。

分类指导现场办公。有着“战狼”之称的 33 名县级干部每人挂联 1—3 个乡镇和对应的贫困村，任务最重的乡镇由县委书记、县长亲自挂；问题最多的村，县级干部亲自包；难度最大的户，县级干部亲自帮。实行每周二、三、四“无会日”制度，保证每周至少有 2—3 天时间进村入户、蹲点指导、现场办公，帮助协调解决基层党建和精准扶贫重点问题。挂联干部采取扶贫与扶智、治穷与治愚相结合的办法，积极帮助贫困村协调引进资金、项目、人才和技术，加快农业产业化进程，改善农业基础条件，不断增强贫困人口的“自我造血”功能。

3. 压紧压实责任

聚焦基层党建和脱贫攻坚。全面构建书记县长的第一责任、县级领导的挂联责任、乡镇党政主要负责人的主体责任、村“两委”和下派第一书记的直接责任、帮扶单位的帮扶责任和纪检监察机关的监督责任“六级责任体系”。将“两不愁三保障”目标落实到具体单位，把任务细化到月、安排到天；全面实行县级领导一月一调度，乡镇、县级部门主要领导一周一调度，驻村工作组、第一书记、村党支部书记一天一调度的“三个一”调度推进机制。对工作推进不力的干部，一律问事必问人、问人必问责、问责必到底。比如：2017 年南部县严格对照基层党组织和党组织书记党建责任清单和基层党建“一票否决”清单，组织开展督促检查7次，有力推动了党建任务精准落地落实。扎实开展基层党组织书记党建述职评议，全面建立党建述职自查摆出的突出问题清单，对照清单开展专项督促检查3次，推动各项问题得到全面整改。深入开展机关党建“灯下黑”整治，全面建立机关党建“灯下黑”问题清单，针对性制定机关党建工作台账，推动机关党建严起来，确保基层党建和脱贫攻坚各项工作落地落实。

（三）建强基层组织，强化组织“引领力”

党的基层组织是党全部工作和战斗力的基础。近几年来，虽然党内在加强基层党组织上下足了功夫，乡镇一级党建工作得到了显著改善，但在村一级层面上还存在党组织弱化、边缘化的现象。南部县现有基层党组织1819个，其中企业党组织58个，农村党组织1115个。抓住基层组织这个关键，大力补短板、抓覆盖、强功能，把村党组织打造成引领脱贫攻坚的“桥头堡”。

1. 推行“五带五强”工作法

充分发挥党员的模范带头作用。南部县在精准扶贫前，普遍出现村内党员干部自身能力素质不高，引领发展能力较弱；村党组织服务意识差、服务能力弱，群众意见大；党员干部队伍“老化”，先锋模范作用发挥不充分；组织制度落实不到位，不经常开展组织活动等问题。这些情况无疑影响到了党的各项工作在基层的落地。南部县通过推行带班子强队伍、带群众强主体、带发展强产业、带真情强服务、带新风强治理“五带五强”第一书记工作法，让党员干部带贫困人口脱贫。

2. 创新“三抓三治”整顿法

坚持分类指导、因地制宜。每年按5%—10%的比例倒排确定软弱涣散党组织，本着“辨证施治，对症下药”的方针，针对不同类型的软弱涣散基层党组织，研究制订切实可行的整顿提高工作方案，采取选派能人抓、结对帮扶抓、项目扶持抓以及治散、治穷、治乱的“三抓三治”方式集中整顿软弱涣散村（社区）党组织，调整“守摊型”村支部书记，培养预备党员。对软弱涣散基层党组织采取“一支部一策”的办法，形成问题清单，逐个提出整改措施，落实整改责任，明确整改时限，有针对性地集中开展软弱涣散基层党组织整顿提高工作，确保每个软弱涣散基层党组织转化升级、改变面貌。

专栏：南部县“三抓三治”的实践

“三抓”：一是选派能人抓。55个后进村（社区）中，及时调整班子5个。其中，针对党组织班子配备不齐、书记缺职等问题，及时从返乡务工的能人中选配3名同志担任支部书记；针对党组织书记领导能力弱的问题，下派8名优秀乡镇干部兼任后进村支部书记，结合198个贫困村帮扶工作，从县级机关选派8名年轻干部到后进村担任第一书记，村级党组织战斗力明显增强。二是结对帮扶抓。完善县、乡、村三级结对帮扶机制，31名县级领导分别包联2—3个后进村（社区），每周定期研究、每月定期分析，帮助整顿提高；结合“挂包帮”活动，55个县级部门与后进村（社区）“1+1”或“1+N”结对帮扶；选派55名机关干部蹲点指导，做到不转化不撤离。三是项目扶持抓。将文广影体局等10个县直涉农单位项目资金进行优化整合、捆绑使用，从政策、资金、技术等方面向后进村倾斜，确定村道建设、规模养殖、文化设施建设等方面帮扶项目20余个，协调帮扶资金500余万元，推动了农民收入增强和农村经济社会发展。

“三治”：一是治“散”。针对班子懒散、缺乏活力、群众意见大的实际，以刚性制度约束为重点，全面推行清单工作法，落实村干部轮班、乡村医生巡诊和“民情联心卡”制度，大力实施活动场所“1+6”配套建设，让群众办事不再“跑趟”；推行“每周一课、干部讲堂”思想教育制度，每周定期组织集中学习，每季度抽查一次学习效果，促使干部知纪律、懂党性。8个党组织班子懒散、缺乏活力的“散”村，向心力和凝聚力得到明显增强。二是治“穷”。注重发挥党员致富能人的先锋模范带头作用，采取“一帮一”的方式帮助后进村建立主导产业合作社16个，创办种植、养殖等党员协会8个，争取项目资金50万元；积极引导农户发展特色产业，种植中草药、速生林、蚕桑，进一步拓宽了农民收入渠道，推动群众尽快脱贫致富。三是治“乱”。对13个财务管理混乱的村，由乡镇财政所派专业人员进驻到村进行审计清理，全面理清“糊涂账”12笔。结合“干群一家亲”活动，县、乡、村三级干部“一对一”走访“问诊”2300多户群众，收集问题760多条，并归类建立稳定工作等“四本台账”，尤其是对信访矛盾、征地拆迁等问题采取一名领导牵头、一套专业班子加以推进等措施。同时，扎实开展低保、“五保”等专项甄别清理活动，受到了群众一致好评。

---

3. 支部引领发展产业

发挥产业党组织的纽带作用。推动各产业党组织把群众所需与政府所为有效衔接，把千变万化的市场和千家万户的农民有机连接，实现政策、管理、技术、销售、物资一体化；发挥产业党组织的引领作用，组织产业负责人、致富带头人为群众讲政策、教技术、跑市场，帮助解决产业发展中的技术推广、规范生产、市场营销、能人培养、服务群众等具体问题。

实行产业全域化发展。产业党委利用人脉资源多渠道招引龙头企业，并发挥企业的规模效应、技术支撑等作用，对所有土地统一规划，统一调整分配使用，完善其设施。与贫困群众面对面座谈，带动他们进入合作社；动员贫困群众把分散零碎、经营效益低的撂荒地集中起来，流转给专业合作社，统建规模化种植大园区，提高人均收入。

深入推进“支部＋产业”模式。坚持脱贫产业发展到哪里，党的组织就跟进到哪里。以支部为主导，整合企业、合作社、大户和群众力量，推行“双动五联盟”和“三带三联建三园”等党建促脱贫新模式，培育精准扶贫党员示范项目 198 个，建成食用菌、肉鸡、果药、水产等脱贫奔康产业园 358 个，实现 198 个贫困村“村有当家产业”全覆盖。

（四）创新督促机制，强化队伍“攻坚力”

多措并举在脱贫一线打造能征善战的“尖刀”队伍。坚持政治引领，坚持实干导向、聚力攻坚、协调联动，突出领导班子和干部队伍建设这一核心主业，着力增强干部攻坚力、基层组织力、人才驱动力、党员廉洁力，定位党建坐标、攻坚成效评判党建绩效，以攻坚促党建，引领改革发展新局面。

1. 围绕脱贫攻坚配班子

强化脱贫攻坚领导力。坚持高频率研究部署、高密度调度推进，各级领导干部亲临一线指挥、亲临火线攻坚。每名县级领导挂乡包村帮户，至少挂联 1—3 个乡镇和对应的贫困村，帮扶 2 户贫困户，示范带动党员干部进村入户、帮扶解困。坚持把全县最优秀、最能打硬仗的干部派到脱贫攻坚一线，为 198 个贫困村选优配强第一书记；同时，驻村工作组组长一律由帮扶单位能力最强的副职担任，农技员以涉农部门的业务骨干为主，与第一书记一道驻村开展工作。近 3 万名机关企事业单位和乡镇干部职工结对帮扶 3.2 万名贫困户，全面压实“群众不脱贫、干部不脱钩”的政治责任。在乡村两级换届中，将政治素质过硬、熟悉基层情况、脱贫攻坚有突出贡献的干部提拔进入领导班子，进一步优化了乡村两级班子结构；在村级党组织建设中，推行带班子强队伍、带群众强主体、带发展强产业、带真情强服务、带新风强治理“五带五强”第一书记工作法，推进精准扶贫、壮大集体经济、提升治理水平。

2. 围绕脱贫攻坚抓培训

加强基层干部能力建设。采取视频方式，邀请省扶贫移民局专家领导授课，县级干部主讲，组织包括 198 个贫困村第一书记、支部书记在内的 7000 多名县乡村干部，进行了为期 3 天的脱贫攻坚工作培训；围绕群众工作能力提升，采取视频方式，组织全县干部召开群众工作交流会，组织工作组长、第一书记、帮扶干部等做经验发言；加大干部选派参训力度，分批选派干部参加扶贫工作相关培训。通过高强度、全覆盖培训，强化了全县干部抓扶贫的政策水平和工作能力。

3. 围绕脱贫攻坚建机制

南部县坚持把“两学一做”聚焦到脱贫攻坚主战场上，出台系列激励约束措施，让广大党员干部扎根一线，做到了“学有方向、做有标杆、干有动力”，确保扶贫项目扎实落地，避免了扶贫资源“最后一公里”难题。

挂图作战、现场验靶，让干部动起来。分年度将产业、就业、住房建设等工作形成任务清单，精准到户到人，每季度开展一次现场验靶，好的授予流动红旗，差的给予“黄牌警告”，连续三次被“黄牌警告”的，主要负责人引咎辞职。通过精准到人的验靶考核，挤出了“南郭先生”，赛出了精兵强将。

蹲点巡察、电视问政，让干部动起来。抽调 150 名纪检干部成立 40 个巡查组，全天候蹲点巡查，发现问题，当天交办、当天整改、第三天复查，整改不到位的，一律轨迹剖析、电视问政、从严追责，先后诫勉谈话

86 人次，党纪政纪处分 17 人。

轨迹管理、差评召回，让干部谨慎起来。对第一书记实行 GPS 手机定位管理和远程签到，每月一次考核排位，“差”的集中约谈，约谈三次的由派出单位召回；第一次被召回由派出单位副职递补，副职被召回的由单位“一把手”顶岗。

一线考察、“悬帽”攻坚，让干部拼起来。把扶贫攻坚的战场作为识人选人用人的赛场，成立一线考察办公室，出台《南部县脱贫攻坚激励考核办法》，拿出部分科级岗位“悬帽”，根据验靶成绩，提拔出作风务实、业绩优秀、群众认可的扶贫干部 120 人，将心浮气躁、跑关系的干部纳入“黑名单”管理，三年内不得提拔重用。两年来，全县干部几乎没有星期天、节假日，很多机关单位平时只留几个人值班，其余同志全部坚守一线。最偏远、任务最重的三清乡积极村，帮扶单位城管大队 80 多名党员骨干在村上搭起帐篷、安营扎寨，群众不脱贫、干部不收兵；不少一线的同志，夫妻双方都是扶贫干部，经常一周难回一次家；在最紧张、最关键的时刻，有些同志就连家中亲人逝世也仍然坚守在脱贫攻坚一线。

（五）加大投入力度，强化保障“支撑力”

围绕保障到位有力，统揽全局、协调各方，发挥聚合作用推进脱贫攻坚。脱贫攻坚期间，财政局不断加大对扶贫项目的投入力度，同时也不断完善财政监督制度，确保每一分钱都落实到位。

保障经费到位。南部县 2015 年出台了《南部县扶贫攻坚驻村第一书记管理办法（试行）》，足额安排驻村工作经费，督促派出单位一次性发放补助，每年安排一次体检，并办理了人身意外保险，由县财政打卡发放下乡补助。2016 年，南部县委多次现场解决和督办基层党建经费、人员保障等 8 类问题，足额落实村级办公经费、村（社区）干部报酬等经费 1.5 亿元，培育精准扶贫党员示范项目 198 个，建成远程教育终端站点 1222 个。截至 2017 年，全县共计投入扶贫资金 54784.3 万元，其中，财政专项扶贫资金 16573 万元（其中省资金 9068 万元、市级资金 1005 万元、县级资金 6500 万元）、整合使用涉农项目资金及其他资金 25402.3 万元、四项扶持基金 12809 万元。①

三、党建与扶贫深度融合，提升基层能力

习近平总书记反复强调，“要把夯实农村基层党组织同脱贫攻坚有机结合起来，选好一把手、配强领导班子，特别是要下决心解决软弱涣散基层班子的问题，发挥好村党组织在脱贫攻坚中的战斗堡垒作用”。在历时三年的脱贫攻坚中，全县党员干部严守党的纪律、坚决执行扶贫政策、积极发动贫困群众，长期坚守扶贫一线、攻坚扶贫一线、决战扶贫一线。锻炼了队伍，提升了群众认识，强化了基层建设，取得了基层党建和脱贫攻坚“双丰收”。

（一）锤炼了干部作风，密切了干群关系

近年来，南部县在抓好“五个一”力量选派的基础上，落实县级领导挂联帮扶、机关单位定点帮扶、专职干部脱产帮扶、干部职工结对帮扶。很多帮扶干部白天坚守在服务窗口和执勤一线，下班后又进村入户，开展帮扶；很多乡镇村组干部长期风里来、雨里去，声音沙哑了、嘴唇干裂了，吃几片药、喝几口水又继续工作；很多第一书记，从刚开始怕接触群众不愿下去，到现在舍不得群众不想回来；很多同志每天不去群众家中看

① 数据来源于南部县财政局、扶贫和移民工作局，2017 年财政专项扶贫资金绩效评价自评报告。

看，心里就不踏实。全县干部体现出的争分夺秒的“拼抢精神”、挑战极限的“拼命精神”、不胜不休的“拼搏精神”、万众一心的“拼合精神”，演绎出许多感人至深的生动故事，得到了省委、市委的肯定与表彰，赢得了群众的信任和支持。

随着南部县“三议”群众工作法的推广落实，做到自上而下宣传、自下而上决策，充分保障群众的知情权、参与权、决定权、监督权、评判权，真正实现了不办群众不受益的事、不办群众不参与的事、不办群众没能力办的事，推进了村级事务的公开透明，增进了基层干部和农村群众的互信支持。2016 年，全县 4 名第一书记、1 名驻村工作组长、6 名农技员被省委表彰，71 个单位 104 名个人受到市委表彰。2016 年，全县党风廉政建设社会满意度评价由 2014 年的全省 179 位跃升至全省 105 位、全市第 9 位跃升至全市第 2 位。

（二）提升了群众认识，强化了脱贫动力

在脱贫攻坚中，个别乡镇大胆发动政治素质可靠、致富能力突出的在外发展能人回村任职，利用他们的思维优势和资源优势，快速提升了村“两委”班子做好新形势下群众工作、引领群众增收致富的能力。个别村支部发动村里老长辈、老干部、老党员组建矛盾纠纷化解小组，利用他们在群众中、家族中的威望成功化解了许多干群矛盾、邻里矛盾，探索出了构建和谐农村的新路子。

通过常态化宣讲和物质奖励、精神鼓励等形式，运用农民夜校等平台，深入宣传贯彻党的十八大以来习近平总书记关于扶贫工作的重要论述，宣传贯彻党的农业农村工作政策，宣传贯彻党中央、国务院和省委、省政府关于脱贫攻坚各项方针政策、决策部署、工作措施。帮助群众走出脱贫攻坚认知上的误区，彻底消除“等靠要”思想，由过去的“要我

富”变为现在的“我要富”，营造出人心思进、人心思变、人心思干的良好氛围。

（三）强化了基层建设，促进了乡村治理

南部县创新推行“一核两点三线”模式抓党建促脱贫，推动落实管党治党政治责任，协助乡镇党委具体开展软弱涣散党组织整顿建设；配合实施“党员精准扶贫示范工程”，培养贫困村创业致富带头人，吸引各类人才到村创新创业；推动发展村级集体经济，协助管好用好村级集体收入；协助建好村务监督委员会，监管扶贫项目资金，推动落实公示公告制度，对治理扶贫领域腐败和作风问题提出建议。使基层党建真正融入扶贫、服务扶贫、推动扶贫。

南部县严格落实“三议五会”群众工作法，为群众的政治参与提供了渠道，增加了村级治理的透明度；村委会对公共财产的使用必须是民众同意和认可的，必须是有章可循的，这就从根本上减少了村委会以权谋私的机会，有效遏制了基层政治的腐败现象。

四、经验启示

抓党建促脱贫，必须聚力基层组织。农村要想富，关键靠支部；一个地方工作怎么样，关键看有没有一个坚强有力的领导班子，有没有一支团结务实的干部队伍。南部县正是扭住建强支部这个关键点，从硬件建设、选派人员、完善机制、转化升级等方面入手，发挥支部在脱贫攻坚大局中的“桥头堡”作用，探索出了“五带五强”第一书记工作法、“双动五联盟”和“三带三联建三园”等党建促脱贫新模式。实践证明，建好建强基层党组织，就能够迸发出强劲的战斗力，发挥引领群众致富“火车头”功

能；事业兴衰，关键在人，关键在于干部，抓党建促脱贫，必须围绕脱贫来配班子、建队伍、用干部，充分发挥干部在攻坚克难中的“排头兵”作用。整顿后进村党组织，第一位的就是要整顿村级班子。南部县通过建设脱贫攻坚型班子、打造脱贫攻坚型队伍、建立脱贫攻坚型机制，用机制选出需要的干部，将需要的干部充实进班子，构建了班子能攻坚、干部能攻坚的新型干部队伍。实践证明，班子是关键，有什么样的班子就有什么样的队伍，将领导班子和干部这一脱贫攻坚关键因素的作用最大化，就能为群众实现脱贫致富带好路、服好务。

抓党建促脱贫，必须强化组织领导。脱贫攻坚是系统工程，只有全面谋划、统筹部署、全面推进，才能实现决战决胜、决战全胜。南部县通过构建“六级责任体系”，建立“挂图作战＋现场验靶”“一线考核＋‘悬帽’攻坚”“蹲点巡察＋电视问政”配套机制，将繁重任务细化分解、逐一落实，确保整个工作的有序推进。实践证明，只有加强组织领导，层层分解任务、层层明确责任、层层传导压力，脱贫攻坚才能扎实推进、取得实效。

抓党建促脱贫，必须发挥党员作用。群众在“脱贫奔康”中难免有矛盾、有疑虑，必须发挥党员带头示范作用，才能坚定贫困群众与党同行奔小康。南部县通过实施党员精准扶贫示范项目、党员带头组建入伙农村合作社、党员带头发展“四小工程”，带动群众入园入社务工、发展“四小工程”，实现了贫困群众在家门口增收。实践证明，只要党员在观念引领、产业带动等方面走在前、做表率，做给群众看、带领群众干，就能带动群众形成脱贫攻坚强大合力。

抓党建促脱贫，必须把发展作为第一要务。一个地方老是发展上不去，群众也就跟着一起受穷。邻里纠纷自然持续不断，信访矛盾接踵而至。这些现象不仅影响一个村的形象，而且严重影响党和政府的威信。在整顿过程中，南部县坚持把抓发展作为第一要务，充分发挥组织优势，积极在项目、资金、人才、技术等方面向后进村倾斜，推动了后进村经济社会快速发展。实践证明，帮助后进村解决发展难题，也就帮助群众鼓起了腰包，群众的怨气自然就消了，团结和谐、干事创业的氛围就更浓了。

抓党建促脱贫，必须把制度约束作为保障。后进村之所以后进，绝大多数是没有形成规范科学的制度，没有建立务实管用的办法。在做决策、办事情时，往往“拍脑袋”，随意性很大，群众对此反映强烈。在整顿过程中，南部县坚持整顿与制度并重的原则，及时指导村级党组织抓好建章立制，帮助建立一系列行之有效的机制办法，发挥了制度的刚性约束和规范作用，较好地解决了处事不公、个人说了算等突出问题。实践证明，健全的工作制度是基层党组织工作正常运行的重要保证，只有建立健全各项规章制度，严格照章办事，基层党建工作才会更加科学规范，才会得到群众认可。

第五章 底线实：补关键“短板”治理多维贫困

在脱贫攻坚决胜期，习近平总书记始终强调要坚守“两不愁三保障”的底线，落实好住房、水源、医疗三大保障是确保南部县群众生命安全的基本条件，更是打赢贫困地区脱贫攻坚硬仗的政策底线，也是有效治理多维贫困的关键瓶颈。针对不同贫困类型和致贫原因，南部县从实际情况出发，实施精准扶贫政策，采取相应具体措施，按照贫困群众意愿和权利，确保贫困户住有所居、饮水安全和医疗有保障，从多维度治理贫困，夯实了脱贫基础。

一、多维贫困治理政策意涵与作用路径

贫困的内涵是随着社会发展而不断深入和拓宽的。起初，贫困定义的是“吃不饱、穿不暖”的那部分群体，主要通过收入来加以衡量，即个人或家庭的收入无法保障其基本生活则视为贫困。随着扶贫实践和理论研究工作的深入推进，从收入界定贫困的局限性逐渐显露出来，比如，收入难以精确地获取，忽略了真实消费需求等。在此基础上，广义的多维度的人文贫困逐渐取代狭义的单维度的收入贫困，成为人们对贫困更全面、更科学的界定与认知。

从脱贫路径来看，贫困多维特征是精准扶贫方略产生的现实基础。精

准扶贫首先要求就是“精准识别”，这正是多维贫困测度方法在精准扶贫工作中的应用体现。多维贫困的测度是从多维度衡量贫困，这正是精准扶贫中精准识别的重要前提。只有精准识别出贫困地区、贫困村、贫困人口，才能进一步开展精准帮扶，才能全程化精准管理和提升扶贫成效。基于多维框架下的精准扶贫，其贫困对象的界定具有复杂性，但却能将贫困“分门别类”，通过不断完善的多维测度方法，将对象明确并进行分类，从而有利于一国更加全面、精准地制定扶贫政策。

一方面，多维贫困理念延伸了扶贫的宽度。从宏观层面来看，人们将贫困的研究分为政治、经济、社会三个视角，在不同的领域中，从整体上把握贫困。从微观层面来看，对贫困的界定不再只是以单一的贫困线为标准，还要综合考虑其教育、医疗的获得性和基础设施的建设情况等。

另一方面，在不同时期，贫困状况会有所不同，多维贫困的治理则会表现出不足之处，从一定程度而言，精准扶贫是有效缓解和消除多维贫困的必然选择。因此，为如期实现贫困人口的脱贫，贫困县全部“摘帽”，在扶贫方式上不再是“大水漫灌”，而是“精准滴灌”；不再是单方面的“输血”，而是在“输血”的同时，更加注重增强贫困群体自身的“造血”能力；不再只是注重 GDP，而是注重脱贫成效，注重解决好扶持谁、谁来扶、怎么扶的问题。因此，精准扶贫可以在多维贫困理念的指导下，对不同维度的贫困和问题，有针对性地实施相关政策措施。

在精准扶贫背景下，多维贫困治理通常可以通过以下途径发挥作用。

首先，在“扶持谁”的问题上，以多维度视角逐步建立起“贫困区域—贫困县—贫困村—贫困户”由上而下的贫困识别体系，实现涵盖区域和贫困人口贫困信息的多维立体档案体系。例如，对贫困人口采取多维考察的办法，在考察贫困人口收入的基础上，综合考察其教育保障、健康状况、住房条件等；同时对贫困户的详细信息进行纸质的登记和大数据录入的处理。

其次，在“谁来扶”的问题上，以多维理念为基础，实行差别化区分，通过专项扶贫、行业扶贫和社会扶贫发挥作用，针对不同地区、不同贫困对象，确定不同的帮扶资源和帮扶主体，多维度识别贫困问题，统筹帮扶力量，在基层落地落实精准扶贫、精准脱贫方略，提高贫困人口脱贫能力，带领贫困群众脱贫致富。从多维贫困的表征切入，结合政府、行业部门、市场、社会、企业等不同的帮扶主体进行施策，根据贫困人口需要“补什么”，确定相应的公共服务供给主体。因此，多维贫困治理在治理主体上更具灵活性。

最后，在“怎么扶”的问题上，多维贫困治理主要是按照不同地区和贫困人口的具体情况，基于不同维度、不同致贫原因制定和实施扶贫项目，针对多维贫困复杂的致贫原因，强调要因人、因户施策，做到“缺啥补啥”，“一户一策、一户一方案”，用好多维贫困信息识别的成果，使措施精准到户，扶贫工作扶到根子上、帮到点子上，依据贫困地区的资源优势、自然条件等因素，根据不同维度的致贫原因给予适合的项目安排。

二、瞄准居住维度脱贫“短板”，住房建设保障脱贫

住房保障能够改善城乡低收入居民的居住条件，是重要的民生问题。加快建设保障性住房，大力推进易地扶贫搬迁、农村危房改造和房屋基础设施配套工程，都是改善城乡居民消费环境和条件的有效举措，有利于低收入居民扩大消费，带动产业发展，对于改善民生、促进社会和谐稳定具有重要意义。因此，农村危房改造和易地扶贫搬迁作为南部县最重要的住房保障建设工程，具有代表性的意义。

2016 年以来，南部县共投入资金 8.4 亿元。其中本级财政投入 6.6 亿

元，新建和改造住房 25068 套，覆盖了 78% 的贫困户和部分临界困难户，所有贫困户都住上了安全房。目前，南部县的建房户水电气一应俱全、网络基本覆盖，贫困群众真正享受到了“前庭后院，果蔬相间”的舒适，“龙头一开，清水自来”的轻松，“开关一拧，火苗自燃”的便利，过上了和城里人一样的生活，彻底告别了昔日蜗居一室、人畜混居的酸楚日子，彻底告别了冬天用布盖、雨天用盆接的苦难生活。困难群众居住条件极大改善，家家都住上了好房子，人民实现了安居的美好梦想。

南部县根据搬迁群众收入水平、经济实力、资源承载能力和环境条件等情况制订搬迁方案，坚持因地制宜、因户施策，确定村内就近集中安置、建设移民新村集中安置、依托小城镇或工业园区安置、依托乡村旅游区安置、分散插花安置、投亲靠友安置等多种安置方式，充分利用空闲土地，住房建设选址坚持围绕水、路条件好的地点选址，围绕现有住房相对集中的地点选址，围绕村级组织活动场所选址，坚持宜聚则聚、宜散则散，实现聚散有度，群众住得舒心、安心。

（一）危房改造“规划导向”，农户住上“暖心房”

危房是指依据住房和城乡建设部制定的《农村危险房屋鉴定技术导则（试行）》（以下简称《导则》）有关规定，鉴定属于整栋危房（D 级，需新建或重建）或局部危险（C 级，需维修加固）的房屋。而经过评定审核发现，南部县有改造任务的有 73 个乡镇（街道），重点是各乡镇（街道）精准扶贫中的危房困难户、分散居住的农村“五保”户、农村残疾人家庭及其他农村困难危房户，危房改造的任务仍然十分艰巨，并且待改造的棚户区多为基础差、改造难度大的地块，在创新融资机制、城乡危房改造及完善配套基础设施等方面还存在不少困难和问题。同时，农村困难群众对改善居住条件、住上安全住房的诉求比较强烈，加快农村危房改造的任务显得十分迫切。

因此，为进一步做好城乡危房改造、配套基础设施建设以及统筹农村危房抗震改造工作，解决群众住房困难问题，南部县实施了农村安居扶贫攻坚，推进农村 C 级、D 级危房改造，确保农村困难群众居住条件和环境不断改善，让广大农村群众住上好房子、过上好日子、养成好习惯、形成好风气。具体而言，主要有以下措施：

1. 合理确认改造标准

在严格执行《农村危房改造最低建设要求（试行）》控制建房面积和标准以满足最基本居住功能和安全的前提下，原则上，户均居住面积控制在 60 平方米以内，根据家庭人数适当调整，但 3 人以上农户（含 3 人）的人均居住面积不超过 18 平方米。房屋建设标准控制在有效改善困难群众住房条件的同时减少群众之间的争议，合理确立危房改造建设面积。

2. 探索三种改造方式

南部县危房改造分为异地新建、原址重建和维修加固三种方式。可以由乡镇（街道）结合新村聚居点、“三线”建设（公路沿线、铁路沿线、河道沿线风貌治理）统一规划和组织实施，也可以采取项目补助的办法，由危房户自建住房或自行维修加固，乡镇（街道）和村社则通过组织邻里互帮、结对帮扶、投工投劳等措施帮助困难群众建房。

3. “主 + 辅”模式筹资

资金筹集方面：在坚持政府引导、农民自愿的原则下，农村 C 级、D 级危房户改造资金以农民自筹为主，政府补助为辅。农民自筹部分，借鉴灾后农房重建经验，通过农民自筹资金，鼓励和引导社会力量提供捐赠和补助，制定贴息、担保政策，促进金融机构提供贷款等措施，拓宽农村危房改造集资渠道。资金补助标准方面：根据农村危房改造中央资金补助标准和省级配套补助标准，针对 D 级危房，对精准扶贫中的危房困难户补助

1.2 万元，对分散供养“五保”户、低保户和贫困残疾人家庭补助 1.2 万元。针对 C 级危房，对精准扶贫中的危房困难户补助 0.5 万元，对分散供养“五保”户、低保户和贫困残疾人家庭补助 0.5 万元。

4. 层层推进分步实施

自 2014 年启动农村危房改造项目以来，南部县按照轻重缓急、分步实施的原则，以“自愿申请—集体评议—乡镇审核—部门审批—竣工验收—房屋移交—资金拨付—建立健全档案管理制度—信息报告”的实施流程，对暴雨洪涝灾害农房倒塌户及居住在危房中的“五保”户、低保户、贫困残疾人家庭，建卡贫困农户和其他贫困农户，依据国家住房和城乡建设部制定的《导则》，鉴定为需维修加固或自愿重建、新建的房屋，加快改造力度，让群众尽快住上新房，享有更好的居住环境，满足群众多样化居住需求。

自愿申请。符合农村 C 级、D 级危房改造条件的家庭，由户主自愿向所在村（居）委会提出书面申请，填写《农村困难群众危房改造申请审批表》，并提供户籍、低保金领取证、优抚金领取证、其他困难证明资料（如病历、受灾等情况）、危房照片等证明材料。

集体评议。村（居）委会接到申请后，召开会议进行评议，议定是否补助，并予以公示。经评议认为符合补助条件，且公示无异议的，上报乡镇（街道）；对不符合补助条件或公示有异议的，则及时向申请人说明情况。

乡镇审核。乡镇（街道）接到村（居）委会的申报材料后，根据《导则》要求，组织人员上门进行房屋鉴定和核查，并填写《农村危险房屋鉴定表》。经审核，认为符合条件的报县住建局，由县住建局会同发改、财政等部门进行部门联审；对不符合条件的，将材料转所在乡镇（街道）退回所在村（居）委会，并说明情况。

部门审批、验收和移交。县住建局接到乡镇（街道）上报的材料后，会同发改、财政等部门进行联合复核，对符合补助条件的，根据住房危旧程度，核定补助方式及标准，审批结果在村务公开栏张榜公布；农村C级、D级危房改造项目竣工后，由各乡镇（街道）组织验收，并填写《农村危房改造验收表》；由各乡镇（街道）组织验收合格后，进行房屋移交，由村（居）委会将房屋钥匙统一发放给群众。

资金拨付。农村危房改造项目资金由县财政集中管理、统一使用。实行专款专用、封闭运行，严禁截留、挤占和挪用。县发改局负责做好年度计划的编制、上报审批和管理工作；县住建局按期将核定的资金发放人数及金额报送县财政局；县财政局及时将资金拨到农户一折通开户金融网点，存入农户个人账户。D级危房改造项目动工前，按审批补助额度预付50%补助资金；项目竣工后，由乡镇（街道）验收合格后申请，县住建、发改、财政、监察、审计等部门组成专项检查组抽查复验合格后，付清余款。C级危房改造在竣工验收后一次性拨付。

信息报告。及时掌握农村危房改造工作进展情况，以乡镇为单位组织编印农村危房改造工作信息，以简报、通报等形式反映建设成效、存在的问题和有关建议等，落实“月报”制度，每个月将“月报”和工程进展汇总情况报县相关部门，并在年底进行农村危房改造工作总结。

5. 统筹协调确保质量

南部县成立了农村危房改造领导小组，在各乡镇（街道）也成立了相应的工作机构，统一组织实施农村危房改造工作，及时协调解决工作中出现的困难和问题，从而确保按时完成年度农村危房改造工程目标任务。主要措施有：

明确责任，进行密切配合。按属地进行管理，把各乡镇（街道）作为农村危房改造工作的责任主体、工作主体和实施主体，结合实际制定本地危房改造实施细则，明确目标任务，及时组织实施，加强管理，为困难群众排忧解难，提供优质服务。使各有关部门各司其职，密切配合，做好工作衔接，形成工作合力，发挥资源整体效应。

加强监管，注重保证质量。建立健全农村危房改造质量安全管理制度，严格按照政策要求，并参照《四川芦山地震灾后农村住房自主重建管理办法》组织实施，组织技术力量，开展危房改造施工现场质量安全巡查与指导督查，加强农村建筑工匠培训与管理，提高农户农房建设抗震设防技术知识水平和业务素质，向广大农民宣传和普及抗震设防常识，提高服务和管理农村危房改造的能力。

强化监督，不断规范操作。完善上门调查核实制度，坚持上门核查，了解实际情况和征求村民意见，完善集体评议评审制度，所有补助对象都经过集体评议评审，必要时召开村民大会或村民代表会议决定，同时建立健全公示制度，村委会评议、乡镇（街道）审核和部门审批等情况都在村委会和村民小组进行公示。此外，加大宣传和社会监督，各乡镇（街道）利用广播、电视、公示栏等形式宣传农村危房改造政策，设立咨询和投诉电话，广泛接受群众监督。

严格把关，科学实施推进。对补助对象严格审核、控制数量，实行建账立册、动态监管，同时按新村建设要求提供住房改造设计图纸，供建房对象选择。在危房改造过程中加强风貌管理，注重保持田园和传统特色，在建设选址、建筑体量、外观等方面要符合村庄规划。建筑风貌将作为竣工验收的内容，农村危房改造风貌管理的情况将列为农村危房改造年度绩效评价的内容。

截至 2016 年，全县农村危房改造共计 8169 户。其中：C 级危房改造 2122 户，完工和入住 1954 户，占 92%；在建 117 户，占 5.5%；自愿放弃 51 户，占 2.5%。D 级危房改造（含 D 补差）6047 户，完工和入住 5237

户，占 86.6%；在建 691 户，占 11.4%；自愿放弃 119 户，占 2%。

综上，南部县以改善群众住房条件为出发点和落脚点，突出稳增长、惠民生，明确危房改造工作任务，创新体制机制，强化危房改造政策落实，发挥带动消费、扩大投资的积极作用，推动当地经济快速发展，使城乡基础设施更加完备，安全住房得以保障，促进了群众户有所居，有利于社会和谐稳定。

专栏：危房改造　群众住上好房子

碾垭乡金龟庵村罗焕香家是村里的 D 级危房改造户，按照相关政策，罗家改造后的房屋面积有近 80 平方米。他家原来住在土坯房里，每逢下大雨就发愁，现在政府给他家盖了新房，连菜园地都规划好了，日子越过越有滋味。

年过八旬的罗焕香一家三口，大儿子身有残疾还得了癌症，二儿子常年在外打工，收入不高。一家人一直蜗居在 20 世纪 70 年代建成的土墙瓦房中。为解决老人的“住房难”问题，2015 年初，该村“两委”帮罗焕香递上危房改造申请，经村“两委”提议、村民代表审议和全体村民大会决议，以及张贴公示和乡镇现场审核、报县里审批后，罗焕香家被纳入危房改造名单。

由于老人没有建房能力，金龟庵村驻村工作组担起了为老人修房子的重任，搬运砂石、挑选施工队、督促施工进度和质量等。经过 3 个多月的忙碌，老人就搬进了新居，住上了“暖心房”。

南部县把农村危房改造与精准扶贫工作紧密结合，作为推动脱贫攻坚工作的着力点，以农村贫困户危房改造为突破口，组织成立专班，大力推进危房改造工程，让贫困户住房安全得到保障。截至 2016 年，南部县按照“建房政策统一、流程统一、模板统一”的原则，确保了农村安全住房建设推动有力，8317 户危房户危房改造工程全面竣工。

（二）易地搬迁十项设计，破除“旁观者”困局

易地扶贫搬迁是实施精准扶贫、精准脱贫的重要内容，旨在对生存环境恶劣地区的农村贫困人口实施易地搬迁安置，根本改善其生存和发展环境，实现脱贫致富。2016 年以前，南部县还有相当一部分群众生活在自然条件极为恶劣的地方，传统的帮扶式的资金支持难以解决这部分群众的脱贫和发展问题。同时，南部县贫困地区的生态居住环境问题与贫困问题相互制约。居住环境恶劣，群众的生产生活条件难以改善，生存环境日益恶化，并且人们的活动也对生态环境造成了持续性破坏。如何实现这部分贫困人口的脱贫，成为易地扶贫搬迁政策出台的初衷。在这样的背景下，南部县坚持政府引导、群众自愿的原则，对居住在生存环境恶劣、自然灾害频发、不具备基本发展条件和过于分散、基础设施及公共服务设施配套不全面地区的贫困人口，通过移民安置进行帮扶，解决“一方水土养不起一方人”的问题。

南部县在加快实施易地扶贫搬迁工程中，也面临着前所未有的挑战。一是搬迁任务繁重艰巨。搬迁人口数量多，时间紧迫，工程量大。二是安置资源约束日益凸显。搬迁人口多集中在山地及生态环境脆弱地区，而适宜安置的水土资源匹配条件、选址生态条件优良的空间有限。三是工程实施难度大。易地扶贫搬迁涉及面广，政策性强，是一项复杂的系统工程和社会工程，既要精心组织做好安置住房、配套基础设施和公共服务建设，也要依据不同安置方式，扎实推进产业培育、就业培训等后续发展工作，确保实现贫困人员稳定脱贫。

南部县坚持把贫困户住房安全保障作为头等大事，创新易地搬迁“四书一报告”流程，全面规范建房各环节各方面，合理控制建房标准，确保又快又好地建成安全适用的安居住房。落实易地搬迁政策以“建设前宣传—建设中投入—建设后监督”的模式进行，在纵向时间上做好把控，同时做好群众意识、干部执行和领导监督工作。建设前主要从群众意识出发，激发群众主观能动性，积极申请并通过“三议五不评”的标准化识别；建设中投入人力，投入资金，投入土地，集齐各方力量加大易地搬迁力度，确保易地扶贫搬迁安全顺利实施；建设完工进行验收时，严格按照验收程序进行，并且做好安全监管和质量监督工作。

1. 深化群众认识，消除“等靠要”思想

实行易地扶贫搬迁，必须赋权于民。深化群众主观认识，让群众积极参与其中是开展易地扶贫搬迁的前提和基础，在扶贫项目的申请、设计、规划、实施、监管和验收过程中，通过采用自下而上的决策方式，将服务理念和工作方法贯穿始终，激发群众的积极性、主动性和参与性，只有充分体现民意，鼓励农民参与其中，才能提升贫困农户自主创造意识，从而提高自我脱贫能力和自我发展能力，最终解决民生问题。

南部县在易地扶贫搬迁过程中，一方面深化思想认识，县、乡、村联合组织“五个一”帮扶力量对危改户、建房户实行户户见面，了解现状，面对面地开展教育和引导，让贫困群众认识到易地扶贫搬迁不是政府免费送房子，必须自己动手、自力更生，优惠政策是党和政府的关心关爱，一定要心有感恩、积极主动；建房群众才是实施主体和享受主体，任何时候都不能有“等靠要”思想。另一方面深化政策认识，针对工作推进中遇到的问题，专门印发了《易地搬迁相关问题解答》《农村安全住房建设相关政策释疑》等明白卡，发放到镇村干部和建房户手中，做到政策宣传全覆盖。

2. 细化识别程序，标准化识别搬迁对象

按照“三议”程序和“五不评”标准，确定安全住房建设对象。“三议”即村“两委”提议、村民代表审议和全体村民大会决议；“五不评”即城镇有商品房的不评，住房能够满足安全居住要求的不评，两年以上未回家居住且人均纯收入高于全县人均纯收入的不评，户口在本地但外地有住房的不评，已享受危房改造、易地扶贫搬迁、灾后重建等补助政策的不评。搬迁住房对象的识别是所有搬迁后续工作的前提和基础，因此，“三议”程序和“五不评”标准有利于对搬迁住房者进行精准识别，根据不同情况落实不同政策，为脱贫“摘帽”打下了扎实的工作基础。

3. 搬迁工作“专人抓”，确保建设进度

建立专班推进。成立了以县委、县政府主要领导任“双组长”，分管领导任副组长，县级相关部门主要责任人为成员的农村安全房建设领导小组，并由分管副县长任办公室主任。从发改、住建、国土、民政、扶贫、财政等单位抽调 20 余人，实行专班集中办公、统筹运行、全面推进。成立住房质量安全管理领导小组（建房办监督组 + 业务骨干 + 村建中心），通过购买服务，邀请驻县监理单位参与，分 11 个片区设立乡镇质量安全巡查小组（1 个监理公司 +1 个蹲点帮扶人 +1 个培训合格建筑工匠），重点对农房选址安全、抗震设防达标、按图施工、重点环节部位质量等进行全覆盖、网格化的指导、服务和监管，并做好巡查记录存档。各乡镇还对每一户建房户都分别落实了一名干部蹲点驻守，在抓开工、逼进度的同时，做好安全监管和质量监督，确保住房建设又好又快。

常态蹲点督导。安排 12 个督查组，对易地扶贫搬迁推进情况进行巡查暗访，坚持每日一通报、每周一调度、每月一验靶，对好的典型进行深度挖掘、广泛宣传，对反面典型进行轨迹剖析、通报曝光。同时，严格监督问责。由县纪委牵头，对进度滞后的乡镇进行约谈，成立村质量安全工

作组（质量监督组＋安全监督组＋建材服务组）。

4. 推行“四书一报告”，提高主体意识

住上好房子是贫困户实现“两不愁三保障”和“四个好”目标的前提条件，也是贫困村如期退出、贫困县成功“摘帽”的首要任务。推行“四书一报告”可以加强群众主观能动性，规范合理建设住房，从贫困群众角度，有利于变“给我建”为“我要建”、变“过度建”为“合理建”、变“建成愁”为“入住欢”，增强其参与度和满意度，防止了相互攀比；对政府而言，规范了对农村住房建设的安全监管，避免了农村安居工程资金使用随意性问题。2016 年以来南部县始终把贫困群众安全住房建设作为头等大事，围绕“三年任务一年完成”目标，成立以书记、县长为“双组长”的建房领导小组，从国土、住建部门抽调专班，按照“四书一报告”流程，像抓灾后恢复重建那样，强力促开工、通进度、保安全、提质量。

一是签订《农户建房申请书》，深化“三个认识”，变“要我建”为“我要建”。在精准锁定农房新建和改建对象的基础上，由建房农户主动向村“两委”提交《建房申请书》，把建房原因、建房类别、建筑面积、建房方式、投资总额以及自筹金额写得清清楚楚、明明白白，任何时候都不得反悔、不得更改。

坚持把履行建房申请的过程变成教育群众、引导群众和动员群众的过程，第一时间让贫困群众认识到解决住房问题是为自己，全面激发了贫困群众建房的主动性和积极性，在全县上下迅速掀起住房建设的高潮，全县 10775 户新建和改建农户提交申请率达 100%，开工建设率达 100%。永定镇窑湾村 11 户建房户还自发组成了互助组，把每家的瓦工、木工、电工、小工组织起来，自己动手、不等不靠。

二是签订《农户建房承诺书》，作出四项承诺，变“无序建”为“规范建”。在提交申请的同时，建房农户还必须作出四项承诺：面积不得超

规定的20%；自筹资金不超1万元，不因建房而加重贫困程度；建设工期不得超过6个月；建新不得占用基本农田，服从村庄整体规划，旧房要及时拆除并复耕。同时，若亲朋好友愿意资助的，还必须签订《无偿捐赠书》，事后不得索要本金及利息。凡违背四项承诺的，视为建房农户自动放弃享受国家补助政策，乡村一律不兑现补助资金。

三是签订《建房安全责任书》，明确五大责任，变“多头管”为“专人抓”。把农村住房建设的安全监管责任明确到村“两委”头上，由村“两委”与乡镇签订“安全施工责任书”。落实1名干部蹲点服务，在具体抓好施工作业安全、建筑材料安全、建筑质量安全和施工设备安全的同时，重点抓好资金投放安全，严防虚报冒领，保证补助资金一分一厘都用在贫困户身上。

通过明确安全建房的五大责任，把过去分属住建、国土、房管、财政等行业的监管责任统一明确到村一级，落实到“五个一”头上，防止多头管理不到位的现象，自始至终做到县不离乡、乡不离村，始终在一线推动落实。

四是出具《建房许可告知书》，严把六个环节，变“过度建”为“合理建”。建房农户作出申请承诺后，由驻村“五个一”力量入户审核，通过后，由村“两委”出具《建房许可告知书》，首期拨付30%补助资金作为建房启动资金，新房主体完工再追拨30%资金。

在入户审核过程中，重点把好六个环节。一看投资是否坚守两条底线，即“每户人均补贴不超过1.8万元、最高不超过6万元”，贫困户“自筹资金人均不超过3000元、户均不超过1万元”；二看面积是否符合标准，即“2人户50平方米、3人户70平方米、4人户80平方米、5人及以上户100平方米”；三看户型是否合理，新建住房是否做到客厅、卧室、厨房、厕所等功能分区，改建是否达到改危、改水、改厨、改厕、改圈以及建园（小庭院）、建场（小养殖场）、建路（入户路）“五改三建”标准；四看结构是否牢固，新建房统一为砖混青瓦，地基必须打两层建一层；五看选址是否科学，宜聚则聚，宜散则散，不能搞“一刀切”；六看方案是否实在，有没有坚持“三议”群众工作法，充分尊重群众意愿。

通过严把六个环节，有效防止了因补助过高在贫困户与非贫困户之间、不同一批的贫困户之间引发新的矛盾；避免了贫困户因攀比心理盲目举债建大房子，既浪费资源，又加重贫困程度，同时还确保了房屋结构安全和功能配套，提升了农村住房品质和生活品质。

五是出具《工程验收报告》，全程兜底服务，变“搬迁愁”为“入住欢”。工程竣工后，由乡镇建管员、国土员和“五个一”力量组成的验收组，对房屋面积、建筑结构以及附属设施逐项进行验收，全部达标的，由乡镇出具《工程验收报告》，县住房办一次性拨付剩余的40%补助资金。

专栏：得益“五书一图”，37户易地搬迁户2016年底搬新家

“屋里的地板砖都贴好了，只等通上电和装窗户，我们就可以搬新家了。”2016年7月15日，村民伏仕太正忙着收拾自己的新房，这和他家以前的旧危房相比，不仅宽敞明亮，而且安全、舒适。伏仕太家能这么快有了新房，得益于2016年初村上为贫困群众实施的易地搬迁政策。当时，作为贫困户的伏仕太抱着试一试的态度，提交了易地搬迁申请书。经公示无异议后，相关部门便根据申请资料前来了解情况，并着手对房屋修建情况进行统一规划设计。短短4个月，他和另外一户村民联合修建的新房便竣工了。

这么短的时间就能建成新房，还得益于镇上拥有一整套快速、合理、规范的易地搬迁工作机制。2016年以来，镇上按照脱贫攻坚总体规划，将易地搬迁作为改善困难群众住房条件的有效举措，

采用统一的“五书一图”模式，加强易地搬迁实施工作中事前申请、审核，事中监督、检查，事后验收的考核力度，确保贫困户建房的资金来源、房屋建设质量等符合相关要求。

该镇的“五书一图”模式，即申请书、承诺书、告知书、安全责任书、无偿捐赠书和修房前、修房中、修房后的图片。其中，申请书要求贫困户本人申请，要亲笔书写或签字盖章；承诺书要求贫困户承诺建房不超标准、不攀比、不产生新债务、不占用基本农田；保证书则保证建房期间安全、新房建成拆除旧房；无偿捐赠书要求亲友捐赠资金必须无偿，双方签字确认。

“五书一图”的程序贯穿房屋建设全过程，从建房申请到验收完工，层层把关，将住房搬迁建设落到实处，同时激发贫困群众的积极性和主动性，全面保障贫困群众的住房安全。因此，2016 年该镇的易地搬迁户有 37 户、135 人，按照“五书一图”模式进行申报修建，已开工 35 户，2016 年底，所有易地搬迁户全部搬进了新家。

---

5. “四不补 + 天花板”，前瞻设计标准

“四不补 + 天花板”的设计理念有利于防止因补助过高引发新矛盾、因自筹资金超标加深贫困程度。因此，要充分尊重贫困群众的意愿，坚决不办群众不愿办、不参与办和不能办的事，建什么、怎么建、谁来建、如何监管，都由农民自主决策，保障群众的知情权、决策权、参与权、管理权和监督权。

根据国家对易地搬迁贫困户“按不低于平均建房成本的 60% 给予支持”的政策规定，南部县对农村建档立卡贫困户的住房建设补助标准为人均 1.775 万元，到户最高补助标准不超过 6 万元（含水、电等配套设施）。

并且补助资金实行“三段拨付法”（启动拨付 30%、主体完工拨付 30%、竣工验收达标拨付 40%）。

易地扶贫搬迁“四不补助”指面积超标准 20% 不补助、自筹资金超 100% 不补助、旧房不拆除不补助、工期超 6 个月不补助。其中：面积超标准 20% 不补助指建房面积以 2 人户 50 平方米、3 人户 70 平方米、4 人户 80 平方米、5 人及以上户 100 平方米为标准，且人均建房面积不得超过国家规定的 25 平方米。自筹资金超 100% 指户均自筹资金不超过 1 万元的 100% 且自筹资金原则上人均不超过 3000 元、户均不超过 1 万元，确保易地搬迁等安全住房建设提速推进，优质完成。对相关政策实施后仍不能搬迁建房的，县财政建立了 5000 万元贷款规模的县安全住房基金，贫困户可按“人均最高 3000 元、户均最高 1 万元”标准申请贴息贷款，确保每一户建档贫困户都能修得起、搬得动。

6.“一不超 + 四标准”，合理执行标准

搬迁贫困户执行住房建设标准为人均建房面积不得超过国家规定的 25 平方米，且原则上采用小青瓦砖混结构，由县规划建设局统一设计户型，即面积标准按 2 人户 50 平方米、3 人户 70 平方米、4 人户 80 平方米、5 人及以上户 100 平方米进行设计修建（1 人户通过修建村级公租房或租赁、回购闲置房予以解决）。3 人以上（含 3 人户）辅助用房面积不超过 20 平方米，4 人户以上辅助用房面积不超过 30 平方米。

7. 精准结对扶贫需求，提供多样式选择

瞄准脱贫实际需求，提供三种住房选择。由负责各项目的乡镇牵头，县规划建设、国土部门规划选址，县规划建设部门统一设计，在县规划建设、国土、发改、扶贫移民等部门的监督指导下，尊重群众意愿，公平、公开、公正，由群众选举出有资质的施工队伍进行统规统建、统规联建，对于单户修建的，采取统规自建，按选定户型自行修建，为其配备一个技

术人员、一个蹲点帮扶人员并提供一套设计图纸；对于投亲靠友安置的，拆除其原有住宅并复垦，迁出户籍，方可领取国家建房补助。

南部县政府在多年前就清楚地意识到，对于城镇有商品房的，住房能够满足安全居住要求的，两年以上未回家居住且人均纯收入高于全县人均纯收入的，户口在本地但外地有住房的，已享受危房改造、易地扶贫搬迁、灾后重建等补助政策的或是投亲靠友的，完全没必要在乡村建房，因为他们有能力过上更好生活，如果他们建房，不仅挤占国家的资源、加大政府财政负担，还不利于社会公平。

8. 搬迁过程“重配套”，扶持侧重增收

南部县按照“五改三建”，即改危、改水、改厨、改厕、改圈和建园（小庭院）、建场（小养殖场）、建路（入户路）的标准同步推进危旧房改造。改水就是安装自来水或饮用过滤井水；改路就是把公路修到村组，农户之间连通水泥路或石板路；改厨就是改用沼气炉具和建节能灶，达到厨房整洁、明亮；改厕就是改变人畜共厕的状况，建卫生厕所，配套建设浴室；改圈就是改建新式畜禽栏圈，使畜禽栏圈通风、卫生。完善基础设施建设，做好农户易地扶贫搬迁的“减负”工作，做到生活设施与生产功能配套，安居措施和致富产业同步，全面发展“四小工程”，创建脱贫奔康产业园，做活稳定增收的大文章，建设社会主义新农村，人民实现安居乐业。

专栏：“五改三建”农房旧貌换新颜

2017年8月7日，龙庙乡尖山子村环境大有改变，村里绿树环绕、池塘点缀，宽阔的村道水泥路直通村民家门口。宽敞整洁的农家院内，脆香甜柚树、核桃树等随风摇曳。

“以前下雨出门很不方便，到处都是泥，现在通过县上的支持和帮扶，入户的便道硬化了，骑摩托出行，人、车都不沾泥。”说起“五改三建”工程，村民王玉树的喜悦之情溢于言表。

王玉树一家过去一直居住在老旧的土砖房中，厨房低矮破旧，厕所紧邻着卧舍，昏暗潮湿，过道上还堆满了杂物，环境可谓“脏乱差”。2017 年 3 月，村里实施“五改三建”，他家的居住环境有了大改善，不仅自来水、水冲式厕所等一应俱全，而且家门口还通了水泥路。

通过对村里大部分农房实施“五改三建”工程，现在大家的生活环境越来越好了，该村组织村民改造了庭院、厕所、厨房、入户道路等，在房前屋后栽了核桃树、橙子树等，并对生活垃圾进行统一处理，让村民的居住水平和村容村貌得到全面提升。

如今，全村多数村民的庭院进行了硬化、绿化、美化，圈厕全部分离，此外，该村还对村道路进行了硬化，建起了村文化活动室、村民活动广场，建成了“褚橙”柑橘产业园 150 余亩。村容村貌的改善，不但为村民营造了一个良好的生活环境，还让村民们走上了致富路。

近年来，为彻底改善贫困地区群众的居住环境，南部县坚持把“五改三建”工程作为脱贫攻坚的重要抓手，按照“统一规划、统一标准，功能分区、完善合理”的思路，为贫困群众改危、改水、改厨、改厕、改圈，建园（小庭院）、建场（小养殖场）、建路（入户路），帮助 1.2 万余户群众改造土坯农房，使乡村面貌焕然一新。

“五改三建”的实行帮助贫困户改建配套基础设施，益于村庄改善整体面貌，打造一个焕然一新的宜居环境；与此同时，开展“六顺六净”，优化生活环境，加快环境生态文明建设，从而形成错落有致、功能配套的特色村落，真正成为农民宜居的新家园。

9. 建设投入资金三方担，撬动扶贫资源

农村建档立卡贫困人口易地扶贫搬迁工程建设投资，由中央、地方政府和搬迁群众共同承担。中央预算内投资人均补助标准为 0.8 万元，承接省政府筹集地方债务资金注入的项目资金人均 0.975 万元。不足部分由群众自筹，原则上村内户均自筹不超过 1 万元，人均自筹不超过 0.3 万元。同时，还可承接国家专项建设基金注入的项目资金以及四川省国农投资管理有限责任公司转贷的长期低息贷款。要用好上级补助资金，落实好县财政配套资金，积极争取上级贷款，落实税费减免政策以降低保障性住房的建设成本。

10. 住房建设严把三道关，保障群众利益

保障安全建房。严把建材关，农村新建住房不得采用空心板等材料；严把监督关，出台《关于全面加强农村住房建设安全监管工作的紧急通知》，乡镇对每一户建房户都落实了一名基层干部蹲点驻守，在抓开工、重进度的同时，做好安全监管和质量监督；严把指导关，由驻县监理企业会同住建局工作人员成立 13 个质量安全巡查小组，实行全覆盖、网格化的全程指导、服务、监管。严把安全住房建设三道关，促进新建住房顺利推进，保障搬迁群众的利益。

综上而言，实施易地扶贫搬迁会促进生活条件极度恶劣地区贫困人口脱贫，是补短板中的短板。而以上十项易地扶贫搬迁政策从建设房屋的时间上诠释了南部县政策的实施和落实，促进南部县困难群众住房有保障。根据数据显示，截至 2016 年，总完工及入住 2223 户，占 94.4%；正在进行简单装修及院坝整治等 124 户，占 5.6%。另外，超面积 567 户，占 24%；自愿放弃户 331 户，占 14%；购房户 53 户，占 2.2%；投亲靠友户

24 户，占 1%；1 人或鳏寡孤独户 47 户，占 2%。到 2018 年，易地搬迁安置 2393 户、7735 人。

专栏：易地扶贫搬迁脱贫有底气

谈起脱贫，雄狮乡西安村的唐永明信心满满。而他的信心来源于易地扶贫搬迁后，能就近发展产业的便利。唐永明以前居住在距离现在新房 500 米远的山腰上，一家四口蜗居在三间土墙瓦房 30 多年。因为地处偏远的山区，水、电、路“三不通”，平常下山赶集，购买农资、生活用品来回就要一整天，收庄稼卖庄稼全靠肩挑背扛。

唐永明患有胃病，儿子患有糖尿病并伴有多种并发症，住进新房的梦想一直没能如愿。2016 年，南部县实施易地扶贫搬迁，唐永明提出了申请，成为易地扶贫搬迁对象，获得政府建房补助资金，并通过贴息贷款、亲朋好友资助等渠道筹集资金，建起了新房。

如今，唐永明住进了新房，把自家的两亩多土地流转给合作社，他就近到合作社产业园务工，还利用屋后的空地搞起了小养殖，收入连年增加。2016 年，该村共有 10 户、38 人申请易地扶贫搬迁，按照房屋结构安全、功能配套完善的标准，目前已全部建成入住。

2015 年以来，南部县在充分尊重群众意愿的基础上，按照“宜聚则聚、宜散则散”的原则，完成 2335 户、7822 人的易地扶贫搬迁任务。在易地扶贫搬迁过程中，该县坚持科学合理编制规划，充分围绕水路条件好、现有住房相对集中、有村级组织活动场所及乡镇场镇等选址，并严格规范本人申请、自我承诺、签订《安全责任书》、发放告知书和竣工验收报告的“四书一报告”程序，确保高质量完成建设任务，让贫困群众住上好房子。

三、瞄准环境维度脱贫“短板”，水利建设保障脱贫

（一）“四个水”建设促进绿色减贫

习近平总书记指出：“既要绿水青山，也要金山银山。宁要绿水青山，不要金山银山，而且绿水青山就是金山银山。”南部县发展水利事业立足民生、安全、生态三大战略，以保障广大群众的基本饮水安全为目标，以提高贫困群众的农业生产效率为契机，以增强人民群众的卫生环保意识为指引，以促进广大群众的旅游事业为抓手，从水资源保护与利用、水利基础设施建设与维护、水生态建设与保护的角度出发，积极开展水利建设，完成投资 17.5 亿元，在水源工程、安全饮水、农田水利、水土保持、水污染治理、水资源保护等方面取得了一定成效。相继被确定为“中央财政小型农田水利项目建设重点县”“西南六省农田水利重点县”“全省水利建设管理与改革重点县”“全省第一批节水型社会建设重点县”“全省第一批农业水价综合改革示范县”，两次被评为“全国农田水利建设先进单位”。

1.“生活水”：全域供水阻断“因水致贫”

饮水安全关系着每一个人的生存和健康，南部县是“红色盐乡”，地下水卤盐严重超标，导致一些地方病、癌症现象突出，因水致病、因病致贫返贫问题严重。为此，南部县下大力气把城乡一体全域供水工程作为脱贫攻坚的重大项目，推动了安全饮水工作的历史性跨越，斩断了这一特殊

“穷根”。在脱贫攻坚的生动实践中，南部县标本兼治、治防结合，加大力度落实医疗救助政策，把城乡一体全域供水作为治本之策，根治“因水致病”的历史顽疾。

统筹规划，“三网同建”，城乡全域“一盘棋”。南部县依托嘉陵江、西河和升钟水库“三大饮水源”，统筹规划“一盘棋”、城乡一体全覆盖，防治结合，“三网同建”。通过6个大型制水厂、9条射线状管网串联73个乡镇860个村，实施场镇供水管网改造，确定“三源六厂九线+N”的总布局，构建“集中供水网”，确保城乡一体全域供水；实施清水工程，划定饮用水源保护区、畜禽禁养区，建设污水处理厂，建立“水源保护网”，确保饮用水源污染小；建立环保、水务、供排水三方联助“水质监测网”，全覆盖、高频次检测“42+6”项指标，确保饮用水质全部达到Ⅱ类标准。

采用“集中主导+分散辅助”供水方式，确保安全饮水全覆盖。对部分无条件集中供水的村社，充分利用地下水源打井、建池，大力实施单户、联户等分散供水工程，就地就近解决19万农村居民饮水安全问题，形成城乡依托全域供水体系；对极个别不能集中供水、分散供水保障率不高的用户，严格按照饮水安全标准，通过建集中供水点和井、泉供水结合方式，保障饮水安全，提高集中供水率、自来水普及率、供水保障率、水质合格率，构建精确到户的饮水安全保障体系，彻底解决农村安全饮水问题。

整合资源，三级保障，多元投入“一本账”。建立“项目资金+财政补助+社会融资+群众自筹”的多元投入机制，整合资金15亿元，有效破解了建设资金难题，精准投放到真正改善人民群众生产生活条件的城乡一体供水工程上，实行县级保障“六厂”及主管网骨干工程建设、乡镇保障场镇及通村管网建设、村社保障联社入户管网建设的三级保障机制，推动城乡一体供水工程有序推进。

保障品质，三方监审，质量管控“一把尺”。坚持高标准设计、高质量施工、高水平建设，坚持工程建设、水源保护、水质检测“一把尺”，广泛运用恒液位等先进工艺流程打造精品，建立“专家指导、部门跟踪、群众监督”的三方质量监管体系，确保“30年不落后、50年还管用”。

强化管护，五方联动，服务体系“一条龙”。建立“城乡水务有限公司+片区供水服务中心+乡镇供水服务站+村用水户协会”四级供水管理服务，每1000户用水户设置1名“水管员”，确保五方管护通末梢。采取政府收回、移交经营权、收购私营水厂等方式，实现县城乡水务有限公司统一经营。实行政府补贴贫困户每户800元的政策，减轻困难群众入户安装费用负担。实施贫困户饮用水限价和逐步同价政策，确保困难群众都能用上安全放心的自来水。

2.“生产水”：全域式节水提高生产效率

在生活水满足群众的基本生活需求之后，贫困地区水利基础设施依然薄弱，水利改革发展依然滞后，水资源利用率低，水利管理水平不高，水利保障不足，难以满足灌溉水对农业产业的生产要求，导致农业产业发展缓慢，难以摆脱贫困群众“因水致贫”的困境。为此，南部县在2016年投入了4237万元用于农田水利基础设施建设，全面推进贫困地区小型水利工程改造提升工程建设，同时通过实施大型和重点中型灌区续建配套与节水改造，加快区域规模化高效节水灌溉，大大改善了贫困地区的灌溉条件，提高了灌溉效率与效益，解决贫困地区农田灌溉“最后一公里”问题。

同时，南部县通过实施小农水重点县、农业水价综合改革和维修养护项目，新建渠道、整治山坪塘，新增蓄水池，建设高标准农田，增加高效节水灌溉面积，有效提升节水能力和供水能力，从而提高粮食生产能力，增加经济作物产值。并且加快推进铁佛塘、任江寺、林家垭、打鼓山、江石岭五个高效节水示范园区建设，从根本上解决了灌溉水不足、营养供给不均等问题，改善贫困群众的生产生活条件，达到稳定增收的目的。2016年全县完成60个贫困村范围内清淤扩挖塘坝123口、新建整治石河堰10处、更新改造小型泵站4处、新建蓄水池77口、小型水库除险加固10座、新建高效节水灌溉面积1万亩的建设目标任务。

3.“生态水”：落实河长责任治理水污染

南部县还存在着水生态环境脆弱、水土流失、水污染严重等问题，导致贫困群众的生存环境恶劣，饮水安全受到威胁，从而引起水污染的恶性循环，危害贫困群众身体健康。因此，生态水与生活水、生产水息息相关，加快生态水的建设有利于水资源保护和生态宜居，需要深刻树立生态理念，从而开展水生态建设工作，主要有以下两点措施：

围绕“一江五湖”保护开发工作，实施饮用水源保护工程、水土保持工程、河湖库水生态保护工程。治理坡耕地水土流失面积1800亩；在6个乡镇10个村实施生态修复工程。启动了县城污水处理二期工程建设，将县城新区、城北片区污水全部收集、集中处理；全面启动了污水处理工程建设，新建污水处理厂7座，改造污水处理厂5座，安装排污干管10公里。升钟库区水污染治理项目全面推进，通过截污、治污及生态修复，库区水环境得到了明显改善；通过截污、减排、换水等措施，八尔湖水质进一步好转。常态开展河流水污染治理工作，通过截污控源，持续治理升钟湖、西河等重点水源地的水污染问题，河流生态环境明显好转，生态清洁型小流域建设稳步推进，水功能区水质达标率100%。启动了河湖连通工程，将西河、嘉陵江连通，为县城“两溪”及浩口河提供生态补水，改善县城河流水生态环境，还市民一个清新、洁净的生活环境。

全面推进河长制工作，有序开展八大专项行动。明确了27位县级河长、27个联络员单位、133位乡级河长、1148位村级河长；完成了“一河一策”“四张清单”，建立了“一河一档”；开展了城镇污水处理设施建设专项行动、畜禽养殖污染整治专项行动、河道采砂整治专项行动、河道垃圾及漂浮物清理专项行动、取缔网箱及肥水养殖整治专项行动、“水葫芦”打捞专项行动、城乡生活垃圾收集处理专项行动、全面推行河长制宣传教育专项行动等 8 个专项行动。

专栏：营造全民治水氛围，实现“岸绿景美、河畅水清”

定水镇镇级河长任军和谢家垭村村级河长高天全每周都要巡视一次西河，发现有漂浮物或垃圾，便立即打捞上岸。通过巡河发现问题，并引导群众保护水资源。他们的巡河内容包括河面河岸保洁、有无侵占河道、水体有无味道和颜色、河底有无明显污泥或垃圾淤积，以及以前巡河发现的问题是否解决到位等。

南部县为营造全民治水的良好氛围，实现“岸绿景美、河畅水清”的目标，全县落实县乡村三级河长 790 名，设置河长 13 名、河道警长 25 名，部分志愿者和相关工作人员全程参与，联动巡河、护河，以实际行动推动河长制责任落实。

在注重保护的同时，南部县加大水污染防控力度。大力推广使用杀虫灯，减少了农药使用。南部县已在建兴、三官、流马等乡镇建立水稻统防统治示范点 2.3 万亩，在东坝镇建立柑橘绿色防控示范点万余亩。除了使用诱虫灯，示范点还选择抗病虫害的作物品种，提高自身抗病虫害能力，利用“天敌”和微生物以虫治虫、以菌治虫，以及推行生物农药替代化学农药等，减少高毒农药对生态环境的破坏。同时，南部县在黄金、寒坡、老鸦等乡镇指导农民专业合作社开展机收粉碎还田和机插秧翻耕稻桩示范，完成秸秆肥料化示范面积 5000 亩。在大（桥）升（钟）线农业现代产业园，结合机械清园，指导沿线12个乡镇推广机械化粉碎还田3.5万亩。在八尔湖镇纯阳山食用菌农民专业合作社、升钟镇蜀昇园中药菌业农民专业合作社、黄金镇蘑菇生产基地等开展秸秆基料化利用示范，完成秸秆基料化利用1000吨。

河长制的责任落实促进河长加强对河流的巡查监督，并引导群众保护水源环境，有利于群众提高环保意识，加强生态意识，促使全民治水，推动环境美化，通过清洁田园、清洁家园、清洁水源建设，让乡村环境更美、生态更优，对于南部县的环境污染治理、生态文化建设具有重要意义。

4.“观光水”：结合旅游资源强化水文化

“衔接乡村振兴，打造亲水南部”是在生活水、生产水和生态水达标的基础上对南部县的更高要求，因此南部县利用现代景观水利的理念和现代公共艺术、环境艺术设计思路与手段建设和改造水工程，实现水利与园林、治水与生态、亲水与安全的有机结合，在保障工程安全正常运行的状态下，使风景优美的河道成为人们陶冶性情的好去处，使水利工程成为人们赏心悦目的好风景，使清新亮丽的水利风景区成为人们休闲娱乐的好场所，并且建成八尔湖、升钟湖、红岩子等旅游示范区，更好地满足人民日益增长的物质文化生活需要。

另外，加大对现有水利工程建筑的时代背景、人文历史以及地方民风民俗的挖掘与整理工作，增加文化配套设施建设的投入，丰富现有水利工程的文化环境和艺术美感。把水利风景区建设作为提升水工程及其水环境的文化内涵和品位的示范工程。在水利风景区建设与管理过程中，南部县更加注重水利功能与人文内涵的有机结合，以及水利科技知识的普及，注重塑造精品景区，提升景区质量，加强宣传和引导，提升景区社会影响力，使之成为传播水文化的重要平台和水文化产业发展的重要领域。

专栏：围绕“一江五湖”打造“亲水南部·养心福地”

初冬时节，升钟水库湖水碧绿，一根根鱼竿成为一道道亮丽的风景，一排排农家小院倒映在水面上。不远处，四川省皮划艇队的运动员精神抖擞，在教练员的指挥下，整齐划一地推桨、收桨，皮划艇以极快的速度在碧波中前行。然而，10 年前的升钟湖，却是另一番景象：湖面上星罗棋布的网箱接近 8000 个，湖水水质接近Ⅲ类，部分水域臭气熏天，连畜饮标准都达不到。

现如今，南部县以建设观光水为目标，全面取缔网箱，将文化与旅游融合起来、体育运动与扶贫结合起来，按照发展观光度假和水上运动的定位，建设升钟湖国际康养目的地，连续举办了 10 届中国升钟湖钓鱼大赛，实现了“一根鱼竿撬动一方发展”的目的。

升水镇临江坪村村民宋劲波认为，是升钟湖美丽的自然风光和丰富的自然资源，让当地群众实现了脱贫致富。和宋劲波一样，八尔湖镇纯阳山村村民王兴猛也认为，是观光水改变了他的命运。王兴猛被当地人称为“猛哥”。猛哥一家曾是建档立卡贫困户，在政府和帮扶干部的帮助和支持下，他家发展食用菌产业，还在村里开设了一个小卖部。如今猛哥的大儿子在家门口就业，爱人的小卖部生意也不错，一家人年收入在 10 万元以上。

近年来，南部县坚持亲水文化定位，聘请顶级规划团队，围绕“一江五湖”打造“亲水南部·养心福地”。八尔湖突出“八仙”文化和“古乡”特色，按照“一湾一景、一湾一业”布局，建成全省乡村振兴战略示范区和旅游精品线，年接待游客 50 万人次。红岩子湖突出大禹文化和山水风情，按照“城在水上、水在城中、水城共生”的布局，建设满福坝现代水城，打造南部水景观的新品牌。

（二）全域饮水促进乡村生态文明

1. 安全饮水基础设施实现全覆盖

通过加强贫困地区农村饮水安全工程建设，实行差别化投资补助政策，采取集中管网供水与分散住户个别解决相结合的方式，“十二五”期间，农村饮水安全建设任务全面完成，实现了“人人有干净水喝”的目标，实现安全饮水基础设施全覆盖，共解决了13998户43600人饮水安全问题，其中集中供水村156个，含80个贫困村3500个贫困户及非贫困村2284个贫困户，共18000贫困人口的饮水安全问题得到解决，农村饮水安全保障程度进一步提高。

2. 全县安全饮水实现城乡一体化

南部县是“红色盐乡”，地下水含盐量高、重金属含量高，因水致病、因病致贫现象十分普遍。喝上安全水、放心水是当地老百姓最大的愿望。为此，他们把城乡一体全域供水作为治本之策，建立多元投入机制，整合资金20亿元，依托嘉陵江、西河和升钟水库“三大饮水源”，建成6个大型制水厂，铺设9条供水主干线，形成了“三源六厂九线+N”的城乡一体全域供水体系，并建立五级管护体系，实行政府补贴贫困户每户800元的政策，减轻困难群众入户安装费用负担，实施贫困户饮用水限价和逐步同价政策，让所有农村群众都吃上了与城里居民一样品质的自来水，极大地提升了群众的满意度。

专栏：南部县实施城乡供水一体化

今天是南部县五灵乡丁字桥村村民孙永芳一家安装自来水的日

子，孙永芳早早起床，把院坝打扫得干干净净，然后找出满是灰尘的洗衣机。这台洗衣机还是孙永芳娶儿媳妇那年买的，一天都没用过，今天用上了，她比过年还高兴。

五灵乡境内无大江大河，十年九旱，靠天吃饭。全乡 15 个村，有 14 个是贫困村。“遇到天旱，吃水要到山下的水凼凼去挑，天不亮就要起床，来回要走两个小时的山路，”孙永芳说，“挑水用的水桶现在可以‘下岗了’！”

这得益于南部县实施的城乡供水一体化。在此之前，南部县通过红层找水、打深井、乡镇修建集中供水站等措施，一定程度上解决了农村饮水困难，但由于工艺不完善等原因，水质难以达标。为让群众吃上干净水、放心水，南部县决定实施城乡供水一体化，做到城乡同网、同质、同价。一年多来，全县先后投入 7 亿多元，新修 6 座现代化水厂，安装主管网 600 多公里、进村入户管网 4000 多公里。而作为国家贫困县，南部县全年地方财政收入也只有 7 亿多元。对此，南部县委、县政府认为，解决百万农村群众的安全饮水，就是最大的民生工程。

全县新修的 6 座水厂实行分片供水，并建立 10 个乡镇供水服务站，负责日常的安装、维护等。南部县优先让贫困村和贫困户吃上放心水，并给予每户 700 元的安装补贴。同年，脱贫“摘帽”的 60 个贫困村全部吃上了放心水。

五灵乡距南部县城 60 公里，距供水的楠木水厂 20 多公里，而该乡海拔比楠木水厂高出 110 多米。南部县投入 70 多万元，在三清乡乐垭村修建一座加压站，把水顺利送入五灵乡。像这样的加压站，全县已经修了 20 多座。

2016 年，南部县已有 40 多万人受益于城乡供水一体化，到年底可达到 65 万人。2018 年，城乡供水一体化总投入超过 15 亿元，全县所有农村居民都吃上了干净、放心的自来水。

城乡供水一体化是指利用“三源六厂九线 +N”的全域供水体系网由三大水源向农村各个地区延伸，建立一体化的城乡供水网络系统，实现城乡联网供水和水资源共享，达到城乡居民共享优质饮用水的目的，提升城市供水质量，让农村居民享受“同质、同价、同网、同服务”的饮用水服务，解决了群众吃水问题，改善了生活条件，同时促进了农业生产，带动了工业发展。

3. 打造水生态文明促进持续发展

积极推进国家农业综合开发水土保持项目，多方筹措资金，结合其他行业重点项目建设实施水保项目建设，综合治理水土流失面积 105 平方公里，其中水利行业实施面积 55 平方公里。以地方政府投入为主，多渠道融资，开展城市水景观工程建设，启动县城污水处理二期工程、升钟库区污水处理工程的建设，建设乡镇污水处理工程 2 个，开展生态清洁型小流域治理工程，改善了城乡水生态环境，提升了城市形象及生活品位，提高了人民群众的幸福感，加快推进了水生态文明建设。

专栏：加快绿色发展　建设“亲水南部”

目前南部县老鸦镇的生活污水经过一道道工序处理，变成了清流。环境监测人员在排污口进行河水取样作业，考核排放水质。数据显示，目前该县境内的主要流域水质达到Ⅲ类标准。

县域污水处理能力的提升，促进了全县生态文明建设。如今，南部的湖蓝了、江清了、河净了，嘉陵江南部段、西河、宝马河、升钟湖、八尔湖等，已经成为鱼虾戏水、绿树环绕的休闲景观场所，极大改善了沿岸居民的居住环境质量。

为增强可持续发展能力，实现区域经济与生态建设“共赢”，南部县始终把资源节约、环境友好摆在可持续发展的突出位置，大力实施绿化行动、“清水”工程，科学划定城镇用地红线，工业园区范围边界线，山体、水体及永久基本农田保护线，严禁挖山填湖、非法开采、违法排污、乱砍滥伐。积极开展国家级生态县、国家内河流域综合保护区创建，抓好森林公园建设、湿地保护、城市绿化、生态修复，深入实施嘉陵江流域综合保护开发行动，精心呵护、保护开发好“一江五湖”。加强城乡环境综合治理，巩固提升卫生城市创建成果，打赢大气污染、水污染、土壤污染防治“三大战役”。

南部县的农村一体化污水处理系统和城镇集中式污水处理系统能够换污水为清流，通过收集处理污水用于冲厕、灌溉或达到排放标准成为清水，充分利用水资源，保护生态环境，坚持统筹治理，加快绿色发展，全面打响“五湖天下柔”和“亲水南部·养心福地”品牌，使南部县成为体验休闲旅游康养的最佳目的地。

四、瞄准健康维度脱贫“短板”，强化医疗保障措施

（一）精准“把脉”：医疗保障扶贫之南部处方

南部县贫困人口健康水平不高，因病致贫、返贫问题严重。根据贫困县退出检查评估报告得知，直至2016年，南部县剩余贫困人口共8355户24879人，致贫原因涉及因病、因残、因学、缺技术和缺劳力等11种

类型，其中因病致贫占比高达63.94%。而医疗保障可以有效地保障贫困群众身体健康，提高劳动素质，从而对提高劳动生产率、促进生产发展发挥重要的作用，同时减少家庭承担的费用，有效缓解贫困人口因病致贫问题，还有助于消除社会不安定因素。为此，南部县较早就确立了医疗扶贫的思路，通过构建“三三制”的医疗扶贫和五大具体保障措施全方位加大重大疾病医疗救助力度，逐年提高报销比例和救助水平。对因病致贫、返贫的贫困人口，大力实施健康扶贫工程，保障其享有基本医疗卫生服务。至2018年，医疗救助扶持11836户25501人。

1.“三三制”医疗扶贫

（1）筑牢“三道防线”，确保群众看得起病

第一道防线：基本医疗保险。政府财政兜底，实现贫困人口医保全覆盖。一是建卡贫困人员全员参保。对确定的12080名特困供养人员、26370名需要医疗救助兜底的建卡贫困人员进行全额资助，所需经费由县级财政纳入公共预算统筹安排。二是提高医疗补偿水平。县域内所有定点医疗机构住院报销门槛费全免，县级医疗机构、中心卫生院、乡镇卫生院的新农合报销比例分别由70%、80%、90%提高到92%、95%、95%，慢性疾病门诊的报销比例由50%提高到75%。三是将贫困残疾人康复项目纳入城乡居民医保、新农合支付范围。

第二道防线：重大疾病保险。加强大病医疗保险与城乡居民医保、新农合等制度的有效衔接，形成医疗保障合力。由新农合基金出资统一为贫困人口购买大病商业保险，用重大疾病保险的理赔金弥补基本医疗保险给付范围之外的不足。贫困人群住院医药费在新农合报销后，未报销的合规费用累计超过7000元的，按50%—80%的比例由商业保险机构再次给予报销。

第三道防线：民政救助、补充医保和爱心基金。巩固医保成果，减轻

困难群众家庭医疗费用负担。一是推行政府救助。对4065名建档立卡贫困低保对象在定点医疗机构产生的政策范围内住院费用，经基本医疗保险、城乡居民大病保险及各类补充医疗保险、商业保险报销后的个人负担费用，再按70%的比例给予救助。二是规范门诊救助。对因慢性病需要长期服药或者患重特大疾病需要长期门诊治疗的35种门诊重症疾病实施救助。三是加强特殊救助。对突发重大疾病贫困患者经基本医疗、大病保险、医疗救助等措施后其基本生活陷入困境的，通过补充医保、爱心基金等加大临时救助力度，确保次均个人支付比例不超过2%。

专栏："健康中国基层行"百市千县精准扶贫医疗慈善救助行动走进南部

2016年4月28日，由健康报社、中国医生协会、中国健康促进基金会共同发起的"健康中国基层行"百市千县精准扶贫医疗慈善救助行动走进南部县，向该县人民医院无偿捐赠1000万元，在该院设立专项医疗慈善救助金，让县内贫困患者能够免费就医。

通过此次行动，能够帮助基层医院改善医疗环境，帮助贫困群众解决看病难、看病贵等问题，缓解因病致贫、因病返贫的突出问题。同时，南部县人民医院充分发挥公立医院的优势，管好用好这笔救助资金，造福于当地的贫困群众。设立专项医疗慈善救助基金以促进医疗事业的发展，从而加大医疗基础设施普惠当地贫困群众力度，解决当地贫困户"因病致贫、因病返贫"难题，促使医疗机构服务质量提升，医疗保障水平提高；激励全社会关注医疗救助事业，助力贫困群众顺利脱贫。

（2）实施“三大工程”，确保群众看得好病

源头工程：城乡一体供水，让贫困人群少得病、不得病。本着标本兼治、治防结合的原则，南部县从实现农村安全饮水入手，运用“项目资金 + 财政补助 + 社会融资 + 群众自筹”的多元投资机制，整合资金 15 亿元，实施了城乡供水一体化工程。2016 年，全县建成 6 个大型治水厂，覆盖县城及 71 个乡镇场镇、辐射 1021 个村，解决了 85 万名群众安全用水问题。政府对贫困户一次性补贴安装费 800 元、对贫困户实施饮用水限价和逐步同价政策。所有脱贫群众全都用上和县城一样的安全水、放心水，彻底消除了水源隐患。

基础工程：基层医疗机构建设，保证贫困群众小病不出村，就近能看病。一是按照“一低八有”目标，安排专项资金 453 万元。三年来共投资 1.5 亿多元，新建、改扩建乡镇卫生室和社区卫生服务中心 63 个，新建村卫生室 204 个，配备急需医疗设备 5000 余台（件）。为村卫生室购置电脑 1044 台，将村卫生室纳入基层医疗卫生机构信息化建设和管理范围。

保障工程：技术培训和医疗联合，确保基层医疗机构敢于看病、看得好病。一是加大教育培训力度，采取举办短训班、巡回讲座等方式。二是增强对口支援力度，制订了二级以上医疗卫生机构对口支援乡镇卫生室工作方案，确保每个贫困村所在乡镇卫生院都有一个上级单位或上级下派的专业技术人员进行“一对一帮扶”。三是扩大医疗联合力度，采取“走出去”“请进来”等方式，与华西医院、301 医院、天坛医院合作，打造品牌特色学科。

（3）建立“三大机制”，确保群众看得上病

动态筛查机制：建立完善医疗信息数据库，做到全面覆盖，精准到人。依据贫困人口基本数据信息，按照“精准到户、精准到人”的要求，

采取进村入户摸排、逐户逐人筛查的方式，开展了农村贫困人口建档入库行动，建立起贫困人口疾病信息初筛台账。做到“一户一卷、一人一案”，目前全县贫困人口建档率达100%。

定期巡诊机制：开展健康体检和巡诊巡访，做到全面排查，精确到病。组建医疗扶贫服务队，深入全县198个贫困村免费开展健康体检、集中诊疗和后续回访工作。在此基础上，按照慢性病、重大疾病、残疾人三类和病种属性、病情轻重缓急等建立专门档案，实行分类管理。

长效便民机制：开辟医疗绿色通道，做到全面服务、精细到户。一是县人民医院、县中医医院、县妇幼保健院及12所中心卫生院都设立了精准扶贫就医绿色通道，凡是贫困户到这些医院看病，一律进入绿色通道就医，享受免收挂号费、注射费、输液费等优惠政策。二是广泛实行“先住院后结算”政策，凡贫困户在县内住院，事先不缴押金，中途不缴费用，实行凭证、押证（身份证、农合证、贫困人口医疗救助卡）住院，住院费用在出院时一并结算。三是坚决杜绝大处方、大检查，严格控制医疗费用。建档立卡贫困户使用医保目录外的药品、诊疗项目和医疗服务设施项目时，严格控制不予报销费用比例，减轻贫困户医疗费用负担。

2. 五大措施保障医疗救助

（1）贫困人口医疗保障分类帮扶

立足实际、精准施策，针对不同的贫困人口、不同的病种类型，分户、分人制定医疗救助政策，并在帮扶手册和明白卡上标注，做到精准到户、精准到人、精准到病。贫困群众轻微病患者，不能列入医疗救助对象的，免费提供基本公共卫生服务和健康检查咨询服务。对慢性疾病贫困患者以及需长期维持治疗的11种病患增加特殊门诊补助，由县级以上医疗专家精准确定治疗方案，所在乡镇卫生院定点实施治疗，门诊补偿费用在限额内报销，超出部分纳入政府医疗救助。重特大疾病贫困患者，对21

种可在门诊治疗的重特大疾病贫困患者，由县级以上医疗专家精准确定治疗方案和定点医院，其费用报销在各地确定的住院费用最高报销限额内按住院费用报销政策予以报销。住院治疗的贫困患者，提高补偿标准和报销比例，控制自付费用。

（2）落实“九免一补”政策

在全县医疗机构设置政策宣传栏，开设贫困患者专用窗口，全面落实“九免一补”政策，为贫困人口减轻负担。免收一般诊疗费。县域内医疗机构免收一般诊疗费，其费用由县医保局按标准直接补助到各医疗机构。免收院内会诊费。县域内医疗机构免收院内会诊费。免费开展白内障复明手术。白内障患者免费享受国家白内障复明手术项目，其费用在县医保局按单病种报销后，剩余部分由县残联全额救助。免费提供艾滋病抗病毒药物和抗结核一线药物治疗。免费提供基本公共卫生服务。乡镇卫生院每年对0—6岁、65岁以上人群免费进行一次健康体检，每两年对7—64岁人群免费进行一次健康体检。免费提供妇幼健康服务。免费开展婚检、孕检、“两癌”（乳腺癌、宫颈癌）筛查、艾（滋病）乙（肝）梅（毒）母婴阻断、提供叶酸等服务。免费开展巡回医疗服务。县人民医院、县中医医院、县妇幼保健院每季度开展一次免费巡诊活动，乡镇卫生院每月开展一次免费巡诊活动。免收基本医保个人缴费。从2017年起，贫困人口的基本医保个人缴费由县财政全额代缴。免费实施贫困孕产妇住院分娩，其医疗费用由县医保局和妇幼保健院联合全额报销。“一补”即贫困残疾儿童康复补助。对0—6岁贫困残疾儿童进行手术、康复训练和辅具适配，由县残联按3万元/人的标准给予补助。

疾病的产生不仅减少家庭劳动力从而使收入减少，同时还会产生大笔的医疗费用，加深贫困程度。因此，减免门诊和重特大疾病住院个人医疗费可以减轻贫困群众的家庭负担，缓解贫困群众药费贵的问题，鼓励贫困群众医院就医，推动当地医疗事业向前发展。

（3）财政代缴个人参保统筹部分

从办理2017年基本医保参保缴费起，对全省建档立卡贫困人口参加城乡居民医保的个人缴费部分，由财政部门按各统筹地区制定的最低档次缴费标准给予全额代缴，所需经费由县级财政纳入公共预算统筹安排，省和市（州）财政给予补助。其中，县政府对88个贫困县补助70%，对其他县补助50%；市（州）补助水平由各地自定，县级扶贫部门按最新识别结果，向城市居民基本医疗保险的经办机构提供花名册，同时向财政部门提供建档立卡人口数据，县级财政部门据此将自身安排资金和上级补助资金，统一拨入同级城乡居民基本医疗保险基金收入户或专户，由经办机构为建档立卡贫困人口办理参保手续，建立医保关系，确保参保率达到100%。民政医疗救助资金不再列支资助建档立卡贫困人口参加城乡居民医保的个人缴费支出。

推进城镇居民医疗保险与新农合进行整合，有利于完善城乡居民基本医疗保险体系，有利于提高城乡居民基本医疗保障水平，有利于建立全市统一标准的城乡居民基本医疗保险制度，这一制度对于促进社会公平正义、让全市广大城乡居民共享发展成果具有重要意义。

（4）培植贫困地区卫生人才

一是推行“乡聘村用”制度。全面落实乡村医生补偿政策，全县村实行“乡聘村用”一体化管理，保证了村医的待遇，保证了医疗事业的延续性，保证了人民群众的切身利益。二是配齐乡镇卫生院人员，利用省市关于基层卫生人员进入和待遇改善的“大”政策，做到在政策范围内增强基层医疗机构的吸引力，同时政府出台本地吸纳优秀人才的“小”政策，让能力强、有事业心的医疗工作者安心扎根基层。三是加强基层人员培训，强化基层医疗卫生机构全科医生转岗培训、农村卫生人员培训任务。

（5）完善医疗卫生服务体系

推进县人民医院整体迁建，加快县级公立医院提档升级，将县人民医院、县中医院和县妇幼保健院创建为三级医院，规划建设满福坝新区、城北新区、火车站新区综合性医院 3 所。新建金葫路、礼泉、河东、向阳、红岩子社区卫生服务中心 5 个，改扩建东坝、河坝、太华、流马、大王、永庆等基础较薄弱的乡镇卫生院 30 余个和村卫生室 300 余个，实现乡乡有标准化的卫生院、村村有规范化的卫生室，着力提升卫生队伍人员素质和技术水平，继续实施“万名医师支援农村卫生工程”。

专栏：240 万元医疗器械助力基层医疗扶贫

2016 年 5 月 24 日，南京某生物科技股份有限公司在南部县碑院镇举行医疗器械捐赠仪式，并开展医疗精准扶贫义诊活动。当天，该公司向该县捐赠了价值 240 万元的医疗设备及配套试剂，用于南部县 71 个基层医疗卫生院及县医疗机构的疾病诊断和预防。

2015 年 9 月，四川省委政策研究室等单位定点联系帮扶该县，并将碑院镇林坝村作为联系帮扶点。帮扶单位先后筹集各类帮扶资金，为林坝村改扩建山平塘 5 口、蓄水池 5 口、石河堰 5 口，解决了 85 户困难群众的安全饮用水问题，改善了该村的生产用水条件，并为该村安装了光纤网络。同时，还通过各种方式积极扶持该村贫困户发展“四小工程”及其他脱贫致富产业。

2016 年，南部县还有贫困人口 52485 人，其中因病致贫人口 29702 人，占贫困人口总数的 56.59%。南京某生物科技股份有限公司开展这次捐赠活动，主要是为了贫困群众有更好的就医设备，为了基层医疗机构的医疗技术水平进一步提升，为了缓解广大群众的医疗负担，并且积极开展医疗救助和医疗扶贫，是南部县“五个一批”分类规划的重要内容之一。

（二）“药到病除”：医疗保障扶贫之“南部成效”

解决贫困群众因病致贫、因病返贫难题。2016年，全县建档立卡户中自付金额在0—5000元的占26.88%，自付金额在5000—10000元的占11.83%，自付金额在10000元以上的占20.43%。建档立卡户中补助金额在2000元以下的占38.93%，补助金额在2000—5000元的占39.69%，补助金额在5000元以上的占21.37%，总体上解决了农户因病致贫、因病返贫问题。

专栏：3.5万余名残疾人获城乡居民医疗保险补贴

2017年4月17日，南部县城乡残疾人居民医疗保险代缴统计审核工作已全面结束，全县35821名残疾人获得了城乡居民医疗保险补贴。

家住定水镇马鞍山村的脑瘫患儿家长李红梅带女儿到县残联进行康复治疗一年多了，康复效果非常理想，她家没有掏一分钱。由县残联全额代缴医保，同时将部分康复项目纳入了报销范畴，这一惠民工程的实施，在一定程度上减轻了其经济负担。

为保障广大残疾人的切身利益，南部县共投入资金498.9万元，为15866名一级、二级重度残疾人，7177名建档立卡贫困残疾人、城镇“三无”、农村“五保”残疾人和重点优抚对象残疾人全额代缴医保，为12778名三级、四级残疾人减半代缴医保。

残疾人也是脱贫攻坚的重点对象之一，重度残疾人部分已经失去劳动力，没有就业机会从而没有收入来源，轻度残疾人部分虽还能正常工作，但也缺少与他人相同的权利。因此，关爱残疾人，减轻他们的经济负担是我们扶贫济困的重要任务。所以，为残疾人代缴医疗保险，是一项惠民工程，从根本上解决了残疾人看病难、看病贵的问题，有效改善建档立卡贫困残疾人因病返贫、因病致贫的状况。

基层医疗水平提升，实现“健康扶贫”。南部县71个乡镇卫生院标准化建设全部达标：198个贫困村卫生室已按照省卫生厅〔2013〕373号文件“七有”（有人员、有设备、有标牌、有制度、有药品、有服务、有健康教育宣传栏）标准进行达标建设，2016年66个退出贫困村卫生室已于当年10月底前建成并投入使用。同时，县人民医院已完成升三乙审查评估工作，县中医院、县妇幼保健院计划在2020年前完成升三乙创建规划，并纳入县委党代会决定内容，并且完善了远程医疗会诊制度，推广了中医药适宜技术，进一步推进健康扶贫的实施。

专栏：多方合作提升基层医疗水平

为充分发挥县域医疗机构的龙头作用，更好更便捷地开展医疗救助，在经过严格周密的考量之后，南部县人民医院召集县内10个乡镇卫生院及其下属40个村卫生室（站），成立了“南部县人民医院医疗共同体”，实现县、乡、村分级诊疗一体化。南部县人民医疗共同体通过整合县、乡、村医疗卫生服务资源，建立科学有效的分级诊疗、双向转诊等分工协作机制，以及县人民医院对乡镇卫生院、村卫生室（站）的紧密对口帮扶和技术协作，使优质医疗资源下沉到基层，使偏远地区的患者足不出户就能享受到县人民医院的医疗资源，实实在在为患者节省就医时间、就医费用，为广大农村患者提供便捷和全面的医疗保障，为贫困人群带来福祉。

截至 2017 年 5 月，南部县人民医院共派出医务人员 340 人次，开展义诊活动 46 场次，健康体检 700 余人次，义诊手术 1 台次，健康大讲堂 2 次，发放健康教育宣传资料 1000 余份。医院补贴医疗困难群众 2269 人次，总费用 1900 余万元，其中医院减免近 41 万元，确保贫困患者县内住院个人医疗费支出不超过 10%，有效缓解了贫困群众因病致贫、因病返贫现象。

南部县人民医院自开展“健康扶贫”以来，始终致力于为困难群众谋福利，一点一滴落到实处，一心一意帮扶济困，令群众满意。在接下来的工作中，医院还将继续不遗余力地完成落实健康扶贫救助计划，以最饱满的热情，以医者仁心的态度，用精益求精的医疗技术帮助劳动人民远离病痛，使贫困人口获得更多福祉。

南部县人民医疗共同体建设是深化医改的重要步骤和制度创新，是提升基层服务能力、贯通城乡医疗资源、提升医疗服务体系整体效能的重要制度，是医疗资源下沉长效机制的重要抓手。通过组建县级医疗集团，打造医疗航母，“造血”乡镇卫生院，打造区域中心，给力村级卫生室，当好健康“守门人”。县、乡、村的分级诊疗有利于医疗事业的共同发展，从而全面推动医共体建设。

五、经验启示

实施精准扶贫是全面建成小康社会的重要战略举措，只有消除了贫困，才能实现人民群众的小康梦。住房、水源和医疗三大保障措施从解决贫困群众面临的现实问题入手，突破了部分政策界限，创新了系列措施，既保证上级三大保障脱贫目标的实现，又综合考虑各个层面的社会保障现状，坚持保基本、可持续、能落实，必将在完善饮水安全设施、防止因病返贫致贫、保障贫困群众住房安全等方面发挥重要作用，让贫困人口提前同步迈入小康社会。结合南部县三大保障的主要做法，主要有以下几点启示：

贫困治理的前提在于尊重脱贫主体意愿，激发群众内生动力。按照阿玛蒂亚·森的权利贫困理论，贫困不仅仅是收入低下，更是生存权利的剥夺。因此，在保障收入提高的同时确保贫困群众的权利，减少矛盾和隔阂。住房、水源和医疗三大保障是满足贫困群众的基本生活需求，以确保群众的生命生活生产安全。尊重贫困群众脱贫意愿是有效治理多维贫困的前提和基础。因此，深化群众认识、尊重群众意愿、加强群众参与，把扶贫理念深入群众心里，从而激发内生活力，促进民众自主决策，全方面保障群众的知情权、决策权、参与权、管理权和监督权，有利于贫困群众顺利脱贫，走上小康生活。

贫困治理的重点在于突出作用机制创新。南部县三大保障建设的特色在于相关作用机制的创新，民办公助机制、竞争立项机制以及同步监督机制使得三大保障建设顺利推进，民办公助机制始终坚持以政府为引导，以农民为主体，促进全民参与，形成多元投入；竞争立项机制从县到乡到村逐级审核、公开比选、竞争立项，真正把项目落到群众愿意干、参与干、有能力干的地方，加强群众意愿；同步监督机制的关键在于形成县、乡镇、村组、群众、社会“五级同步”的质量监督体系，督促多方位层层监管，避免实施过程中出错，提高保障质量。因此，完善工作机制，创新制度设计有利于增加群众效益，助力群众脱贫，有效治理多维贫困。

贫困治理的关键在于落实精准扶贫政策。精准扶贫政策，坚持因人因地施策、因贫困原因施策、因贫困类型施策，让贫困地区人民情愿、主动、自信、坚定地走上脱贫致富的道路。因此，精准扶贫政策的落实成为三大保障治理多维贫困的关键所在，层层抓落实，精准到户到人，有利于加快保障性住房的建设，促进生态文化的传播，推动医疗事业的发展，从而加快贫困群众增收脱贫，全面建成小康社会，实现中华民族的伟大复兴。

第六章 帮扶实：紧抓内源扶贫治理“外援依赖”

贫困地区发展要靠内生动力，如果凭空救济出一个新村，简单改变村容村貌，内在活力不行，劳动力不能回流，没有经济上的持续来源，这个地方下一步发展还是有问题。一个地方必须有产业，有劳动力，内外结合才能发展。

——2012年习近平总书记在河北省阜平县考察扶贫开发工作时的讲话

脱贫攻坚面临新的挑战：贫困人口脆弱性明显，很多地区经济发展“边际效益”开始递减，贫困人口形成外部依赖。当前处于减贫的关键期，既要继续消除现有的贫困问题，又要防止返贫和新的贫困产生，确保现有成果的可持续性，必须在精准脱贫过程中遵从持续性和内源性的发展理念。贫困人群的发展需要借助外来资本、技术的援助，但最根本的还是要培育以提升贫困户脱贫能力为核心的内源能力建设，更多地发挥教育、文化、就业对于减贫的作用。以教育积累贫困户人力资源，阻断贫困代际传递；以文化激发贫困户内生动力，增强贫困户自尊自信的内源发展意识；以长远生计就业强化贫困户增收能力，提高贫困户的地方特色养殖、种植、手工技术水平，提高其经济收入。

一、内源扶贫的政策意涵与作用路径

内源性扶贫与外源性扶贫相对应，是指贫困地区要靠内生动力来实现自身发展。扶贫开发目标实现的标志在于贫困地区和扶贫对象具有内生发展的动力，以实现发展的可持续性。内源性扶贫的基本特征有：第一，强调发展的内生性。内源意为在内部或从内部产生的，它强调思考和创造的内部努力。第二，强调以人为中心。区域型贫困主要在于人为地将经济、物质、技术（重视）和社会、人性、文化、精神（忽视）分割开来，真正的发展是以民族文化为基础、以文明方案为目标和以人类本身为中心的内源性发展。第三，强调本地居民参与，与外部机构、资本主导的自上而下的居民参与不同，内源性发展更加强调自下而上的居民参与形式，以保障本地居民利益和形成体现当地人意志并有效干预地区发展决策制度的基层组织。

内源发展理念源于20世纪70年代政府主导的技术——现代化发展干预出现“现代化断层”和“有增长无发展”的反思。在国家层面，这种反思主要从发展话语的建构机制、有关发展的知识与权力运作之间的关系、发展主义对第三世界传统知识与社群生活的破坏等方面展开，认为在现代化话语体系下，很多国家和地区被贴上“工业体系落后”的低度发展标签，抑制了第三世界本土自发的发展动力，造成这些地区核心社会文化破坏及个体或组织风险增加。在城乡层面，这种反思认为，在快速工业化、城市化以及资本流动全球化背景下，乡村发展陷入停滞甚至衰退。而实施以经济增长为目标的乡村外源式发展干预（如通过财政等措施吸引产业进入乡村，改善乡村产权结构等以提高土地生产力，引进新技术以提高农业生产率，等等），忽视了公平、生活质量、生态保护与文化保持，逐渐产生出乡村主体（农民）经济和文化独立的丧失，以及环境和资源危机等问题，致使农村社会被持续边缘化。

内源式扶贫思想是推进脱贫攻坚工程和实施“乡村振兴”战略的重要引擎。习近平总书记就扶贫脱贫工作发表过许多重要论述，提出了“扶贫先扶志、扶贫必扶智”“精神扶贫”“扶贫既要富口袋，也要富脑袋”等系列发挥群众主体作用的内生动力理论，形成了丰富而系统的内源式扶贫思想。党的十九大报告指出：“要动员全党全国全社会力量，坚持精准扶贫、精准脱贫……坚持大扶贫格局，注重扶贫同扶志、扶智相结合……”为新时代推进扶贫脱贫和乡村振兴注入了强大思想动力，提供了行动指南和基本遵循。贫困群众既是脱贫攻坚的对象，更是脱贫致富的主体，党的十九大提出“振兴乡村”战略，乡村振兴战略的核心要点是人的精神的提振、人民群众主体作用的发挥和乡村资源的再配置，因此内源扶贫和乡村振兴也是紧密相连的。

内源扶贫即通过“扶志与扶智”，让群众从思想上认同现有美好生活，从而树立脱贫信心和营造脱贫激励环境，通过帮助贫困群体充分认识自身优势以及发挥主观能动性在实现脱贫攻坚过程中的重要性，拿出敢想敢干的毅力和决心，在精神上与贫困绝缘。在精准扶贫背景下，内源扶贫主要是让贫困人口在脱贫奔康过程中树立“思想扶贫”的理念，解决其精神上的贫困，攻破“等靠要”思想，从思想上脱贫，带动行动上致富。从路径上，主要是对贫困群众采取“授之以渔”的扶贫模式，从思想上帮助贫困人口自力更生、摆脱困境、脱贫致富。

南部县在脱贫攻坚伊始便注重通过内源扶贫深层次化解脱贫难题，其核心理念是重视参与式扶贫模式，鼓励群众参与脱贫攻坚伟大事业，从“内心激发和行动引导”做起。深刻领会并运用习近平总书记内源式扶贫战略思想，在政策设计中注意处理好政府、社会帮扶与贫困地区贫困群众自力更生、培育内生动力的关系，确保实现持久稳定有质量的脱贫。把贫困群众的“内因”激活，补齐群众思想的教育短板，强化文明新风教育，鼓励群众自强自立；强化感恩教育，引导群众感恩感激；强化政策法治教育，帮助群众树立法治理念，强化教育引导，让群众产生“我要脱贫”的迫切愿望。

在内源扶贫路径上，南部县主要从教育入手“扶智”，对各年龄阶段贫困学生进行全覆盖帮扶，从源头阻断代际贫困，从文化入手扶“志气”，在精准扶贫伊始便注重文化扶贫，以村组织和家庭为依托，把思想观念引导放在重要位置，发动群众讨论、互动，村村定村规，家家正家风，变“要我脱贫”为“我要脱贫”，从就业扶贫入手扶技能，既尊重贫困人口就业意愿，又遵从市场经济自身规律，以提高贫困人口市场议价能力为核心依托，促进贫困人口增强人力资本积累和市场参与能力。

二、“三覆盖五精准”，教育扶贫“拔穷根”

人力资本是经济发展的重要影响因素之一，教育又是组成人力资本的重要部分。教育水平的差异加上其他因素的作用会形成代际收入的累积循环，教育差异体现在学校基础设施和师资等方面，这种差异在城乡之间较为明显，特别是对于农村地区贫困户而言，其教育资源的可及性程度较低。在教育资源的可获得性和可及性较差的情况下，贫困户家庭在本来自身教育禀赋不足、缺乏资本积累和获取教育资源机会少的境况下，会对家庭受教育人口数量和质量进行权衡，从而导致贫困户家庭受教育人口和质量总体上处于较低水平。如果在贫困户本身缺乏启动资源的情况下不施加外力作用，则无法让贫困户跳出贫困循环陷阱，打破贫困代际传递的链条。南部县 2016 年底有建档立卡贫困家庭学生 15477 名，占比达 10.4%，教育方面的帮扶需求较大。

南部县脱贫攻坚以来，通过前期深入每户贫困户和每个村进行访谈调研，认识到了教育是根治贫困的“处方”，经过反复询问贫困人口意愿，综合相关政策，反复探索，考虑到扶持的精准和扶持的长期效应，摸索出了“三覆盖”教育扶贫新机制，开展“五个精准”教育扶贫工作，其目标是将贫困家庭学生全部覆盖，针对贫困家庭学生实施精准教育扶持计划，在保证贫困家庭学生基本九年义务教育的基础上，再扩展到对能升上大学的大中专以上的贫困家庭学生进行教育资助和支持，保证其顺利完成学业，甚至支持贫困家庭学生的进一步深造；对没有升上大学的贫困家庭学生进行职业技术培训等技能培训并发证，让其有一技之长。

（一）“3+5”覆盖式教育扶贫

1. 推行“三覆盖”教育扶贫新机制

扩大贫困农村地区贫困家庭学生教育资助覆盖面，提升贫困地区贫困家庭学生人力资本水平，实现贫困地区贫困家庭学生教育发展增速提质。基于教育扶贫全覆盖机制，通过教育使贫困群体逐渐获得自我发展能力，彻底实现贫困人口脱贫并不再返贫，阻断贫困的代际传递，实现教育与当地经济、文化等方面协同发展。

贫困家庭学生全覆盖。推行“一库一卡一册”管理制度，对贫困家庭学生进行全面覆盖，确保贫困人口教育有保障，从贫困根源上阻断代际贫困陷阱。“一库”是指教育扶贫信息数据库，“一卡”是指教育扶贫政策明白卡，“一册”是指教育扶贫资金管理册，做到帮扶对象精准到人、帮扶政策覆盖到人、帮扶资金“滴灌”到人。

结对关爱全覆盖。从心理维度上对贫困家庭学生进行帮扶，将贫困家庭学生“能上学”提升为“上好学”，提高贫困家庭学生成长质量。让每一个贫困家庭学生有一名任课老师结对关爱，每名教师至少结对帮扶一个建档立卡贫困学生，教师每月对帮扶学生进行 2 次以上学习辅导、心理辅导，每学期进行 3 次以上家访。让每一个贫困家庭学生有一个干部结对关爱，帮扶干部每周至少与帮扶学生联系一次，每月至少与贫困家长（监护人）或班主任老师谈一次，每年至少为贫困学生家庭办一次实事。让每一个特困学生有一名爱心人士结对关爱，对享受完所有资助政策后，学习、生活仍有困难的贫困学生，特别是在校高中生和大学生，由 18 家南部驻外商会和 8 家县内行业商会为其联系成功人士或爱心乡友，进行"一对一"资助，直至大学毕业。

技能培训全覆盖，提高贫困家庭学生人力资本存量。正规教育和技能培训是构成人力资本的关键要素，以技能培训作为贫困学生的重要补充，让贫困家庭将扶贫政策的外部效应内生化，从而提升贫困家庭生计可持续性。南部县对中学毕业后未进入大中专院校的贫困学生利用中职学校等专业培训机构，开展数控、挖掘机、焊工等技能培训，培训合格再通过南部商会推荐就业；利用产业基地开展柑橘、畜禽、食用菌等实用技术培训，让每一个贫困毕业生都能掌握一门谋生技能。

2. 实施"五个精准"教育扶贫工作

基础信息精准。教育扶贫单位、人员与贫困家庭学生之间存在着信息不对称的现象，贫困学生接受、理解和运用教育政策帮扶措施也会有偏差，这也是在很多地方扶贫过程中会出现教育扶贫资源配置不当、扶贫措施收效甚小问题的原因之一。南部县通过"千师进万户"活动，深入调研了解掌握贫困学生的信息，分析每一个贫困学生和所在家庭特定的信息需求，加强帮扶双方双向的信息交流，在帮扶过程中不仅关注从帮扶单位到贫困学生、贫困家庭的信息传递情况，还关注贫困学生、贫困家庭对教育帮扶措施的吸收、运用情况，以便及时调整帮扶策略。对此，南部县以

“千师进万户”教育扶贫活动为载体，发动干部教师上千人次，走村入户，深入实地调研，以听、查、看、访、议等形式，对全县建档立卡贫困家庭学生进行逐一核查登记，建立专档，跟踪随访，保证了教育扶贫有的放矢、精准到位。

减免资助精准。将减免资助覆盖人群贯穿贫困家庭的学前教育到高等教育全过程，在当前的精准扶贫大环境下，贫困家庭在学前和义务教育阶段的教育问题基本解决，但是在中级和高等教育阶段的教育费用会随着受教育层次的提高而有所提高。由于教育层次越高，其教育服务地往往在经济较为发达的城市地区，其中不仅仅是纯教育服务的费用，还包括在受教育地高消费水平下面临昂贵的生存生活成本压力，贫困家庭往往会采取经济人行动选择，减少对孩子的高层次教育投资。针对以上问题，南部县建立了从学前教育到高等教育全覆盖的资助工作机制，把教育资助资源连接到每一个教育层次阶段，为每一个贫困学生创造接受更高教育的机会和条件。对建档立卡贫困户的幼儿实施免保育（教）费，对建档立卡贫困家庭学生实施多重资助，将全社会资助优先安排给建档立卡贫困家庭学生，对在县内就读的建档立卡贫困学生免除保险费、校服费、教辅资料费。

项目扶持精准。精准聚焦，补齐农村教育基础设施、师资等短板，筹集资金 6000 多万元，实施了乡镇中心园的标准化建设、薄弱学校改造升级、学校运动场建设、教育装备和“远程教育平台”工程等多个教育建设扶贫项目，改善了农村学校的办学条件，实现教育资源“校校通”“班班通”“人人通”，促进城乡教育均等化。为促进城乡教师交流，建立城区优质学校与农村学校、薄弱学校对口支教、交流轮岗、联合教研等制度，鼓励选派一批城区优质学校骨干教师赴农村学校、薄弱学校开展定期支教活动，帮助农村学校、薄弱学校提升师资水平，帮助其培养一批青年骨干教师、管理人才。选派农村学校校（园）长参加国家和省级高级研修班培训，开展异地挂职培训。进一步落实“国培计划”“省培计划”，大力实施农村教师全员培训，通过开展集中培训、送培下乡、远程培训等方式提高农村学校教师的素质和能力。同时加快推进“三通两平台”建设，拓宽平台资源输送途径，加快应用开发，以计算机、手机、App、电视、IPTV 等多媒体手段向边远农村小学输送优质教育资源。

教育服务精准。扎实开展“名师工作室名师送教”“骨干教师送教下乡活动”，将优秀课送到偏远农村学校，将优质的教育服务对接到偏远农村，打通偏远农村学校优质教育服务“最后一公里”。打造建成留守儿童之家 10 余所，吸收 1000 余名志愿者与 3000 余名留守学生、贫困家庭学生结对帮扶，实施教育引导。开展多种志愿服务活动，为上千名留守学生、贫困家庭学生免费开展声乐、篮球、跆拳道、创意美术、象棋、拉丁舞等艺体特长培训，在提供传统教育服务的基础上，针对贫困学生兴趣开展多样化教育服务，注重对贫困学生进行多元化、全面培养，缩小与城市学生的教育理念和教育内容差距。

管理督促精准。南部县在教育扶贫方面特别注重相关政策的落实落地，出台了《南部县教育扶贫项目监督检查方案》等督促文件，完善工作机构，明确工作重点，落实工作责任，建立按月暗访督查、月报和月通报等制度，促进了全县教育精准脱贫工作的全面落实。

专栏：南部县与高校合作，教育水平迎来新提升

“校地合作”作为提高地区人力资本、提升地区教育水平、为地区经济发展提供强有力的人才支撑的发展模式，在精准扶贫和乡村振兴背景下，该模式优化配置教育资源，将教育、研究目标与地区经济发展更紧密地结合起来，促进合作地区的教育水平和人力资本的增速提质，无疑为地区脱贫攻坚和乡村振兴提供了强大的、专

业的人才储备和支持。

南部县依托“四川新农村建设学院”，在南部县创建“乡村振兴学院”，与四川高校在乡村干部培训、教师继续教育、党员干部培训、实用技术培训、就业培训等方面进行业务合作。目前，南部县中小学教育资源急缺，大班现象突出，南部人民对多元化的优质教育资源的需求强烈。通过与基础教育集团合作，在南部县建设优质基础教育学校，为南部学子提供更好的教育资源，并推动南部基础教育水平的整体提升。

其实从上面南部县积极推动校地合作的实践中可以看出，教育是地方经济社会发展的原动力，发展基础教育是积累人力资源的关键前提，通过加强与高校在基础教育的合作，改善南部县中小学在优质师资力量、教育服务资源。通过这种“校地”合作的模式，在一定程度上也可以增加南部县的教育供给，改善教育供给结构性不足的问题，同时这也是调整优化教育资源时空配置，充分发挥高校教育在实现城乡教育一体化、城乡公共教育服务均等化过程中的作用。

（二）软硬件全面提升，形成特色品牌

办学条件不断优化。南部县通过不断加大教育投入，以“乡乡有标准中心校”的要求，投入资金近6亿元，新建、改建校舍26.6万平方米、运动场9.88万平方米、标准化食堂2.92万平方米，建成标准中心校88所，多媒体“班班通”、宽带网络“校校通”覆盖率达100%。

贫困家庭学生直接受益。2016年南部县建档立卡贫困家庭学生15477人（其中有义务教育阶段9924人），该年全县发放各类助学金7000余万

元，惠及学生上万人次，按政策兑现了各个阶段、各年级贫困学生补助。在多项助学政策下，南部县的建档立卡户中的子女义务教育普及率高，义务教育阶段学生全部实现教育有保障，无因负担不起教育费用而发生辍学现象，农户子女上学条件得到了很大的改善。家庭中有职业教育学校学生的全部享受了助学补贴，贫困学生能够获得助学贷款，没有出现因教育大量举债的问题。

师资队伍更加壮大。仅在 2016 年，南部县广泛开展“一师一优课、一课一名师”活动，对乡村教师同步实施连续性培训近 1 万人次，开展送教下乡活动约 900 人次。南部县大力实施“乡村教师支持计划”，采取定向培养免费师范生、公开考核招聘教师等措施，充实 1039 名新教师到农村任教。正是由于南部县通过采取改善农村师资配备的一系列措施，南部县正朝着城乡教育服务均等化的方向迈出重要的一步。在让更多农村孩子获得更多优质教育资源后，无疑会为南部县在接下来的乡村振兴中储备和培养更多的人才。

教育品牌更突出。南部县通过校园绿化行动、文化艺术行动、阳光体育行动、经典阅读行动、校园演讲行动、社会实践与科技创新行动等六大行动，建设了南部中学、三清小学、群龙小学、伏虎小学等一大批特色品牌学校。这意味着南部县的教育在从满足数量型到质量提升型的转变过程中迈出了重要的一步，形成了一批在南部人民心中具有标志性和广泛认可度的特色品牌学校。

三、强设施正风气，文化扶贫扶“志气”

文化扶贫跟教育扶贫紧密相关。文化扶贫是指文化和精神层面上给予贫困地区以多种形式的支持，从而提高当地人民文化素质，尽快摆脱贫困。

文化扶贫是将扶精神、扶志和扶智三者相结合，其核心在于精神引领贫困地区文化价值，在增强贫困地区文化自信方面发挥精神性作用。文化扶贫能有效提升贫困地区人民的思想文化素质和科学技术水平，改善贫困人口与现代社会不相适应的习俗、心态及价值理念体系，重构其文化价值和思维观念，为持续性、彻底扭转贫困面貌创造条件，是促进贫困地区经济发展、改变贫困地区经济结构、改善贫困地区人民生活的关键所在。

南部县通过基层实地调研，认为在谈及脱贫攻坚期最难、最需要解决的就是农户的不主动、不积极、不愿意脱贫问题。在这部分贫困群体中，由于贫困文化深深影响着贫困户的思想行为，从贫困户的心理和行为选择综合来看，主要表现在听天由命的人生观、得过且过的幸福观、小农本位的生产观、好逸恶劳的劳动观、只求温饱的消费观、安土重迁的乡土观等，致使其不能产生以通过学习、拓宽视野来改变贫困现状的欲望，其对于文化的需求疲软；再加上南部县在脱贫“摘帽”以前，贫困村并没有实现文化基础设施等载体和文化服务建设活动等全覆盖，农村图书室和广电网建设不足，距离分散居住的贫困户较远，在城乡人口流动性持续加大的背景下，贫困人口就更不愿意花费时间和精力提高文化素质，从而使得农村图书室利用率进一步降低。南部县通过基层调研认为，文化扶贫中不能只注重单一完善文化基础设施，需要将贫困户的思想教育、观念教育结合起来。

因此，打破贫困文化贫困的怪圈，必须从文化基础设施建设、群众教育两方面入手。南部县以重构完善贫困村的公共文化基础服务建设作为文化扶贫的落脚点，大力实施“文化室到村”工程，为贫困村群众的娱乐活动场所和文化学习的地点空间提供了保障，保证贫困村的文化基本供给，提供文化活动的空间；通过“广电网入户”工程建设，以现代化、信息化的方式解决文化室利用率不高、受众范围局限的问题，建设数字化农村图书馆，将网络、广播电视基础设施实现全覆盖，让其足不出户就能享受到数字化图书服务，以此来真正增加贫困户了解和学习信息及网络相关知识，通过这种便捷、时效和生动立体的现代化信息传播形式拓宽贫困户与外界交流的渠道，开拓贫困户的视野。

南部县创新了文化扶贫方式，发动干部通过与贫困户同吃同住，坐在一条板凳上对群众开展“五大专题教育”与“家规家训家风”群众教育，以春风化雨的形式，持之以恒对贫困地区的群众加强自强、诚信、知耻、好学、求新、务实等中华民族美德教育，树立良好的社会风气，培养南部县贫困地区群众正确的文化价值、经济思维。把文化扶贫本质内涵深入贫困户思想中去，在提供基本公共文化设施条件来提高其科学文化素质的同时，对其进行思想教育，激发其对外界信息主动探索学习的欲望，将贫困户的主观能动性与为其创造的客观条件相结合，进而有效地发挥精神文化的内源性作用，让贫困户在其他各项扶贫实施过程中更具有参与性、创造力和活力。

（一）“入村入心”文化扶贫

1. 文化室到村广电网入户

文化室到村工程。南部县按照每个脱贫村文化室 5 万元、非脱贫村文化室 2 万元的标准，将省下达的贫困村文化室建设专项资金 230 万元，以及基层公共文化服务体系建设专项资金 486 万元，统筹用于全县 198 个贫困村文化室建设。同时，制定脱贫村文化室的基础设施完善补助政策，即每个村按 2 万元的标准给予村文化室的基础设施完善补助。南部县同时落实细化村文化室“六有”建设，即有建筑面积不低于 50 平方米的文化室、有硬化面积不低于 150 平方米并安装室外健身器材的室外活动场地、有宣传栏、有成套文化器材、有成套广播器材、有至少 1500 册出版物的图书室。

广电网入户工程。在广播电视方面，南部县利用省级下达的文化及新闻出版广电扶贫专项资金410万元，统筹用于实施贫困户电视“户户通”工程、贫困村“村村响”工程建设。一是通过政府采购，实施脱贫户电视“户户通”工程建设；二是统一采购广播器材按需配送至贫困村并对脱贫村广播设备、线路进行维护整改，实现广播“村村响”。在通信网络方面，为了满足贫困村、贫困户基本通信需求，南部县就此进一步降低贫困户通信安装和使用门槛，利用项目资金补贴网络及电话使用费；全面实施农村光纤网络建设与升级改造工程，加快贫困村宽带网络升级改造，提高农村宽带接入能力和普及水平；大力推进4G网络升级与改造，加快贫困村4G网络建设进度，逐步下调农村通信资费，提高4G用户普及率和使用率。

2.“五大专题教育”活动

南部县开展“五大专题教育”活动，创建贫困地区“四好”村、“四好”星级示范户。深入开展感恩教育、法纪教育、习惯教育、风气教育、脱贫光荣的自尊教育这“五大专题教育”，大力宣扬“懒惰致贫可耻、勤劳致富光荣”的理念，从根本上转变贫困户“等靠要”的思想，提高贫困户脱贫奔康的主动性，进而在脱贫攻坚中促使贫困户从“要我脱贫”变为“我要脱贫”，以此解决在扶贫过程中存在的扶贫政策效应不大、贫困户陷入贫困恶性循环等问题。

通过“五大专题教育”活动，全面培育出贫困户自强、诚信、知耻、好学、求新等价值理念。南部县把“五大专题教育”活动作为一项长期工程，向贫困地区的群众传播新思想、新观念和致富创收的新方法，既增加他们的收入，又武装他们的头脑，引导贫困地区群众树立正确的人生观、世界观、价值观和自信心，从而激发出他们人生中的正能量，使其在参与自己村上具体的脱贫攻坚工作中发挥潜能，注重塑造群众的现代文明意识，并使这种文明意识成为深植于群众内心的一种基因、一种品质，为南部县早日全面实现贫困地区脱贫“摘帽”目标、全面建成小康社会发挥重要作用。

3.“家规家训家风”活动

以家规家训家风为抓手，提升农村精神文明建设。南部县注重带动家庭参与扶贫，组织开展“我推荐、我评议身边好人”活动，采取群众议、群众评的方式，每月推荐评选身边好人。举办“最美南部人”选树活动，选树出“孝老敬老”“年高德劭”“奉献公益”等十类最美人物。在开展“家规家训家风”建设活动中，还通过举行主题演讲、挖掘家规家训、寻找“最美家庭”、评选“十大孝星”等系列活动，在潜移默化中弘扬本土乡贤文化，传播凡人善举。与此同时，开展模范宣讲，运用电台、电视台、报纸、党务政务网站、党务政务微博、微信等媒介宣传身边好人、道德模范先进事迹，利用模范、榜样来为大众引领方向。

专栏：评选“最美家庭”，传递文明风尚

为积极培育和践行社会主义核心价值观，展现家庭风采，推动优良家风的弘扬传承，自2015年以来，南部县妇联在辖区内开展了“寻找最美家庭”活动，通过组织推荐、社会推荐、家庭互荐自荐等方式，寻找出一批在家庭和睦、孝老爱亲、热心公益等方面事迹突出的家庭典型，并经过代表层层评选、评审、评议，最终推选出了8户“最美家庭”并进行表彰。

2016年，南部县的敬洪琳家庭先后被市、省评为“最美家庭”，全国妇联在京召开的2017年全国“最美家庭”揭晓会中，敬洪琳家庭也是榜上有名。敬洪琳退休后，一直在以他自己的方式努力为文化事业做贡献，为引领村民走乡风文明做出了巨大努力。敬洪琳亲手打造“家庭书院”。这个“家庭书院”完全是免费对外开

放，深深影响周围村民，“家庭书院”让村民爱上诗词歌赋，使周围村民和更多喜欢文化的人感受到文化的魅力。他周围有不少村民也对诗词歌赋产生了浓厚的兴趣，这种现象让“家庭书院”成为当地一道文化景观。显然，以自下而上的民主评议、标榜乡风文明的形式可以让群众充分参与到乡村精神文明建设中，发挥标杆的引领带头作用，扩大文明风尚的扩散效应。

乡风文明是精准扶贫过程中贫困户脱贫的精神动力，通过注重培育良好家风，以家风促民风，以民风带乡风。“家庭书院”是乡风文明建设的内容之一，以潜移默化的方式将文化传送给周围群众，丰富群众的精神文化活动，说明充分挖掘本土文化人才，引导社会各界人士投身乡村文化建设，在文化扶贫中是具有很强的实践操作性的，这也体现了文化扶贫要秉持“从群众中来，到群众中去”的工作理念。在案例中，“最美家庭”评选活动在乡风文明建设中发挥“示范标榜”的作用，是具体的实践养成，激发贫困群众尚美崇德的力量，以此推动乡风文明深入千家万户。

（二）文明新风吹万家，精神脱贫动力大

1. 强化建设，覆盖每村每户

在村公共服务设施方面，关于“建筑面积不低于50平方米的村文化室”，通过调剂、整合、新建等方式，投入资金1290.36万元，实现了66个脱贫文化室建筑面积基本达标，完成活动室、广场的整治、美化、硬化等，其中：50—60平方米的村27个，60—70平方米的村27个，70—80平方米的村4个，80平方米以上的村8个；有线网络覆盖，通过政府采购，确定由县广电网络公司具体实施建设，2016年完成4018户脱贫户有

线数字电视信号接入，实现了贫困户电视“户户通”工程。[①]

南部县通过在脱贫攻坚中抓载体建设，促进了整体农村精神文明建设“硬实力”的显著提升。以创建幸福美丽新村、建设文化院坝为抓手，实施“三新”活动示范点建设和农村生活垃圾治理、城乡环境综合整治等专项行动，建成3个“三新”创建活动示范点、70个乡镇文化站、600个村级文化活动室、60个社区综合文化活动室、60个文化广场、10个留守儿童之家、3个农民工文化驿站、56个社区书屋，实现乡村学校少年宫全覆盖。通过加强阵地和平台建设，提升了农村精神文明建设的承载力。在四川省公布的2018年“文化扶贫示范村”名单中，南部县有罗面村、罗寂村、岐山坝村、长盐井村、凤仪村、松林村、贾寺湾村7个村成功创建省级“文化扶贫示范村”，加上2017年南部县创建的8个村，南部县已经成功创建了15个“文化扶贫示范村”。

专栏：南部县大力加强公共文化设施建设，保障群众基本文化权益

文化设施是构建公共文化服务体系的基础。近年来，南部县有效统筹和整合各类资金近1.2亿元，开工建设各类文化项目150余个。县财政先后配套资金2000万元用于县文化馆、乡镇综合文化站和农家书屋建设，整合资金1000万元，对建档立卡贫困村文化室实施标准化建设，198个贫困村文化室均超过50平方米，并同步建设了篮球场，安装了健身器材，确保全县人民读书有地方、活动有场所。南部县通过在脱贫攻坚中大力推进文化基础设施建设，夯实公共文化服务体系的基础，已经形成了县、乡镇、村三级公共文化服务体系，实现全县公共文化服务全覆盖。即以县文化馆、图

① 数据来源于南部县2016年脱贫攻坚19个扶贫专项工作计划。

书馆、乡文化站、村文化室、农家书屋为主体的文化服务阵地，以县广播电视台、县级数字影院、农村公益电影、农村广播村村通为主体的广播影视阵地，以业余体校、奥体中心、农民健身工程、全民健身路径为主体的体育活动阵地。文化设施的建设和完善，不仅为广大群众提供了广阔的活动空间，也有效促进了城市建设和新农村建设的提档升级。

文化基础设施是文化活动的载体和空间，是农村文化的形象，是农村精神特色的集中体现，是能够反映农村历史和农村精神的设施。加强公共文化基础设施建设是实现城乡公共文化服务均等化的具体形式之一。公共文化基础设施能为贫困村群众提供丰富的精神文化活动空间，在脱贫攻坚中贫困地区的物质需求得到极大满足后，单纯的经济增长举措对农村经济发展的推动作用逐渐减弱，此时，文化基础设施所承载的新时期乡村文化就会逐步成为农村经济发展的推进剂，提升农村活力的内在动力，成为从精准扶贫到乡村振兴衔接过渡中农村发展最为积极的力量。

2. 精神补钙，激发内生动力

通过专题教育和“四好”村和星级示范户建设，南部县形成了“户要干净、村要整洁、人要勤劳、心要感恩”的鲜明导向。2016 年以来，全县省级“四好”村达到 33 个，市级“四好”村达到 207 个，96% 的贫困家庭主动争创“四好”星级户。在 2018 年度四川省拟评定省级“四好”村的公示名单中，南部县又新增加了巴岩店村、养活村、漏米岩村、窑坝寺村、千佛庵村、大乘庵村、鲁家庙村、杨家嘴村、刘房嘴村、九龙观村、柏垭观村、中坪山村、佛祖沟村、土地村、金山村、碑垭村、宿亭村共 17 个村。南部县农村精神文明建设取得了显著的成效，在南部县所属南充市评定的120个村大名单中，南部县的“四好”村数量排第二，在2016年县级党风廉政建设社会满意度中，南部县升至全省第45位，相较之前上升了101个次位；2017年全县党风廉政建设社会满意度再创新高，升至全省第22位、全市第1位。

3. 文化传承，营造文明新风

南部县深入开展“家规家训家风”建设的人文活动，培育出独特的南部人文精神，构建出了一个勤劳、朴实、诚信、包容的人文生态环境。南部县通过深入挖掘“南部人”的历史与文化内涵，积极开展弘扬主旋律、传播正能量的文化活动，汇聚起“三大力量”来引导全民知荣辱、讲正气、尽义务，逐步形成了扶正祛邪、惩恶扬善的社会风气。

四、瞄准自生能力，就业扶贫寻出路

就业是南部县内源扶贫的组成部分之一，是帮助贫困人口脱贫的重要途径。就业扶贫通过转移就业让贫困农民获得更多的非农收入，从而达到脱贫的目的。增加贫困农民的非农就业，提高贫困劳动力的就业质量，实施特困群众以工代赈的托底就业，是缓解农村贫困现象的有效手段。

南部县通过“三个一”工程培训贫困劳动力技能，使其有外出就业的能力；以“五免两补助”助推贫困劳动力获得技能资质证书，增强其在就业市场的议价能力，不断提高进城农民工的就业质量；以内外联动的劳务合作，拓宽就业渠道，以此使贫困农民转移到非农部门就业，增加其参与非农部门就业的机会，让其有能力胜任转移就业的岗位；同时开发公益岗位，为特困群众构筑保障底线，绝不漏掉任何一个贫困人口。

（一）五大措施助力就业扶贫

1.“三个一”工程，掌握就业技能

南部县以实施助学扶持为抓手，开展农村实用技术培训和职业技能培训，提高就业能力。要解决贫困户脱贫问题，最终还是要落实到改善其物质基础条件上来，让贫困户有致富的门路、稳定的增收途径才是根本。南部县帮助有条件的 948 户贫困户每户培养 1 名大中专学生；帮助 1.1 万户无技术的贫困户每户培养 1 名技术明白人；帮助有劳动力的贫困户每户培养 1 名劳务致富人，这“三个一”工程可以让每一个有条件、有劳动力的贫困户提高增收能力，有一技之长，让他们可以在劳动力市场中获得一份相对满意的工作。贫困户在掌握某项技能后再出去工作，既会获得一个学习的机会，又会开阔视野。由于学习效应，贫困户可能会把这项技能掌握得更加熟练，由此带来的经济收益和社会资本收益慢慢积累起来，会增加家庭成员的能力投入，扩大家庭再生产，从而实现稳定脱贫。

2. 以技能培训发证，增强议价能力

在针对贫困人口的技能培训中，需考虑的一个问题是，如何让贫困人口具有一定的竞争力，增加贫困户自身技能的“市场含金量”，提高其议价能力。为解决这个问题，南部县积极争取给贫困户的技能再加上一个保险，镀上一层金，更有效地提升贫困户劳动力务工能力，通过建立贫困劳动力数据库，有针对性地开展技能培训和推荐就业，对务工无技术的，定期开设技能培训专班，办理初级或中级职业技能资格证书，推荐就业，增加劳动力的就业议价能力；对培训不合格或没有取得职业技能资格证书的可重新参加免费培训，绝不能打马虎眼，合格后颁发资质证书，保障贫困户的长效就业增收。同时，对他们进行“五免两补助”政策，即免餐饮费、住宿费、生活用品费、资料费和实习工装费，按政策补助培训费和交

通费，全力保障他们提升技能。

3. 转移就业重培训，合作内外联动

在工业化城市化加快推进的进程中，农村劳动力转移就业是拓宽农村劳动力收入来源的重要路径。南部县采取分工分业跨区对口劳务合作和县内转移相结合的举措，以“订单式”和“菜单式”劳务输出方式，坚持定岗培训后就业。[①]

南部县就业扶贫主要是解决贫困劳动力因就业能力不足、就业渠道少、就业技能单一老化等造成的贫困劳动力的结构性失业问题。这一模式与以往单纯安排贫困劳动力做没有技术要求的工种不同，“1+1”对口帮扶和“点对点”劳务输出既让贫困户能就业，还注重就业质量和长期可持续就业。

向“外”延伸就业模式。南部县经过与驻外南部商会、本地商（协）会充分对接，建立起了商会帮扶贫困乡镇机制，实行商会内部企业吸收、向其他企业推荐等方式，定期沟通衔接，针对需求定向培训，实现人力资源与就业岗位双向对接，有力促进贫困劳动者就业。2016 年县内外 10 家商会、47 户企业携手举办“精准扶贫、转移就业”专场招聘会，现场达成意向协议 4300 余人。目前，上海、成都、昆明、福建等省市的南部商会已成功帮助贫困劳动者 327 人实现转移就业；加强与发达地区人力资源部门对接，努力培育发展劳务经纪人，不断深化省外劳务合作，比如厦门市人社局组织带领厦门港务集团公司等 18 家企业赴南部考察，建立起了两地跨区域劳务输出合作模式。

对“内”拓展就业模式。南部县积极组织本地企业深入乡镇、贫困村开展贫困劳动者专场就业援助招聘，开展送岗位信息“进乡入村”活动

---

① 2018 年，南部县贫困家庭技能和就业促进扶贫专项实施方案。

36场，20余家本地企业积极参与就业扶贫活动，提供了车工、机修、数控、纺织等30余工种近2700个岗位，成功促成就业527人。

专栏：东西部扶贫协作，携手南部脱贫奔康[①]

在东西协作扶贫的过程中，温州市洞头区的人才援助和扶持精准到位，温州市洞头区53家企业与南部198个贫困村结对帮扶，实现贫困村村企帮扶全覆盖，更多的是“走亲”一般频繁、亲密的扶贫协作关系。洞头与南部扶贫协作互动中，两地积极开展干部人才交流，为南部县脱贫攻坚大局储备人才资源，架起了两地深化交流合作的桥梁。

此外，针对南部实际，洞头毫无保留地把自己的技术、经验及时反馈给南部，在农产品销售、劳务协作、旅游扶贫、动员社会力量帮扶、教育就业培训等方面深化合作，并不断拓展平台和领域，推动两地实现优势互补、互动发展、互惠共赢。

在两地的精准对接、业务深化合作过程中取得了实质性的成效。洞头南部扶贫协作结对向下延伸到乡镇、村、学校、医院、企业各层次各领域，实现全方位、立体式合作交流，惠及贫困人口3972人。截至目前，两地已签订东西扶贫协作结对帮扶协议19份，实现洞头区53个企业与南部198个贫困村结对帮扶，达到贫困村村企帮扶全覆盖。南部成为洞头职工跨省医疗休养唯一目的地，完成前来南部医疗休养12批次228人；赴南部县开展扶贫志愿服务36人次，动员社会各界捐赠资金达442.8万元。

① 2018年，材料来源于网络·微南部微信公众号。

4. 多门路就业对接，广开就业渠道

贫困劳动力的社会资本往往存在自身禀赋资源不足的问题，这直接或间接影响了贫困劳动力对就业资源、信息及社会支持的获取便利程度。贫困劳动力的就业渠道往往单一，采取“一对多”的就业搜索模式，大大降低了就业机会，就业容易出现不稳定。为解决贫困劳动力就业“渠道不宽、岗位不稳、收入不高”问题，该县充分整合资源，创新开发就业机遇，搭建起外出就业、就近就业的“外联内引”就业平台。该县以驻外商会为纽带，在15个南部驻外商会分别成立就业扶贫办公室，通过QQ、微信等方式每周发布一次信息、每月开展一次招聘、每季度举办一次“回乡招募”，实现商会与贫困劳动力间的“直通车”，帮助贫困劳动力转移就业2327人。以县内企业为基地，制定县内企业吸纳贫困劳动力就业优惠政策，鼓励设立“就业扶贫车间”“就业扶贫班组”等就业扶贫专岗，实行“空岗月报”制度，在县内的36家企业设立“扶贫车间”28个、“扶贫班组”19个，通过举办送岗下乡、专场招聘等活动，转移贫困劳动力就业1996人。

该县还以产业园区为链条，全面推行“龙头企业+专合组织+贫困劳动力+金融+保险”的“五方联盟”就业扶贫新模式，鼓励贫困户通过扶贫贴息贷款入股产业园，并优先入园就业。截至2017年底，该县已建成脱贫奔康产业园39个，吸纳贫困家庭入股860户、解决贫困劳动力就业1200余人。

专栏：驻内外商会以就业信息对接、菜单式培训力促贫困人口转移就业[①]

伏虎镇张家观村的贫困户张伯华回想起之前送儿子张雪前往厦门务工时的情形，至今都还有些激动。他说：“儿子出去打工了，通过电话了解到他在那边的工作很稳定，一个月工资有三四千嘞，心里很高兴。”在这之前，贫困户张伯华还一直为自己的儿子找不到合适的工作而发愁不已。由于张伯华的腿脚不便，就指望着儿子能打工挣钱，改善一家人贫困的生活状况。之前村里消息不灵通，不知道去哪里找工作，儿子只能在周边的乡镇打零工补贴家用，日子过得拮据。村里在得知张雪有外出务工就业的意向后，便通过商会设立的“掌上直通车”平台为他找到了合适的工作岗位。除此之外，在春节前后，镇上还依托商会提供的用工信息和岗位，对接了22个贫困劳动力。

商会提供的不仅是一个长期就业的平台，更是一项稳定就业的保障。南部商会通过开办免费技能培训班，以增强贫困群众的实际操作能力，把“工厂”的生产经营模式搬进学校，突出操作训练，进行挖掘机、装载机、焊工、汽车维修等技术培训，合格者发给技能证书。这样一来，贫困劳动力学会了技术，贫困户结业即就业，持证上岗，既实现就业有门路，又实现就业有能力、有保障。

借助驻内外商会平台，以就业培训、劳务输出就业信息对接的方式，为贫困劳动力架起劳务输出的桥梁，拓宽了就业渠道，大大

① 2017年，材料来源于南充实践・南部县脱贫摘帽攻坚纪实。

提高了贫困劳动力转移就业能力，这也进一步促进了南部县从“输血式”扶贫向“造血式”扶贫的转变。实际上，这也给全国各地脱贫攻坚工作一个启发，那就是如何利用和鼓励引导非正式组织参与扶贫事业，充分发挥社会各界力量，调动起社会各方资源，形成公众广泛参与扶贫的社会氛围，助推中国扶贫进入新时期。

---

5. 公益岗位促就业，构建增收底线

贫困群体中存在着老年人、残疾人等特困人群，由于生理、年龄等原因，其人力资源的发挥存在一些局限性。通过实施以工代赈的公益岗位解决这部分贫困人群就业，一方面能够让特困人口有收入保障；另一方面以公益岗位形式动员部分村民开展相关农村社区建设、管理和服务工作，能充分调动当地村民积极参与社区事务，发挥出既促进当地乡村善治，又能缓解贫困的双重效应。对无法外出务工的贫困人口，按照每月 400 元的标准，最长期限不得超过 3 年来实施补贴；开发孤寡老人和留守儿童看护、社会治安协管、劳动保障协理、乡村道路维护、保洁保绿、环卫及其他公益性岗位；利用“农村淘宝”等电商平台，吸纳上百名贫困劳动力成为“村淘”帮手；鼓励种养大户、农场帮助解决就业。

（二）能力提升收入增，脱贫之路实而稳

1. 技能提升，脱贫内生动力不断增强[①]

南部县全县 198 个贫困村每年举办扶贫培训专班近 20 期，每年有 2000 多名贫困群众接受培训，380 人取得中级资格证书，584 人取得初级资格证书，1513 人取得合格证书。实践表明，贫困劳动力取得技能证书

---

① 2017 年，南部县人社局 2017 年工作总结及 2018 年工作思路。

后自身脱贫信心和动力逐步提升，贫困劳动力在就业过程中的自我学习意识逐步提高，贫困户对于知识技能的学习也越发渴望，其思想观念发生了根本性的转变；同时，这些贫困人口还容易形成一个共识，即重视子女教育，让子女更加有见识、有素质。

2. 劳务输出，贫困群众收入不断增加[①]

针对务工无门路的贫困人口，依托 18 家南部县驻外商会开展网上招聘、回乡招募，帮助 9400 户贫困户找到了短期脱贫的出路。自 2016 年以来，南部县转移贫困劳动力就业 33782 人，脱贫户工资性收入占到了家庭总收入的 63%。近年来，南部县一方面采取“直通车”转移就业，12 家商会每月定期视频招聘，每季回乡面对面招聘，平均每月常态输出就业劳动力近 100 人，已有 1308 人成功实现转移就业。另一方面采取“扶贫车间”“扶贫基地”吸纳就业。在县内 5 家企业建立了 5 个“扶贫车间”，在 8 个村建立了“就业扶贫基地”，根据实际采取“校企培训”“订单培训”的定向培训方式，实现贫困劳动力培训即上岗，结业即就业，先后有 200 多名困难群众成功实现就业。

3. 公益就业，特困群众就业不断稳定

2016 年以来，南部县 198 个贫困村开发公益性岗位 3872 个，托底安排特困群众就近就业，按照每月每个岗位 400 元的标准给予补贴，安置 1066 名贫困劳动力。这既是托底就业，也是以工代赈的方式之一。实践表明，这种方式效果好于直接给予贫困人口现金，避免了因年龄大无法外出、劳动能力弱等原因而形成的“等靠要”思想，让贫困人口能够感受到用双手勤劳致富的获得感和满足感，同时以稳定的就业保障了基本生活。

① 2017 年，四川省南部县 2016 年贫困县退出专项评估检查报告。

五、经验启示

习近平总书记2018年在四川视察时指出“要注重激发内生动力，加强扶贫同扶智、扶志相结合，激发贫困群众积极性和主动性，激励和引导他们靠自己的努力改变命运”。面临新的挑战，贫困人口脆弱性明显，经济发展“边际效益”开始递减，对外部资源的依赖加重。脱贫攻坚工作既要继续消除现有的贫困问题，又要防止返贫和新的贫困产生。因此，必须在精准脱贫过程中遵循持续性和内源性的发展理念，探索新的发展模式与路径。

1. 加大教育投入力度，注重贫困人口人力资本积累

贫困户的致贫原因往往是多维度交织的，而人力资本则是摆脱贫困的内源力量。贫困户的受教育年限和家庭劳动力的就业能力对脱贫有明显影响，因此将教育放在贫困治理的核心位置，加大对贫困地区的教育投入，扩展义务教育覆盖面，加大适业人员的就业培训力度，将有助于提升农户人力资本的质量和存量。教育帮扶脱贫的可持续性作用突出，以技能文化水平的提升实现贫困农户脱贫，其返贫率往往较低。同时，也应注意的是，在教育扶贫过程中，“贫困文化”不可能在短期内消失，也很难通过一般的教育来消除，因此在贫困地区建立“贫困群众教育+贫困学生教育”的双重教育机制尤为重要。另外，也要认识到贫困地区的教育质量往往较为落后，即使有大量的投入，但如果不解决以教师为主体的教育质量问题，该地区将会演化为“教育致病”区。

在劳动力培训方面，可以坚持“走出去，引进来”的双向发展战略，充分调动区内区外的非正式组织、社会各界资源力量，强调内外联动，以异地全方位协作为平台，以适应外向型需求为取向，以技能培训为依托，跨区劳务协作，创造贫困劳动力转移就业的机会和转移就业的能力，提升贫困劳动力转移就业质量，以充分考虑特困人群的特殊性为前提，改进和

加大针对贫困地区贫困户的生存与发展能力的培训。

2. 强调以人为本扶贫理念，强化贫困人口参与能力

消除贫困、实现共同富裕是社会经济发展的根本目标。这就要求在扶贫开发中注重以人为本的扶贫理念，不仅关注和解决经济社会发展过程中贫困脆弱群体的生存和发展问题，也注重扶贫开发工作过程中贫困人口的参与和合作。特别是在当前精准扶贫、精准脱贫阶段，不仅强调自上而下制定相应扶贫措施，满足贫困人口的多元需求，也强调自下而上尊重贫困人口的发展诉求，鼓励贫困人口参与减贫发展；不仅注重弱势贫困人口的兜底保障，也应突出有发展能力贫困人口的开发式扶贫。

3. 加快就业信息交流互通，增强贫困人口社会资本

农户社会资本对其贫困治理的成效有显著影响。一方面，贫困户无论从文化能力还是经济能力，以及获得市场信息方面都处于劣势；另一方面，现行的大部分扶贫措施采用以外部市场主体带动产业开发的路径，在这种不对等的权利博弈过程中，贫困群体往往处于劣势。因此，需要通过完善信息基础设施建设，为贫困户增强人际关系提供硬件保障。同时，需要构建劳务信息交流对接平台，加快贫困农户与外界的信息交流沟通，扩散其社会资本覆盖面，从而有利于将外界社会资本中新的资源、新的知识输送到贫困地区，进一步开拓贫困户的视野，丰富贫困人口的社会资本，使贫困人口更快、更稳地摆脱贫困。

第七章 增收实：产业“造血”落到实处见实效

脱贫之路千万条，产业扶贫是关键。产业精准扶贫是打赢脱贫攻坚战中至关重要的开发式扶贫方略，是中央提出精准扶贫“五个一批”的重头戏，也是实现脱贫致富的根本途径。南部县紧紧围绕“稳定增收”这一核心，长短结合发展产业、促进就业，既实现了短期增收见效，又避免了长期发展困难。长期方面，围绕可持续性生产和特色产业做文章，针对区域发展进行产业布局，强调长期增收，远期持续获益，强化长效产业覆盖。短期方面，围绕限期见效项目，针对每户增收进行部署，抓实“四小工程”到户，增强未脱贫人口自身造血功能，实现稳定增收脱贫。

一、产业扶贫的政策意涵与作用路径

产业扶贫是指以市场为导向，以经济效益为中心，以产业发展为杠杆的扶贫开发过程，是促进贫困地区发展、增加贫困农户收入的有效途径，是扶贫开发的战略重点和主要任务。产业扶贫是一种内生发展机制，目的在于促进贫困个体（家庭）与贫困区域协同发展，根植发展基因，激活发展动力，阻断贫困发生的动因。

产业扶贫主要包括：在县域范围，培育主导产业，发展县域经济，增加资本积累能力；在村镇范围，增加公共投资，改善基础设施，培育产业环境；在贫困户层面，提供就业岗位，提升人力资本，积极参与产业价值链的各个环节。所以，从这一角度看，产业扶贫可看成对落后区域发展的一种政策倾斜。

2016年国务院发布《关于“十三五”脱贫攻坚规划的通知》明确指出，农林产业扶贫、电商扶贫、资产收益扶贫、科技扶贫是产业发展脱贫的重要内容。同时提出农林种养产业扶贫工程、农村一二三产业融合发展试点示范工程、贫困地区培训工程、旅游基础设施提升工程、乡村旅游产品建设工程、休闲农业和乡村旅游提升工程、森林旅游扶贫工程、乡村旅游后备厢工程、乡村旅游扶贫培训宣传工程、光伏扶贫工程、水库移民脱贫工程、农村小水电扶贫工程等“十三五”期间重点实施的产业扶贫工程。

目前，产业扶贫主要有四种作用路径：一是让贫困户直接参与生产，通过企业+基地+合作社+农户等模式，把贫困户带动起来，将贫困户纳入产业体系中去，帮他们解决自身解决不了的问题，企业选好产业，统一技术、统一销售，贫困户只做能做的事，带动贫困户一起赚钱。二是就业带动，就是让贫困户就业，为贫困户提供稳定就业机会和工资收入，这种模式适用于劳动密集型产业，也是大多数贫困户所选择的。就业扶贫也要遵守市场原则，贫困户的工资要按照按劳分配的原则发放，即贫困户有多大能力、做多少工作，就相应地给多少钱。三是资产收益模式，贫困户通过自有土地、林地、宅基地和扶贫资金等量化入股，获得固定或浮动分红，补充贫困户收入的不足。这种模式适用于缺乏劳动力的贫困户。四是混合模式，即把就业、直接参与产业和资产收益结合起来，从而提高整体的扶贫效果，同时防止简单地分钱分物导致养懒汉问题的发生。①

① 汪三贵：《产业扶贫是稳定脱贫的关键》，https://baijiahao.baidu.com/s?id=1617287370480354281&wfr=spider&for=pc。

二、基础薄弱资源匮乏，产业扶贫面临挑战

地方政府扶持能力有限。主要体现在财政资金困难，产业发展特别好的产业发展规划，是一项长期的系统性工程，很难在短期内取得效果。要取得好的效果，需要大量的时间和财力投入，所以当地各级政府虽然制定了扶贫政策，出台了产业扶贫方案，但因县、乡、村等各级财政比较困难，脱贫任务时间紧张，使得南部县产业发展投入不足，配套资金到位困难，扶持政策乏力，缺乏“自我造血”和发展的能力。

农业产业基础设施薄弱。薄弱和落后的农业基础设施无法支撑现代农业的发展，农民收入水平的提升有赖于完善的现代基础设施建设。但南部县农业发展基础薄弱，生产方式落后，农业科技人员数量少，缺乏农业科技支持，并且以农田水利为主的农业基础设施建设滞后，不足以灌溉农田面积，从而导致农业生产效率低下。基础配套设施跟不上，也难以引进大型深加工企业，导致产业发展矛盾越来越突出，农民收入难以提升。

龙头企业发展慢，带动性弱。要达到脱贫致富，必须建立新型市场主体，尤其是要培养有竞争力的龙头企业，以及贫困户充分参与的各类经济合作组织，建立产业基地带动全局，并且提高帮扶贫困群体的社会责任感。但南部县的龙头企业量少质弱，辐射带动能力不强，产品转化率较低，产业链条不长，产品附加值不高，经济合作组织层次不高，从业人员素质和管理水平较低导致龙头企业发展缓慢，难以实现规模化经营，造成受龙头企业帮扶的贫困农户受益面过窄的问题发生。因此，南部县政府在引进龙头企业时，把“带着贫困户一起干”作为土地流转和项目支持的前置条件，让龙头企业与贫困户一道销售，带动贫困户一起生产增收。

特色产业推进较为乏力。南部县具有优良的地理环境和气候特征，适

宜各大特色农产品的养殖。但在脱贫攻坚的前期，贫困户还没有意识到哪些产业适合本地区的发展，哪些农产品适合本地种植，没有充分利用当地丰富的自然资源和物质资源。已具有的水果、蚕桑、中药材等特色产业规模小，标准化生产程度低，产业结构单一，市场优势不突出，核心竞争力弱，产业化特色基地建设尚未完成，难以推进特色产业发展。

农业激励机制有待健全。与第二、三产业相比，农业的生产周期长，回报期也长，加之农业受自然风险、市场风险的双重影响，投资农业的风险大，工商资本和民间资本投入农业的积极性不高；农产品加工龙头企业规模小，整体实力较弱，带动能力不强，产业化经营水平不高。

先进科技推广力度不够。南部县贫困群众科技意识薄弱，基层农技推广体系不健全，办公场地不够，防疫和检测设备不足；新知识、新技术宣传的深度和广度不够，许多先进实用技术还停留在“点”上，向“面”上推广普及的力度不够；基层队伍教育培训少，专业知识匮乏，为农服务能力不强。

脱贫内生能力明显不足。除了政府、企业组织的问题，还有贫困户自身的问题，一是南部县贫困户受教育程度不高，思想观念较为落后，依旧认为读书如果不考上大学，不考上国家公职人员，书读得再多也是白读，不如少读或不读；二是经营管理能力差，缺乏致富的能力和机遇，自身能力不足使其很容易被风险所击垮，不积极主动参与到扶贫发展中，缺乏自主奋斗的精神；三是部分贫困户存在严重的依赖、等待心理，主动意识不强，而且缺少脱贫信心和脱贫能力。这些原因致使贫困户内生动力不足，无法跟上全国脱贫致富的节奏与速度，导致人才培育的难度也较大，必须采取相应措施激发其内生动力。

三、迎难而上摸索出路，村户结合创新发展

面临重重困难，南部县不放弃、不退缩，以不胜不休、勇于担当的精神下定决心找出路，发动广大干部和群众不断探索，创新扶贫模式，实现了产业增收，按照“村有当家产业、户有致富门路”的思路，南部县持续推进长效产业发展，不断做细做实群众增收的加法。在抓好稳定增收“大产业”的同时，更加注重发展当期见效的“四小工程”，推动电商建设、旅游开发，持续用力稳定产业、稳定就业、稳定增收。

（一）“五方联盟”让村有当家产业

构建长效产业扶贫体系。产业扶贫关键难点是项目可持续性，即避免“运动式”产业发展方式，“运动式”产业扶贫往往以行政命令为动力，忽视了扶贫对象的意愿和主动性。南部县产业扶贫特点是以贫困群众为主体，在不断发展中，根据群众意愿，在解决问题中不断完善，这其中政府主要是为贫困村、贫困群众“搭台”。南部县以创建“脱贫奔康产业园”为载体，充分释放党和政府赋予贫困群众的政策红利，尊重市场规律，想方设法在农业产业利益链上做“穷人的加法”，想方设法形成不靠行政命令、不靠慈善行为驱动的长效机制，按照政府主导、群众主体、龙头带动、金融支持、合作社组织的思路，构建“龙头企业＋专合组织＋致富能人＋贫困群众＋金融保险”的“五方联盟”合作共赢发展模式。南部县198个贫困村都设立了30万元的产业扶持周转金，金融机构为每一户贫困户授信2万—5万元，让贫困群众摆脱了发展产业“缺资金”的困境。

1. 模式之一：“带着授信入伙”

“带着授信入伙”是指为充分发挥金融扶贫支撑作用，通过“信贷跟着穷人走、穷人跟着能人走、能人跟着龙头走、龙头跟着市场走”的方式，让贫困群众加入产业链，龙头企业管营销，致富能人管生产，贫困群众投股金。通过多方合作，为产业发展提供了资金、销售、技术服务。该模式不仅为当地能人提供了创业机会，而且解决了贫困户资金不足的问题，进一步推动产业发展，提高村民收入。比如，封坎庙村 23 户贫困户利用扶贫小额信贷、产业扶持周转金，与村致富能人、龙头企业广东温氏集团合作，建立脱贫奔康（肉鸡）产业园。建 1 个养殖棚需要 24 万元，温氏集团补助 5 万元，1 名致富能人（棚主）投入 4 万元，6 户贫困户（社员）各投入 2 万元，村合作社投入 3 万元，棚主与贫困户按股分红，贫困户年均增收超过 2 万元。

为打破发展僵局，南部县找到了多方共赢的利益连接点：一是龙头企业与贫困户双赢，在过去，由于企业担心贫困群众能力有限，只愿和富人、能人合作，现在由企业提供鸡苗、饲料、药物、技术、回购销售，把生产环节的利润留给贫困户，把生产终端延伸到千家万户，不断扩大养殖规模和市场份额，实现了销售环节的利益最大化。二是致富能人与贫困户双赢，贫困户利用扶贫小额信贷资金，与致富能人合建鸡舍，补齐了致富能人单独投资不足的短板，贫困群众跟着能人干，解决了缺技术、缺劳力、缺经营能力等难题，通过能人把贫困户带入了与龙头企业合作的产业链条。三是金融机构与贫困户双赢，扶贫小额信贷投入了由龙头企业、致富能人引领的长效产业中，因为有固定的股本分红，贫困群众三年后都能还清本金，银行也吃上了“定心丸”。

2. 模式之二：“带着股金抱团”

“带着股金抱团”是指贫困户把政府贴息贷款、产业发展周转金转化为股金，抱团共建股份制专业合作社，再与龙头企业抱团发展、深度合作，运用合作社这个纽带实现贫困户与贫困户、贫困户与龙头企业紧密捆绑成利益链。通过成立专业合作社，培养农民民主意识、合作意识，提高农民组织化程度，增强农民市场竞争能力。

这种模式有三个特点：一是资本抱团，发挥财政扶贫资金的杠杆作用。二是生产抱团，发挥龙头企业生产管理、技术指导和产品保底回收的作用。三是营销抱团，利用公司营销渠道，与公司合作搭建电商平台，开发适销对路的产品。南部县采取该模式，帮助贫困户实现有效投资，增加产业收入。

3. 模式之三："带着土地进园"

"带着土地进园"是指把农村分散零碎、经营效益低的土地以及撂荒地集中起来，流转给龙头企业，统建规模化种植大园区，发挥大园区的规模效应、技术支撑、营销渠道等作用，变土地资源为资本，通过返租的方式建立贫困户的创业园、托管园以及就业园，实现稳定增收。在精准扶贫前，南部县农村存在土地有效利用率低、农业技术落后、产业难销售的问题。该模式将农村土地集中再转租，促进农村土地的有效利用，为贫困户提供更多的就业机会。

该模式具体的做法包括：建立"创业园"，组织有劳动能力的贫困群众，每户返租1亩以上的果园，独立自主经营，返租费用按成本每亩2000元，从产业周转资金中予以支持，龙头企业主要负责技术、农资、管理和产品营销服务，在盛产期每户可获得纯利润9000元左右。建立"托管园"，303户无劳动能力的贫困户，通过产业发展周转金返租1亩果园，交由龙头企业代管，五五分成。进入盛产期后，每亩可得纯利润9000元，贫困户可得纯利润4500元。建立"就业园"，企业优先吸纳有一定劳动能力的贫困群众入园务工，帮助不能外出务工的贫困群众在家门口就业，使其在实践中掌握一技之长。2015年以来，全县已建成脆香甜柚、柑橘、食用菌、肉鸡等“脱贫奔康产业园”256个，覆盖所有贫困村，贫困户通过入股分红、土地流转、就地务工等方式深度参与发展。

（二）“四小工程”让户有增收门路

南部县根据留守贫困人口中老弱妇女较多的现状，坚持量力而行、量体裁衣，不刻意搞“大作品”，注重发展“小工程”。县财政为贫困户每户安排产业扶持资金3000元，分户规划落实小庭院、小养殖、小作坊、小买卖“四小工程”，作为长效产业多种经营模式的有益补充，促进贫困户快捷增收。

政府引进龙头企业，把“带着贫困户一起干”作为土地流转和项目支持的前置条件，让“四小工程”搭上脱贫奔康产业园的“便车”，变千家万户的“小”为一村一品的“大”，实现了大产业与小工程“种苗同源、技术同标、生产同步、营销同路”，也帮助龙头企业进一步做大了产业规模。

产业园与贫困户一体规划。脱贫奔康产业园的主导产业是什么，贫困户的“四小工程”就跟进什么。针对有条件、愿意发展肉鸡养殖的农户，带着贫困户分户认养；针对有条件、愿意发展柑橘的，带着贫困户一起栽植。对2014年1667户、2015年4884户，按每户3000元标准补助，安排落实资金1965万元；对共计8684户，按每户5000元标准安排落实资金4342万元。[①]2017年，通过产业园区带动全县贫困户发展小养殖22788户、小庭院18298户、小作坊633户、小买卖963户。

合作社与贫困户一起生产。在脱贫奔康产业园的《土地流转协议》中

① 数据来源于南部县财政局，2016年财政专项扶贫工作总结。

明确规定，贫困户一家一户发展的“四小工程”，由合作社统一提供种苗，统一提供技术指导，统一组织生产管理。国公村成立柑橘合作社，种植良种柑橘“不知火”1100亩，113户贫困户利用自留地同步栽植“小庭院”87亩。

龙头企业与贫困户一道销售。对贫困户“四小工程”产出的农产品，由龙头企业统一包装、统一贴牌、统一销售，实现生产经营科学化、规范化、标准化。梅家乡引进龙头企业成立“六合”牌土鸡蛋生产合作社，带动了全乡121户贫困户，2016年合作销售土鸡蛋130万枚，其中贫困户“小养殖”生产53万枚，户均增收4000元。

（三）“两个一抓手”拓宽发展渠道

南部县注重产业间联动，通过推动一二三产业融合发展齐发力，深入推进产业化扶贫，着力促进贫困人口就业，加快脱贫致富步伐，特别根据县情重点推动了旅游业和电商发展，增加贫困户就业渠道，稳定收入，实现稳步脱贫。

1. 旅游业发展

实施旅游规划引导工程。南部县通过引进更新的理念和更好的人才，吸引更多的资金来此发展旅游产业，并特别邀请国内顶级规划设计团队对升钟湖、八尔湖进行了规划设计，同时进行了景区内多个项目的包装打造和招商引资工作。对有条件的特色乡村、民俗院落、农业产业园区严格执行旅游扶贫专项规划。

实施旅游扶贫示范工程。完成了旅游扶贫示范区各项配套建设，成功创建省级旅游扶贫示范区。依托旅游扶贫领导小组统筹协调职能，制定年度工作目标，推行“五个一”[①]模板，并根据这些模板分解任务，分阶段性推进。

大力实施旅游扶贫“四大工程”。一是规划引领。在对全县198个贫困村摸底调查的基础上编制完成了《南部县乡村旅游发展总体规划》和《2016—2020年南部县旅游产业扶贫专项规划》。引进更新的理念和更好的人才，吸引更多的资金，邀请国内顶级规划设计团队对升钟湖、八尔湖进行了规划设计，同时进行了景区内多个项目的包装打造和招商引资工作。对有条件的特色乡村、民俗院落、农业产业园区严格执行旅游扶贫专项规划。二是示范带动。全年打造特色乡镇4个，精品村寨2个，民宿达标户33户，旅游专业合作社16个，安装了7个旅游扶贫示范村的标志标牌及店招牌49块。三是商品开发。依托农村专合组织，包装推出脆香甜柚、望月琵琶、三合一菌等农副土特产品10余种，扶持培育钟树皮画、群龙剪纸等文化创意产品10余种。四是扶贫培训。以提升从业农民的服务水平与技术技能为抓手，开展乡村旅游经营户、乡村旅游带头人、能工巧匠传承人、乡村旅游创客四类人才培训，2017年累计完成培训1000多人次。

专栏：四方发力建八尔湖景区

南部县在打造八尔湖镇景区时，探索出了“政府主导、企业主体、群众参与、金融支持”的“四方互动”景区开发建设模式，通过鼓励民间资本参与，以提高乡村旅游的综合带动效应，促进一二三产业融合发展、集群发展，让贫困群众从乡村旅游发展中获得稳定收益。

---

① “五个一”是指，一份南部县民宿示范户信息卡，一块旅游扶贫示范村标志牌，一幅旅游扶贫示范村概况图，一张南部县旅游扶贫示范村自评表，一本旅游质量管理手册。

让老百姓分享旅游产业发展的红利。整个项目涉及大堰乡10个村9000余人，农民在这条产业链上开办农家乐、发展特色农产品和旅游工艺品，最终形成持续带动老百姓致富的“福地”、游客的最佳休闲旅游目的地。

旅游扶贫是贫困群众脱贫致富的重要渠道。八尔湖坚持在保护生态环境的前提下，科学规划、有序实施，坚持乡村旅游开发与脱贫攻坚相结合，与新农村建设相结合，强化典型示范引领，创新乡村旅游发展机制，推动各方参与旅游扶贫，着力建成依托自然风光、美丽乡村、传统民居为特色的乡村旅游景区，真正让老百姓持续增收，共享旅游扶贫成果。

---

2. 电商发展

积极开展电商培训，整合现有培训资源，利用社会上现有电商培训机构，有针对性地开展多层次培训，对培训机构、电商企业、政府机构组织的电商人才专业培训和群众电商知识培训，提供场地租赁、资料制作、专家住宿、餐饮及讲课补贴等。计划培训电商精准扶贫人员800人次，建设特色产品线上线下特色馆2个、体验直销店2个。

大力发展农产品电商，按照“一乡一品”“一村一品”的原则，大力发展特色产业，培育特色品牌，支持农产品地标保护、绿色、有机、无公害等资质的申报认证，加强特色产品品牌化建设，提升产品品质、价值和知名度。引导支持乡镇培育特色农产品生产、加工、包装、销售的龙头企业，进行认证挂牌管理和扶持。对开设网店销售农产品的商家给予一定的补助。

专栏：电商助力，农产品“走进”大城市

在脱贫攻坚过程中，南部县依托互联网，大力发展电商产业。通过电商平台，将农产品卖进了大城市。返乡农民王某于2014年回到家乡建起了土鸡养殖场。起初，由于销售渠道不畅，他家出栏的商品鸡销售量不到2000只。2014年8月，南部县启动了“视听乡村”工程，村里安装了宽带。王某家的土鸡“触网”后，很快与西安的华毅物流公司签订了《土鸡销售协议》，全年共出栏两批，土鸡一上市便供不应求。与此同时，王某还成立了土鸡养殖专业合作社，带动本村及周边村的群众通过发展养殖业共同富裕。

南部县借力电商平台，促进电子商务与本土产业深度融合。以居民消费为导向，完善城乡市场体系，稳步推进信息咨询、仓储物流等新兴服务业，着力优化三次产业结构。

四、脱贫致富有门路，多元增收托起小康梦

南部县在脱贫攻坚历程中，通过制订和实施不同的产业精准扶贫专项方案，对全县脱贫奔康起到了关键作用，产业扶贫方面取得了显著成效，让贫困户实现了“造血”式的脱贫致富。

（一）形成了多元化、多功能农业产业

多类型种养殖农业初具规模。2018年底，全县新建或改造特色产业基地20万亩，建设现代农业产融合示范园区3个；年出栏猪110万头、牛5万头、羊30万只、各类小家禽1100万只；新建生猪标准化规模养殖

场3个；申报“三品一环”农产品5个；新培育省级示范社5个，省级示范场10个；培育农业科技示范户600户，建设科技示范基地5个，培育新型职业农民300人。

水果种植形成特色。全县新建和升级了柑橘类、柚类、有机脆桃、猕猴桃、葡萄、枇杷等特色水果产业10万亩。其中，巩固提升“铁佛塘—大堰脱贫奔康（柑橘）产业示范基地”2万亩，并启动了冷链物流区、生产加工区、电子商务中心建设；在“定水—升钟脱贫奔康产业示范区”新栽种熟柑橘5万亩；在52个贫困村发展脱贫奔康产业，种植杂柑、柚类、伏季水果1万亩。此外，已建成果树病虫害综合防治社会化综合示范区5万亩，为脱贫奔康（柑橘）产业园提供病虫害防治服务。通过将大堰、东坝、铁佛塘等5个乡镇72个连片村的10万亩土地统一流转入社，建成脱贫奔康（柑橘）产业园，带动了3700户贫困户入园发展，直接受益10280名贫困人口。

现代农业设施不断完善。全县新建或改造了粮油绿色高产高效示范片区4.5万亩，现代经济作物农业产业基地3万亩，新建高标准农田3万亩，农机化生产便道20公里，蓄水池1000口，山坪塘100口，新建和改造提灌站130座，新增农机动力3万千瓦，农机专合社10个。

水产养殖业形成品牌。南部县充分利用境内“一江两河三库”等丰富优质水资源，对嘉陵江、宝马河、西河等流域适度规划生态养殖，对升钟湖、八尔湖等湖泊适度进行人放天养，着力发展生态有机养殖，申报了八尔湖有机鱼认证3000亩，打造出了业内知名品牌。南部县还将水产养殖与乡村旅游结合起来，在西河一线及县城周边乡镇，发展了2500亩以垂钓、餐饮为主的休闲体验渔业；在不影响稻谷产量的前提下，推广了1500亩稻田养鱼，改（扩）建水产养殖基地5个。

畜禽养殖业益贫性增强。南部县以发展生猪、牛、羊和林下小家禽为主，年出栏猪110万头、牛5万头、羊30万只；利用贫困户房前屋后的小果园、小林园、荒山荒坡等资源，滚动发展鸡、鸭、鹅等小家禽 1100 万只，实现了养殖业人均增收 500 元以上；对于缺少资金和养殖技术的贫困户，南部县大力推广“公司 + 农户”的托养模式，新建了生猪标准化规模养殖场 3 个，培育升级生猪标准化示范场 1 个。[①]

特色中药材产业链基本成型。南部县在“升钟湖世界运动康养目的地”建成中草药文化产业园 1 万亩，并在工业园区建成加工与制药基地；新建了白芨、黄精、半夏等当地中药材品种 2 万亩、中药材加工厂房 1 万平方米、库房 1.5 万平方米、中药材观光体验园 1000 亩。

食用菌产业提档升级。南部县在八尔湖镇纯阳山村等村镇通过引进四川万芝生物科技有限公司、四川森肽集团，充分利用本县丰富的秸秆、桑枝等资源优势，建成设施食用菌种植基地 1000 亩、露地食用菌种植基地 1 万亩。主要推广品种为双孢菇、竹荪、黑木耳、香菇、灵芝等；建成加工厂房 2000 平方米、库房 5000 平方米、冻库 1000 平方米、菌种培育场 5000 平方米、观光体验园 500 亩。

蚕桑产业继续做强。南部县为积极拓展蚕桑资源综合利用，提升产业综合效益，着重推进桑园桑地的有效流转。通过整村打包流转土地，为发展蚕桑产业提供充足土地资源，改造升级了叶桑园 1 万亩、果桑园 0.5 万亩、茶用桑树 0.5 万亩。在大力培育蚕桑型家庭农场主的同时，鼓励支持和引进龙头企业开展桑叶、桑果、桑枝、桑皮、桑根、蚕茧、蚕蛹、茧丝的综合开发利用，构建起了蚕桑资源高效多元化的现代蚕桑产业模式，并不断做大、做强。

（二）以小户经济拓宽了致富增收门路

“四小工程”成效显著。自实施“四小工程”以来，全县共发放“四

① 《南部县 2016 年脱贫攻坚 19 个扶贫专项工作计划》。

小工程”补助资金9684万元，发展“四小工程”10399户，建成脆香甜柚为主的小果园、小菜园、小林园等16.2万亩；帮助1.2万户贫困户通过发展生态水产、林下鸡鸭鹅等“小养殖”实现人均增收1000元以上，扶持1600户贫困户从事林木制品等其他土特产品加工；帮助1800户从事蔬菜、水果、畜禽等农产品贩卖或就地经营小商品直销店。2017年脱贫户人均纯收入达4500元。

专栏：顶子山村——“四小工程”示范村

2015年，顶子山村投入近200万元，对全村进行挖沟整地，栽植果树近1.7万株。成立了景丰水果专业合作社，吸纳种植大户入社，合作社对全村果树进行技术指导以及代为提供除草、施肥、打药等服务，在水果丰收后开展水果储存、运输、销售等服务。

2016年，顶子山村经过多次考察，最终确定规模化养殖土鸡项目。由村组织专业人员，为每家每户设计、修缮圈舍，全年分两次免费提供鸡苗7000余只，培养养鸡大户5户（200只以上），对自主养殖猪、牛、鹅、鸭的建档立卡贫困群众，按照牛1000元/头、猪500元/头、家禽10元/只的标准进行补贴。将贫困村周转资金借给没有劳动能力的贫困户，入股本村的蛋鸡养殖场，签订合同，按照至少1.2%的比例分红，并按月发放到入股贫困户手中。为更好地发展该村的养殖业，还专门成立了橘源养殖合作社，对土鸡养殖户提供鸡苗代购、消毒、产品销售等服务。[①] 经过一年多的发展，“房前瓜果香、屋后鸡成行”的新农村在顶子山村基本成型。

---

① 《精准扶贫（贫困人口精准扶持）特色产业之“四小工程”》。

（三）解决了市场“最后一公里”问题

“最后一公里”问题得到解决。南部县充分发挥现代信息网络作用，城镇光纤入户率达90%以上，农村光纤入村率达100%，全年开展电商培训10余次，培训人数3000余人，并在盘龙、楠木、王家、东坝、定水、建兴、大桥、伏虎、升钟、大坪等乡镇建成了10个区域物流配送中心，中心面积150余平方米，拥有配送专用车20余辆，解决了农村电商物流服务“最后一公里”问题。

电商效益不断涌现。2015年，南部县全县电商交易额突破6亿元，农村电商交易总额6200万元，网络零售额达1182万元，规模以上企业和小微企业电子商务应用率分别为52%和23%。

电商发展模式不断创新。南部县通过自筹资金300万元，建成县级农村淘宝电子商务运营中心5000平方米，打造出300平方米的南部地方特色馆、200平方米的电商人才培训中心，并且将阿里巴巴引入南部，建成了阿里巴巴南部特色产品体验店。南部县整合中央和市县资金各50万元和100万元建立起一套电子商务行业信用制度、农产品网络流通质量标准体系和电子商务统计监测制度。建成县级农村电商物流配送产业园区，电商物流产业园区占地50余亩，并且购置配送专用车10辆（其中专用冷藏运输车3辆），同时初步建立起了电商产品质量追溯体系和产品二维码追溯体系。

（四）走出了“生态＋旅游”脱贫之路

旅游扶贫举措不断创新。南部县围绕“一个抓手”，发展生态旅游，实施旅游扶贫，让村民在家门口就能增收致富。截至2016年底，全县共成立乡村旅游专业合作社（公司）16家。其中升钟湖德浩农民专业合作社被列为全国“合作社＋农户”旅游示范项目。该合作社是集农业种养殖生产及加工、休闲度假、旅游观光、养生养老为一体的新型农业合作社，入股社员106人，服务社员1500人，拥有农业产业基地1100亩，带动贫困人口人均增收1350元。旅游扶贫成效十分显著。

旅游红利惠及更多百姓。通过对旅游景区的开发，改善了周边10多个贫困村的农村生产生活环境，并带动了康体养生旅游、度假旅游的发展，加强了贫困村基础设施建设和“造血”功能，成功创建了纯阳山村等5个省级乡村旅游扶贫示范村。2016年，南部县全县累计接待游客539.7万人次，惠及农民人口3.2万人，其中贫困人口1.3万人。随着旅游产业的发展壮大，越来越多的群众收获了旅游带来的“红利”，旅游扶贫效果明显，已促成1个省级旅游扶贫示范区、1个特色乡镇、1个精品村寨、7个旅游扶贫示范村、16个乡村旅游专业合作社、19户民宿达标户的成功创建，旅游收入明显提高。①

五、经验启示

产业扶贫方面，南部县探索实践出许多能落地、见实效的做法。南部县创新性地提出“三园建设”“四小工程”“五方联盟”产业扶贫机制，走县域工业的特色发展道路，有效利用东西协作扶贫政策和契机为产业发展注入活力，取得了长足的进步和突出的成效。南部县的产业扶贫之所以能有如此成效，这要归功于该县在积极落实国家精准扶贫政策的前提下，因地、因市制宜，充分结合南部县的各方资源条件禀赋、致贫原因、贫困人口分布状况、贫困人口结构以及贫困人口的真实需求等实际情况，因村、

① 《南部县脱贫攻坚档案：南部县脱贫攻坚宣传图片资料汇编》。

因户施策，准确把握国家总体扶贫方针政策，将产业扶贫的各项举措真正用活，在产业扶贫中优先考虑生态产业扶贫路径，注重产业发展的特色化、多层化、多样化。可以说，南部县积极抓落实，以实际问题为导向，坚持将贫困群众利益最大化作为产业扶贫的根本目标的扶贫思路，为全国各地区脱贫攻坚提供了重要经验。

（一）跨区协作促产业扶贫

跨区域扶贫协作是在中国扶贫攻坚过程中形成的现代意义上的转移支付模式，这也是我国扶贫开发和缩小区域差距的路径选择和实践模式。这种扶贫协作模式能够实现发展的双重效应。一方面，由于各地区间的发展差异，通过“扶贫协作”机制能实现南部县与温州市洞头区两地间资源调动和优化配置，缩小地区间财力差距，实现区际、省际的公平；另一方面，这种模式强调对口支援双方的互惠互利，在人才、资金、技术、政策等方面更加突出对接精准，见实效，而且双方是一种定向资源流动，有利于保持地方之间形成长期稳定协作关系，特别是对于解决南部县这样一个国家级贫困县的区域贫困治理具有深远意义。跨区扶贫协作促进南部县由“输血式”扶贫向“造血式”扶贫转变。回顾南部县脱贫攻坚的历程，可以看出“扶贫协作”机制既有利于支援地企业和经济的发展，也有利于受援地的资源开发和劳动力利用，是带动一批贫困人口在家门口就业脱贫的新引擎，从根本上促进了南部县经济社会全面发展。

（二）机制创新抓长效收益

产业扶贫机制是“总开关”，机制创新确保收益长效。除了以往按股收益的机制创新外，还可以借鉴南部县的经验，通过优选产业项目，注重长期收益，按照“政府引导、市场主导、企业主体、群众参与、利益联结、保底保障”的原则，让贫困户参与到产业扶贫的各个环节，使贫困户从中实现就业、学到技术、提升贫困劳动力就业能力、扩展视野，让贫困户在参与产业扶贫中获得长效化、最大化产业资金配置效率和收益。同时，产业扶贫机制的创新要体现统筹分配，精准收益，兼顾公平与效益。在产业扶贫项目推进过程中，凡有竞争环节的，一律引进竞争机制，用产业扶贫机制保障参与产业扶贫的市场主体和贫困户的权益。

（三）产业扶贫贵在精准

扶贫开发贵在精准，成败之举在于精准。产业发展是经济活动，要遵循市场规律，按照市场需求发展特色产业，而不是一哄而上。回顾南部县脱贫攻坚历程，注重通过发展产业的方式实现精准脱贫，实现从“输血”到“造血”的转变是其鲜明特色。因此，各贫困地区在脱贫攻坚中要根据贫困村资源禀赋不同、自然环境差异，坚持因地制宜，将发展产业作为脱贫的根本之策，把培育产业作为推动脱贫攻坚的根本出路，唤醒贫困村发展自主产业的主动性，打开各个贫困村的想象空间。产业扶贫因户、因村施策，点面结合，脱贫攻坚见实效。

首先，产业扶贫应精准对接群众，同时也要按照市场需求发挥龙头企业、合作社等新型经营主体的带动作用，让贫困户参与生产、实现就业，提升贫困人口的自我发展能力、让贫困群众分享产业红利。其次，产业扶贫应精准对接特色，扶贫产业发展要紧扣“优势”做文章，因地制宜地选择具有比较优势的特色产业，才是赢得市场竞争的制胜之道。最后，产业扶贫应精准定位市场需求，实施产业化、规模化发展，顺应消费升级的趋势。

（四）产业扶贫力在“多方”

精准扶贫战略构想赋予了产业扶贫新的内涵和意义，同时也对其实施提出了更高的要求。应明确农产品加工业的目标任务，加快一二三产业融合发展，让贫困户更多分享农业全产业链和价值链增值收益。从南部县丰富多样的产业扶贫措施中，可以看出产业扶贫形式多样化是切实发挥产业扶贫“减贫效应”的着力点；同时，在推动贫困地区发展、提高贫困人口收入的过程中，需将习近平总书记“绿水青山就是金山银山”的生态发展观切实贯彻到贫困地区产业扶贫的各个环节。

产业扶贫主要依托其自然资源优势，发展特色生态农业产业、乡村生态旅游业；以“互联网＋农产品”电商平台作为解决农产品销售难的重要补充；充分考虑自身经济、社会资源条件、产业市场需求，精准定位产业专业化分工角色，走特色县域工业道路。比如：多层次突显特色种植业，引进龙头农业公司，牵头特色种植业产业园和基地，贫困农户深度参与，开展“龙头企业＋农户”的模式，做到既提高贫困户收入，又降低贫困户参与产业发展面临的市场风险，从而起到“双重效应”。实施多类型生态养殖业规模化，养殖业和种植业并称为农业生产的两大支柱，充分利用贫困地区的自然资源条件，因地制宜发展生态畜禽养殖、生态有机水产养殖，既提高农产品安全质量，又增加农产品市场价值和贫困户收入。注重发挥生态乡村旅游效益，发挥乡村生态旅游的直接和间接减贫效益，在提高贫困人口收入水平的同时，贫困地区也能有效增强其自豪感以及对当地文化的认同感；突出特色县域工业道路，找准贫困地区二产业专业化分工，加快产、城融合配套，强化产业项目的技改创新，升级工业企业生产能力，为贫困地区精准扶贫提供持续产业支撑。

第八章　脱贫实：长效脱贫层层夯实奔康致富路

防止返贫和继续攻坚同样重要，已经摘帽的贫困县、贫困村、贫困户，要继续巩固，增强“造血”功能，建立健全稳定脱贫长效机制，坚决制止扶贫工作中的形式主义。

——2017 年习近平总书记参加十二届全国人大五次会议四川代表团审议时的讲话

让贫困人口和贫困地区同全国一道进入全面小康社会是中国共产党的庄严承诺。巩固脱贫成果，消除绝对贫困，是如期全面建成小康社会、实现第一个百年奋斗目标的基础要求。随着脱贫“摘帽”阶段性任务的完成，南部县的脱贫攻坚战已经来到了巩固成果阶段。脱贫“摘帽”是最基本的底线要求，南部县在 2017 年脱贫后继续保持有效的扶贫方式，聚焦脱贫人口防止返贫，聚焦临界群体遏制新贫，继续保持产业发展，提升基础设施水平，巩固脱贫成果。

一、率先实现“摘帽”退出，脱贫奔康仍在路上

（一）决战决胜，圆满完成脱贫“摘帽”

2014 年，南部县有贫困村 198 个，建档立卡贫困人口 32390 户

102059人，贫困发生率9.6%，经过脱贫攻坚，到2016年底，贫困人口减至8355户24879人，贫困发生率降到2.35%。未脱贫农户中，低保户、“五保”户和残疾户等政策兜底对象占比63.4%，一般农户占36.6%。南部县脱贫成果显著，但未脱贫户中，无劳动能力、身体残疾等占比高，致贫原因复杂形成深度的多维贫困，脱贫较困难。

表8–1　南部县2016年底未脱贫户属性

合计		低保户		“五保”户		一般农户		残疾户	
户数	人数	户数	人数	户数	人数	户数	人数	户数	人数
8355	24879	4723	14493	17	27	3057	8608	558	1751

南部县基础设施和公共服务建设加快脱贫攻坚进程。贫困地区落后的很大一个原因就是基础设施建设的落后，南部县在脱贫攻坚的短短几年中，完善了贫困村的路、水、电等设施，促进了城乡基础设施、公共服务一体化发展，极大地改善了南部县农村的基础设施滞后的面貌，使南部县农村焕发出新的生机与活力。

南部县主要从住房安全保障、培训转移就业、产业扶持培训、基础和公共服务设施、医疗保障和社会保障等方面实施产业、安居、能力、基础、民生“五大扶贫工程”，根据“六个精准”形成了南部县较为扎实的脱贫成果。

南部县贫困人口住房有保障。通过“设限”和贴息贷款补贴等政策，使住房安全保障政策得到了有效的实施，且政府通过多种途径改善搬迁户的生存生活条件，根据《南部县2016年贫困县退出评估检查报告》数据显示，易地搬迁户家庭年均纯收入均值为8659元，远远超过国家贫困线，说明南部县大部分易地扶贫搬迁户收入有所增加。

南部县贫困人口就业有渠道。在脱贫攻坚阶段，南部县通过培训、开设公益岗位、商会等各种方式增加贫困群体的就业岗位和岗位竞争能力。通过开设公益岗位和商会平台增加就业岗位，通过政府组织开展的技能培训，让具有劳动能力的贫困人口获得“一技之长”。

南部县产业培育“造血”功能。南部县通过村有“当家产业”，户有“致富门路”，抓“四小工程”等观念和目标，通过“五方联盟”模式，建成了“脱贫奔康产业园”236个，部分有劳动能力的农户通过入园经营年获利数万元，无劳动能力的农户通过入股享受分红7000元以上，有效地保障了困难群众增收脱贫。

南部县构造多道防线实现了贫困群体教育、医疗和住房稳定有保障。南部县通过设立健康扶贫“五道防线”，打破了“因病致贫”的痛苦轮回，实现了贫困户住院看病县内“零支付”；南部县通过“精准到人”机制，保障了贫困户中适龄儿童的义务教育，通过教育有效地阻断了贫困代际传递；通过实施社会保障政策实现了兜底对象年人均收入达到国家贫困线以上。

（二）多重风险，稳定脱贫仍在路上

“底部”贫困人口如期脱贫风险。南部县三年脱贫攻坚中，贫困群体的大部分已实现了现有国家标准下的脱贫。在未脱贫人口中，“五保”户、低保户以及残疾户占比达到了68%，这类深度贫困人口因缺乏劳动力或因病、因残等原因陷入了深度贫困中，脱贫能力不足，还需要南部县地方政府政策上的进一步强化，保证深度贫困人口如期脱贫；一般农户中，某些有“等靠要”思想的懒汉，因为脱贫动力不足，未能跟随大部队一起脱贫。

脱贫人口返贫风险和新贫产生风险。根据家庭理论，一个家庭总是在波谷和波峰之间波动，脱贫家庭可能会因为一些外界风险导致返贫，也可能因为家庭自身周期发展重新陷入贫困，而且脱贫人口自身生计资本积累

不足，家庭抗风险能力也比较差，比一般农户更容易陷入贫困。同时一些临界群体和普通农户也容易因病、自然灾害等风险陷入贫困。

边角地区区域脱贫风险。虽然南部县在脱贫攻坚阶段农村基础设施和公共服务得到了较大的改善，但是边角死角地区基础服务和公共服务设施仍然较为滞后，个别偏远村的基础设施建设未将地理边缘户纳入辐射范围，通往农户家的分支便民道存在“断头路”现象，个别村组饮水问题和水利、电网等设施仍需进一步加强和完善。虽然南部县2017年已经脱贫“摘帽”，但并不是全面脱贫，仍然有一些贫困村还未“摘帽”，这些未“摘帽”的贫困村多是曾经的“三不管”边角地区，区位条件极差，此类地区如期脱贫存在着风险。

产业扶贫可持续较弱，抗风险能力需要加强。根据《南部县脱贫攻坚工作汇报》，2016年南部县全县成建制转移贫困劳动力就业33782人，脱贫户工资性收入占家庭总收入高达63%。此类脱贫户的收入组成中务工收入占优势地位，工资性收入受务工大环境影响，该类农户收入来源相对单一，容易受经济大环境影响，导致务工收入可能会大幅减少。南部县产业扶贫中，部分扶贫产业收益周期长，抗风险能力较弱，因为扶贫产业中部分作物受自身生长属性的影响，生长缓慢，收益周期长，从产业落地培育到获得收益存在一定时间的考核期，期内农户收入的稳定性存在一定程度的风险。如南部县部分贫困村建设的甜柚、柑橘、莲藕等扶贫产业园起步晚，收益周期长，增收一般在3—5年之后。

二、聚焦帮扶主体与对象，构建脱贫巩固体系

南部县脱贫成果显著，持续巩固脱贫成果。南部县整体上贫困群体自身家庭生计资本积累还比较薄弱，抗风险能力较差，相比非贫困户更容易

返贫。南部县通过聚焦脱贫人口、临界群体和兜底对象组成的群体、边角区域、产业就业和内生动力，关注群体整体脱贫、区域全域脱贫、产业就业稳增收、激发内生动力主动脱贫主动致富，利用脱贫攻坚的大好时机，以政府资金为杠杆撬动社会各界力量，加大对乡村发展振兴的关注和投资力量，最后由政府出台约束激励机制政策，为所有政策措施的落实提供最有效的保障，进一步巩固提升脱贫战果。

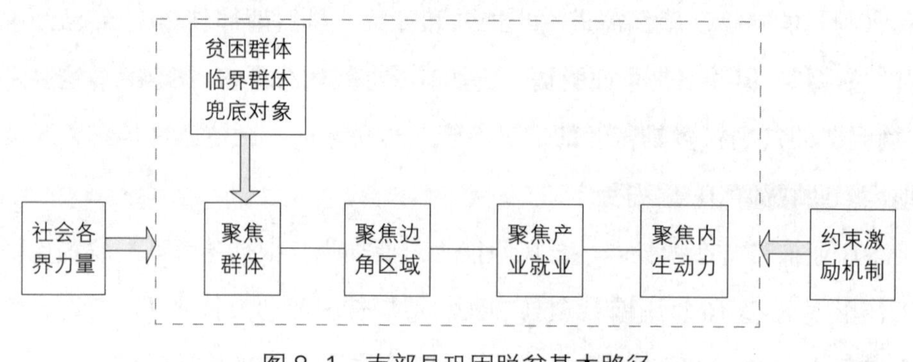

图 8–1 南部县巩固脱贫基本路径

（一）聚焦帮扶机制，防范返贫风险

贫困人口整体脱贫后，在巩固阶段把重点放在了防止返贫上。脱贫后全县仍有贫困人口 2491 户 6565 人，还有 52 个贫困村仍未“摘帽”。在巩固脱贫成果阶段，南部县把针对建档立卡户的后续帮扶工作重点放在了防止帮扶成效滑坡、巩固提升脱贫质量方面，针对仍未脱贫的贫困户，加大帮扶力度，确保全县上下同步脱贫。

坚持扶持对象、帮扶力量、帮扶政策、帮扶措施、帮扶责任“五大帮扶内容”政策机制不变。对已脱贫人口进行分类管理、跟踪监测、持续帮扶，建立返贫预警机制，防止返贫反弹，在贫困县“摘帽”后开展全覆盖对标甄别行动。全面排查已脱贫户增收、住房、教育、医疗等方面的薄弱环节，对照“一超、两不愁、三保障、三有”标准，建立“稳定脱贫示范户”“稳定脱贫中间户”和“稳定脱贫风险户”（返贫风险户）台账机制，根据不同类别，制订个性化帮扶方案，“缺什么、补什么”；强化“稳定脱贫示范户”的产业就业扶持，引导其向能人大户发展；逐项对“稳定脱贫”对标补短，激励其自力更生建设美好家园的信心；聚焦“稳定脱贫风险户”的返贫风险，集中力量重点攻坚，确保稳定脱贫、同步小康。

坚持蹲点查找问题机制，提升脱贫质量。县级领导逐户走访梳理“问题清单”，并限期整改落实；坚持分类清单管理，分类建立清单、定实措施、集中攻坚；坚持严肃问责追责，密集开展现场验靶，好的颁发流动红旗，差的给予“黄牌警告”，连续3次“黄牌警告”的“一把手”引咎辞职。

南部县把防止返贫和继续攻坚放在同等重要的位置，通过紧盯整体脱贫目标，巩固稳定脱贫成果，完善“回头看”“回头帮”帮扶机制，防止返贫的发生。实施“脱贫不脱政策”，继续在教育、医疗、金融等政策上扶持，防止了政策“缩水”，防范了脱贫后返贫。

（二）聚焦临界群体，遏制新贫产生

通过紧盯“临界困难户”，防止新的贫困产生。一是全县上下逐户核查贫困县“摘帽”前全县2037户“临界困难农户”挂账销号情况，面向所有农户进行临界困难农户再摸排。二是全面关注老、病、残、幼等弱势群体，重点核查低保户、“五保”户、残疾人户、异地搬迁户、危房改造户五类人员和大病重病户、天灾人祸的产业就业、家庭收入情况，对标核查其住房、教育、医疗保障情况，建立“临界困难农户”台账，实时跟踪监测，定责补弱固强。三是在政策资源上重点倾斜，扶助措施上强化力度，挂账销号上绑定责任，遏止其成为新的贫困对象。四是加大对基础条件差、发展相对滞后的非贫困村的投入，全面改善其生产生活条件，夯实遏制新贫的支撑基础。

（三）聚焦兜底对象，夯实底线基础

重点关注兜底对象，把社会保障兜底对象分为五类：一是无劳动力或者丧失劳动能力的家庭；二是因残重度贫困的家庭；三是因病重度贫困的家庭；四是因灾或因意外事故造成重度贫困的家庭；五是因其他不可抗拒原因，无法依靠产业扶持和就业帮助脱贫的重度贫困家庭。南部县未脱贫户中兜底对象还有5298户16271人，占未脱贫户的63.4%，贫困群体数量较多，脱贫难度较大。

聚焦兜底对象，保证深度贫困户的稳定脱贫。一是逐一核查政策兜底对象“两线并轨”后，是否还存在基本生活保障困难、大病治疗负担重、贫困代际传递等问题，对症下药，实时纳入民政救助、教育医疗“爱心基金”救助范围。二是扩大困难残疾人生活补贴和重度残疾人护理补贴政策覆盖面。不符合救助供养条件的，通过政府补贴、购买服务、设立公益岗位、集中托养等方式，为重度残疾贫困人口提供集中照料或邻里照护服务，帮助贫困家庭残疾儿童通过特殊教育等形式接受义务教育。

（四）聚焦边远乡村，全域整体推进

边角死角地区基础和公共服务设施仍需加强。南部县73个乡镇中有41个乡镇在行政区域上和其他县相邻，南部县1039个行政村中有约100个边远行政村没有区位优势，发展滞后。根据《南部县2016年贫困县退出评估检查报告》中的资料显示，这些边远乡村中的边角死角地区基础设施和公共服务设施仍然滞后，个别村社农户出行难问题仍未得到解决，公共服务设施建设仍需进一步加强。

根据习近平总书记“新增脱贫攻坚资金主要用于深度贫困地区，新增脱贫攻坚项目主要布局于深度贫困地区，新增脱贫攻坚举措主要集中于深度贫困地区”的最新要求，南部县在巩固脱贫成果阶段，聚焦边远、边界、边角“三边”等相对贫困地区，对全县五个革命老区以及七个库区尾水段贫困乡村实施政策倾斜和项目扶持，实现了已有的扶贫政策在相对贫困乡村全面执行，普惠的涉农项目在相对贫困乡村优先实施，新增的项目资金在相对贫困乡村集中投放。坚持精准施策、靶向攻坚，着力改善“三边”地区的路网、水网、电网、通信网和公共服务水平，实施乡村提升工程，全面改善相对贫困地区的发展条件。

（五）聚焦作风建设，提升资金绩效

坚持好的干部作风是打赢脱贫攻坚战的保障。一是坚持把各级巡视巡察、督导督查、审计稽查、明察暗访作为发现问题的重要手段，对照全县12类35个扶贫作风问题对各乡镇各部门进行对照检查整改销号情况，县纪委监委组成专项巡察组明察暗访全覆盖，持续深入对推进扶贫领域作风问题专项治理，净化脱贫奔康工作环境。二是聚焦项目资金规范管理、精准使用，由33名县级领导牵头，开展自查自纠、监审复查、综合审查三个阶段的“回头看”，开展涉农项目资金第三方审计，持续深入推进廉洁扶贫，确保扶贫政策执行到位，项目资金管理规范、精准高效。

（六）聚焦全员参与，形成攻坚合力

巩固脱贫带动群众奔小康需要全社会的共同努力。南部县通过强化社会各界扶贫济困的责任，凝聚脱贫奔康的社会合力，推动党政机关、企事业单位、社会团体和各界人士深度参与脱贫攻坚。一是健全组织动员机制，县、乡、村三级层层健全社会扶贫对接平台，动员社会团体、致富能人、爱心人士投身家乡脱贫奔康事业。二是加强宣传激励措施，充分宣传社会力量参与脱贫攻坚的先进典型，弘扬扶贫帮困、友善互助的传统美

德，积极为捐款捐物畅通渠道、做好服务、用好钱物。三是推进“三位一体”工作常态，积极对接国家工信部对口帮扶、加快推进东西部扶贫协作、拓展延伸南部驻外省商会平台，全面培育多元扶贫主体，持续保持专项扶贫、行业扶贫、社会扶贫“三位一体”的大扶贫工作布局。

三、提档升级脱贫致富措施，加大专项巩固力度

实施专项巩固措施是巩固脱贫成果、打好脱贫攻坚战的重要环节。南部县对已脱贫和边缘户进行动态监测，密切关注未脱贫人口和容易返贫群体，依托原有帮扶资源，提档升级原有专项措施，坚持“脱贫不脱政策、脱贫不脱帮扶、脱贫不脱项目，扶上马、送一程”，在“摘帽”后，继续开展扶贫专项活动，使扶贫项目更加精准、更具操作性。专项措施瞄准易返贫的贫困脆弱群体提升扶持力度，巩固了脱贫成果，初步实现了与乡村振兴的有效衔接。

（一）升级基建筑牢发展硬环境

基础设施建设是一个地区发展水平和文明程度的重要支撑。南部县2017年脱贫后，在巩固脱贫成果专项行动中，基础设施建设仍是重头戏，资金投入占比过半。2018年交通领域投入达到19.15亿元，其他基础设施领域，水利建设主要是实现“治水兴村”；实现贫困村基本村村通光纤；在贫困村和产业园区建设沼气工程；等等。通过专项设施对于已脱贫地区继续完善基础设施建设，对于未脱贫地区则实现基建的基础功能以保证这些贫困村如期脱贫。

1. 交通建设巩固

针对脱贫后区域交通需要提档升级的现状，南部县强化了资金投入。

2018 年南部县交通建设扶贫专项计划完成投资 19.15 亿元，其中中央资金 2720 万元、省级补助资金 1.22 亿元、县级政府筹集 9.158 亿元、社会资金 8.5 亿元。

脱贫后继续加大县域交通网提升工程。2018 年，南部县交通建设围绕南部县嘉陵江三桥、东客运中心、S305 线定水至升钟湖公路、S2 成巴高速公路八尔湖互通立交及连接线工程、S208 线升坝至花罐段公路、八尔湖青龙咀大桥等重大项目展开；同时完成了全国“四好农村路”、村道联网路、产业路、生命防护工程等民生工程建设。

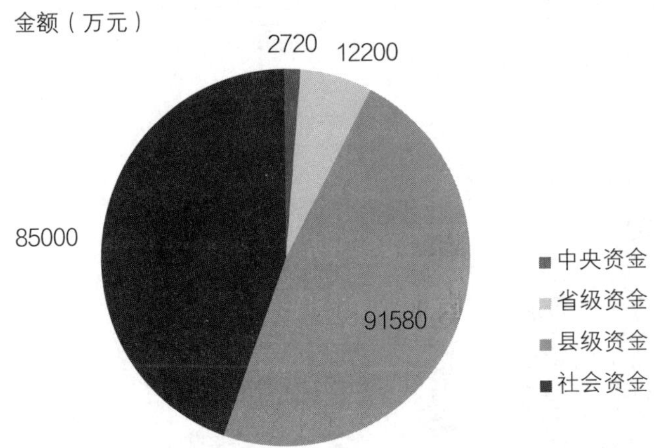

图 8–2 2018 年南部县交通建设扶贫巩固资金来源

2017 年脱贫后南部县进行了县乡道改造升级、产业路和农村公路渡改桥等项目实施。2018 年南部县新改建农村道路 250 千米，其中通乡公路升级改造 50 千米、通村公路建设 200 千米。新建生命防护工程 100 千米，建成渡口改公路桥 4 座、危病桥改造 3 座、乡镇客运站 2 个，新增公交线路 1 条，实现 2018 年 52 个脱贫目标村通村硬化路全覆盖。

2. 水利建设巩固

南部县依托丰富的水资源优势，确立了“城在水上、水在城中、水城共生”的建设理念，着力打造“亲水南部”品牌的区域发展大计，从整体上实现生态、经济、社会和谐发展。

针对南部县脱贫后水利设施供给仍然不足的问题，南部县加大资金投入。2018 年南部县水利建设扶贫专项投入资金 23996 万元，其中中央、省级资金 12496 万元，县级资金 2500 万元，其他资金 9000 万元。饮水安全巩固提升，2018 年水利建设扶贫专项投入资金 9896 万元，其中中央、省级资金 896 万元，其他资金 9000 万元。对于病险水库的整治，2018 年水利建设扶贫专项投入资金 5100 万元，其中中央、省级资金 3600 万元，县级投入 1500 万元，整治病险水库 30 座，新增恢复改善灌溉面积 3000 亩。

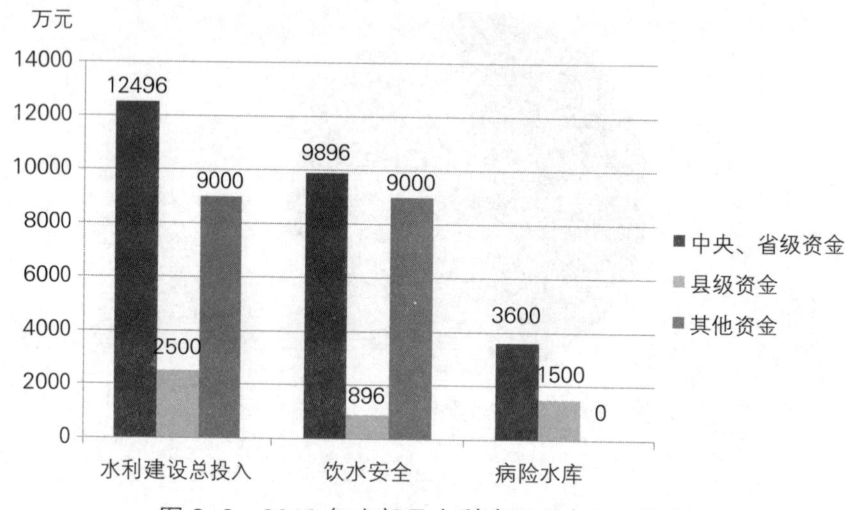

图 8-3 2018 年南部县水利建设资金投入情况

2017 年脱贫后，南部县根据 2018 年 52 个贫困村退出计划，继续实施水利扶贫。通过深入实施饮水安全、产水配套、骨干水源工程、水生态治理、人才支撑“水利扶贫五大行动”，破解“因水不稳、因水不兴、因水致贫”难题。2018 年南部县通过推进水源保障、产水配套、水生态治理等水利项目实施，改善贫困村水利基础设施条件。一是实施饮水安全巩固提升项目，保证拟计划脱贫人口顺利脱贫；二是推进水源保障工程建设，整治病险水库，新增、恢复、改善灌溉面积3000亩；三是推进产水配套项目建设，积极开展“五小水利”工程整治、建设高效节水灌溉面积6400亩；四是实施水生态治理项目，整治河道16.9公里；五是开展水利人才培训，培训水利技术人员112人次。

通过产水配套，实现“治水兴村”。开展产水配套工程，南部县实行因地制宜、精准配置、产水相融、整村推进的做法，实施贫困地区“治水兴村”战略。开展水生态治理工程，治理山洪沟，新建堤防护岸，综合治理水土流失面积，推进贫困地区防洪抗旱体系建设，加强抗旱应急备用水源工程体系建设，保障贫困地区居民旱期基本生活生产用水需要。开展人才培训工程，通过培养水利管理人才、专业技术人才，提高南部县水利人才队伍的业务能力和综合素质，为南部县水利发展提供人才保障。

3. 电力建设巩固

继续进行南部县电力建设资金投入，电力基础设施再升级巩固脱贫成果。南部县2018年投入农网改造资金7120.14万元，建设规模为改造或新建10千伏线路115.476公里，改造或新建0.4千伏线路592.776公里，新增配变台区148台。另外，投入农网改造资金3581万元，建设规模为改造或新建旧千伏线路35.6公里，改造或新建0.4千伏线路253.7公里，新增配变台区76台，新增容量为7.7兆伏安。工程总投资的80%为中央预算内资金，工程总投资的20%为四川省电力公司自筹。

通过贫困地区电力基础设施建设，解决贫困人口脱贫生活用电问题，改善贫困地区生存环境，促进贫困地区经济发展、社会稳定，保障贫困户稳定增收、精准脱贫。保障2018年计划脱贫户入户电压合格，家用电器正常使用。以满足贫困人口生活用电需求为底线，解决贫困地区供电设施落后、供电能力不足的问题，全面提升配网供电能力和供电质量，治理低电压问题，实现贫困村电网改造全覆盖，逐步实现供电服务均等化，提高全县贫困地区电力建设整体水平。

4. 能源建设巩固

脱贫后南部县围绕产业进行农村能源建设。南部县农村能源建设，围绕农业产业发展，以畜禽规模养殖场为重点，既解决畜禽养殖环保问题，又解决农村能源问题。建成省级新村集中供气点 2 处，供气 160 户，加强对全县贫困区域已建沼气工程和户用沼气池的管护，强化沼渣、沼液综合利用，打造了 2 个“果（菜）、沼、畜”种养殖循环农业示范基地，实现了南部县清洁用能 82% 以上的目标。2018 年南部县农村能源建设扶贫专项资金省级新村集中供气达到 83.2 万元，社会资金投入达 20.8 万元，累计投入 104 万元。

巩固脱贫阶段，强化农村沼气安全生产管理机制。乡镇人民政府（街道办）行政首长负责制，按照“党政同责、一岗双责、齐抓共管”“分级负责、条块结合”进行管理。南部县政府组织人员对重点环节、重点人群、重点季节和高风险时段安全隐患排查工作，建立应急机制，通过修订完善农村沼气安全生产应急预案，加强沼气工程的监管，开展农村沼气安全生产培训，2018 年全年累计培训 6000 余人次，开展农村沼气安全生产月活动，印发沼气安全生产资料 8000 余份。

5. 通信建设巩固

推进通信信息精准脱贫巩固措施，加大补贴力度。中国移动分公司针对南部县的 885 个行政村（其中：第二批通信普遍服务村 110 个，第三批通信普遍服务村 141 个，第一、二、三批次三方建设服务村 634 个），建立 4712 万元的通信服务扶贫基金（其中通信普遍服务 1400 万元，移动公司投资 3312 万元、移动投资用于村民通信补贴 1972 万元），南部县实现 198 个建档立卡贫困村移动通信信号全覆盖。

以普遍服务工程为抓手，聚焦贫困村，提升通信设施覆盖水平。南部县在 2018 年完成 52 个计划退出贫困村村村通光纤工程，实现退出贫困村村委会、卫生室、文化室、中小学等公共服务机构接入互联网。以专项政策为辅助，针对贫困户中有通话需求的用户，移动公司进行补贴，补贴额度从 50—216 元不等，让贫困户少出钱、不出钱；针对贫困户的光纤宽带及收视需求，对村民零支付进行安装和赠送话费；针对购买新机的贫困户，移动公司补贴 835—7056 元不等，还将每月补贴套餐使用费的 60%，为时两年。

（二）升级产业融合发展促致富

贫困群体要实现高质量脱贫，巩固脱贫成效的根基在产业，重点在于增收。实现贫困户的稳定脱贫，特别是促进有劳动能力的人口持续稳定脱贫，离不开产业扶贫的深入推进。南部县产业发展巩固脱贫特点在于坚持城乡融合发展，发挥益贫效益，坚持提升原有高效益项目持续发力，确保脱贫户再上致富新台阶，并进一步实现乡村振兴。一是坚持在脱贫攻坚中好的做法，继续坚持“以奖代补、多建多补、少建少补、不建不补”原则，扩面实施“四小工程”，提高贫困户自我增收能力，促进“滚雪球”式发展。二是在产业发展过程中，“因地制宜”优化“五方联盟”利益联结机制，完善“三园共建”带贫脱贫机制，探索“股份合作”产业发展模式，加强产业的后续管护和效益评估，将产业扶贫成效纳入目标考核、离任审计和责任倒查。三是推动就业意愿、就业技能与就业岗位精准对接，建成工业园区扶贫车间，搭建驻外商会平台，开展对口招聘，转移贫困劳动力。推进东西部扶贫协作，招引温州洞头区企业入驻南部县，推动致富能人回乡创业，带动、培育本土新型职业农民，拓宽就业创业渠道。

1. 农业产业巩固

南部县在2017年脱贫后，继续巩固脱贫成果，壮大产业发展。到2018年底，南部县新建或改造特色产业基地20万亩，建设现代农业产业融合示范园区3个，年出栏猪110万头、牛5万头、羊30万只、小家禽1100万只；新建生猪标准化规模养殖场（小区）3个；培育省级生猪标准化示范场1个，改（扩）建水产养殖基地5个，申报“三品一标”农产品5个，新培育省级示范社5个，省级示范场10个；培育农业科技示范户600户，建设科技示范基地5个，培育新型职业农民300人。

脱贫攻坚阶段打基础，巩固脱贫阶段创品牌。南部县根据其县内水质优、生态好、土壤净等自然优势，大力推广标准化生产，把增加绿色优质农产品供应放在突出位置，全面提升农产品质量。打造南部有机鱼、南部有机水果等品牌农产品，积极开展“三品一标”认证。2018年申报“三品一标”农产品5个，形成以“一江五湖”为标志的亲水品牌。依托“蜀优优”“农村淘宝”等电商平台，提升农产品电子商务销售额。以“政府搭台、市场运作”的模式，组织龙头企业、专合组织、行业协会，以参加西博会、农博会和各类产品展销会为平台，多渠道宣传推介南部农产品，扩大其品牌影响力。大力支持示范基地乡镇的村社干部、业主大户到外地市场考察、了解市场信息，招引经销商，拓展销售渠道，学习先进经验做法，通过以点带面、点面结合的方式，辐射带动群众多元化持续增收。

推行土地流转改革，探索集体经济新模式。2017年脱贫后，南部县进行土地承包经营权确权登记颁证工作，引导农民进行土地流转，完善农村土地流转服务中介组织，提高土地利用质量效益，解决好土地纠纷。做好新型农业经营主体培育及开展规范化指导与服务工作，建立县、片区、乡镇、村四级农业社会化服务中心，开展农业社会化服务，建立小麦机耕、机播、病虫害综合防治、机收等社会化服务综合示范区5万亩。通过探索集体资产股份制改革实现路径，建立符合市场经济的集体经济运行新制度、新模式，实现农民权益最大化、“六权”落地一体化、股权监管信息化、运营管理市场化。

巩固脱贫再发展，探索农业人才激励新制度。通过探索农业科技人员创新创业新模式，打破身份、地域两种限制，为农业科技人员“松绑”，鼓励在职农业科技人员以兼职兼薪等方式，从事技术研发、产品开发、技术咨询、技术服务等创新转化活动以及创办、领办、联办农业科技经济实体。强化政策扶持，为农业科技人员“壮胆”，做到“四个优先”，即创新产业优先规划，创办领办项目优先立项，重大科技创新项目优先投入，农业科技项目基础设施优先配套。探索农业科技人员以科技成果作价入股办法，明确股权收益和薪金报酬归个人所有。严格监督、奖惩两项管理，为农业科技人员“加责”，由主管部门和项目所在单位负责从严动态监管，从硬考核奖惩，确保农业科技人员放得出、管得住、用得好。深化与高等院校联系，提供智力支持和人才保障。2018 年，培育农业科技示范户 600 户，建设科技示范基地 5 个，培育新型职业农民 300 人。

2. 工业产业巩固

以城乡融合、三产融合发展为契机，发展工业反哺农村经济。南部县产业发展整体滞后，通过脱贫攻坚的这股春风，南部县农村发生了翻天覆地的变化。由于产业基础还比较差，通过探索巩固脱贫的产业新模式，南部县推行了三大产业基地建设模式。一是引导农民群众建基地，构建“龙头企业 + 原料基地”的主导产业发展模式；二是鼓励专合组织建基地，鼓励有技术、懂经营、会管理的城乡各类人才主动对接农业产业和龙头企业，组建一批新的蚕桑、速生林、果药、生猪等农民专业合作社，构建“龙头企业 + 专合组织 + 原料基地”的发展模式；三是支持龙头企业建基地，在农民群众、专合组织大力发展农业产业基地的同时，支持和鼓励一批涉农企业，直接与农民群众和专合组织、村组对接，独资或合资建设速生林、蚕桑、水果、花生等原料基地。

脱贫后着力产业供给侧改革。推动传统产业技术改造和创新。南部县以传统主导产业为重点，实行“工业强县”工程，构建龙头企业支出带动、中小企业竞争发展的格局。充分发挥政府资金的支持引导和撬动作用，扶持传统产业转型升级。加快发展特色农产品精深加工。以农产品加工企业为龙头，发展蚕桑、中草药、速生林等种植基地；鼓励精加工项目技改扩能，引导企业创新发展，加大“以企带村”扶贫衔接力度，解决贫困村农产品种植、销售问题。大力支持中小微企业培育发展。扶持中小微企业向规模以上企业发展，引导致富能人、外出务工返乡人员和在外成功企业家及知名人士在家乡创办企业，带动贫困村发展和农民致富。针对创业者、产业团队和企业需求，通过外聘导师、高级管理人才等进行专项培训，为中小企业提供服务。

3. 科技扶贫巩固

巩固脱贫成果阶段，继续投入资金，重点扶持产业科技发展。2018年投入科技扶贫专项资金150万元，由省级财政投入。其中科技扶贫示范基地项目：升钟湖有机脆桃产业科技示范基地建设项目资金100万元。科技扶贫面上项目：柑橘新品种及其配套技术集成示范项目资金20万元。科技扶贫平台建设类项目：南部县科技扶贫在线平台优化提升与运行维护项目资金30万元。

整合各级各类科技资源，通过平台建设，协同实现“专家帮扶、产业示范、成果转化、科普培训、信息服务”五大功能，为南部县贫困村提供实时、及时、高效科技服务，解决沟通渠道不畅、专家短缺、资源整合不力的问题，提供专家服务、技术供给、产业信息、供销对接四大服务，促进贫困村产业发展，帮助贫困户脱贫奔小康。在原有科技扶贫体系建设的基础上，新增 52 个村级科技扶贫驿站、1 个专家大院、2 个产业技术服务中心、2 个科技扶贫示范基地，辐射带动周边贫困村，形成紧密的利益联结机制，圆满实现贫困村退出、贫困户脱贫。

专栏：打造人才队伍，南部县这么干

为着力打造一支懂农业、爱农村、爱农民的“三农”工作队伍，近两年来，南部县通过实施招贤工程、实施回引工程、培育工程、传承工程，打造乡村人才队伍。

实施招贤工程，打造支农专家队伍。南部县聘请清华大学、北京大学等高校专家团队，对满福坝、升钟湖、八尔湖等示范区进行高标准规划设计。聘请法律顾问团、法律服务团，与县内法律工作者常态化开展送法律下乡活动。聘请四川农业大学、西华师范大学、省农科院等 5 支农业专家团队驻村，开展产业规划、农技推广、新型职业农民培训等。

实施回引工程，打造致富能人队伍。通过招商引资，全县引进亿元以上农业项目 5 个，吸引返乡务工人员创建家庭农场 1180 个，带动种养殖大户 2800 户。

实施培育工程，打造乡土人才队伍。依托产业基地、农民夜校、电商中心等平台，力争到 2021 年，每村培养 50 名农村使用技术人员、20 名职业经理人、10 名电商销售人才。

实施传承工程，打造能工巧匠队伍。通过“专业培训”“拜师授徒”“技艺传承”等方式，培养一批傩戏、花灯、皮影、剪纸等“非遗”文化传承人，一批民俗工艺、民俗产品、民俗建筑等“土匠人”。

4. 旅游产业巩固

在 2017 年脱贫之后着力打造“亲水南部”，旨在建设一系列文化旅游产业项目，将南部县打造成为一座集旅游度假、文化体验、宜居宜业等功能于一体的现代生态新城。南部县旅游产业扶贫主要是以巩固省级旅游扶贫示范区创建成果为基础，开展旅游扶贫创建工作，创建 A 级景区、特色乡镇、精品村寨、乡村特色业态等，推动贫困乡镇、村旅游服务配套设施改善、乡村环境美化、乡村旅游产业规模和效益进一步提升，带动贫困群众就业增收。

实施旅游产业带动工程。按照“景区带动型、乡村旅游型、旅游商品型”三种模式，因地制宜、分类指导，开展乡村旅游振兴战略，发挥旅游景区对邻近贫困地区和交通沿线贫困村的辐射带动作用，带动周边贫困村集体经济发展和贫困群众创业就业。

实施旅游新业态新产品培育工程。开展旅游新业态品牌创建，创建乡村旅游特色业态经营点；培育旅游商品品牌，依托乡村旅游发展带动农副土特产品销售，加强农副土特产品的旅游化、品牌化包装，挖掘旅游扶贫重点村特色乡土文化、民俗风情，围绕状元文化、红色文化、宗教文化打造文化旅游品牌。

完善旅游公共服务建设工程。完善旅游扶贫重点村道路、步游道、停车场、厕所、供水供电、标识标牌、休憩设施、应急救援、游客信息服务等旅游基础设施和公共服务配套设施，继续深入推进“厕所革命”向乡村延伸，开展乡村旅游扶贫重点村“1+4”工程，即“乡村旅游管理机构 + 旅游咨询中心（游客中心）、旅游厕所、停车场、旅游标识标牌”，提升乡村旅游基础设施和公共服务水平，改善贫困地区旅游业发展基础条件，增强贫困地区发展后劲。

实施旅游人才引进和培养工程。通过加强乡村旅游扶贫人才培训，创新乡村旅游人才培养方式，开展乡村旅游经营户、乡村旅游带头人、能工巧匠传承人、乡村旅游创客四类人才和乡村旅游导游、乡土文化讲解等各类实用人才培训，依靠人才支持和智力投入促进乡村旅游发展，面向旅游扶贫重点村的驻村工作组、第一书记等人员举办一期乡村旅游培训班。采取集中统一和到村到户送教上门两种培训方式，分批培训 700 名乡村旅游经营及从业人员，深入旅游扶贫重点村开展帮扶培训和创业指导。

5. 生态扶贫巩固

生态建设扶贫专项以改善生态环境、增加农民收入为出发点，紧紧围绕实施林业工程带动脱贫一批、发展林产业脱贫一批、实施生态补偿脱贫一批、实施生态护林员带动一批、其他创新模式扶持一批的“五个一批”思路，扎实推进林业生态扶贫工作。

巩固脱贫阶段，强调绿色发展，强化资金投入。2018 年，生态建设扶贫专项计划投资 4433.82 万元。其中，行业投入中央资金 4083.72 万元，省级资金 350.1 万元。天然林保护工程，落实中央投资 1177.68 万元，其中，国有林管护中央投资 42 万元，集体公益林管护中央投资 835.68 万元，天保工程二期公益林建设项目中央投资 300 万元。退耕还林工程，落实中央投资 2656.04 万元，其中，2018 年新一轮退耕还林中央投资 1431 万元。生态护林员方面，落实中央投资 250 万元。现代林业产业建设项目，落实省级投入 350.1 万元。

以保障贫困群体持续增收为目标。坚持公益林生态效益补偿和生态保护人员工资收入助推脱贫。通过实施天然林保护工程，将公益林生态效益补偿资金按规定足额兑现给相关农户。让一批有管护能力的贫困人员就地转为森林生态保护人员，保障其管护工资收入。坚持营造林项目补贴资金和退耕还林补助资金助推贫困户持续增收。营造林项目资金补贴重点向贫困乡村贫困群众倾斜，保证“想造则造、宜造尽造”，让贫困农户从中得到相应的营造林项目资金补贴或劳动薪金。根据新一轮退耕还林工程建设及补助资金兑现方案，分 5 年 3 次足额兑现 1200 元 / 亩的补贴资金。坚持森林资源资产入股帮助增收。结合“三变”（资源变资产、资金变股金、农民变股东）改革，深化集体林权制度改革，鼓励林权流转和林权抵押贷款，让贫困农户稳定、持续、长期得到股金收益。

创新生态产业建设模式，促进经济增长，贫困户持续增收。培育绿色富民产业助推扶贫。南部县制定了“生态建设产业化、产业发展生态化”的原则，发展以核桃、花椒、油牡丹等为主的特色优势林果产业。依托南部县天然林资源保护、退耕还林、储备林基地、造林补贴、森林抚育、现代林业产业等项目，发展“林木 + 林旅 + 林下”绿色立体循环经济，同时大力发展林下经济，实施林菌、林药等林下种植业和林下养鸡、养蜂等林下养殖业，加大林地空间利用力度，发展立体林业。以“森林食品、特色林药、经济果林、林下养殖、木材加工”为重点，加大造林专业合作社培育力度。支持培育林业企业、林业合作社、林业大户和家庭林场等新型经营主体。每个乡镇成立一个造林专业合作社，让更多贫困群众通过直接参与造林绿化工程获得劳务收入。

（三）加大精准帮扶巩固成果

扶贫不应仅仅着眼于救急式的“输血”，更应立足于培养农民的内生能力。越是在巩固脱贫期，越要立足于低收入农户自身条件，寻求实现内源增收，变“输血式”帮扶为“造血式”帮扶，构建基于内源资源的可持续增收机制，形成内生发展的动力，让农民真正拥有生产经营和生活的能力。

1. 巩固社会保障脱贫成果

根据“脱贫不脱政策”，南部县继续对建档立卡户实施社会保障措施。2018 年社会保障扶贫专项计划安排资金 22946 万元，其中中央和省市级资金 20817 万元，县级配套资金 2129 万元。

脱贫后政策仍有保障。南部县针对贫困群体基础比较薄弱、家庭收入仍不足的现状，继续实行社会保障专项措施。农村最低生活保障方面，南部县农村最低生活保障标准底限为年度动态调整后的国家扶贫标准即“两线合一”，针对南部县低保对象（包含已兜底脱贫人口），农村低保对象以户为单位年人均收入低于全县农村低保标准的，按差额发放低保补助金。养老保险方面，各县级帮扶单位、各乡镇按最低缴费标准为建档立卡未脱贫的贫困人口、低保对象、特困人员代缴最低缴费档次的城乡居民基本养老保险费。医疗救助扶持方面，实现贫困人口精准识别全覆盖识别标识，南部县贫困人口健康信息平台，对贫困人口实行精准医疗救助服务，实施“九免一补助”政策；继续实施贫困人口住院先诊疗后结算一站式服务制度。巩固“两保、三救助、三基金”医保扶持成效。贫困残疾人帮扶方面，对贫困残疾人加大帮扶力度、实施残疾人扶贫对象生活费补贴、重度残疾人护理补贴和困难残疾人生活补贴制度。

脱贫后继续强化医疗供给能力。实施贫困地区医疗能力提升行动，推进乡镇卫生院和村卫生室软、硬件标准化建设，提升卫生服务能力，实现所有行政村村级医疗服务全覆盖；推进县级医院提标创优，以人才、技术、重点专科、远程医疗为核心，促进优质医疗资源下沉，通过增派帮扶力量、细化城乡对口支援“传帮带”，促进优质医疗资源下沉到基层，不断提高医疗服务公平性、可及性。实施贫困地区卫生人才培养行动。推进人才增量提质，组织开展“3+3”定向医学生培养、“9+3”免费教育、在职专科学历教育、乡村医生中专学历教育、农村订单定向医学本科生免费培养、贫困地区定向医学专科生引进、合格村医培训等项目，促进卫生人才增量提质；不断强化人才培养，以岗位培训、继续教育、进修学习等为主要形式，加强贫困地区医务人员培训力度，加强基层高级人才培养；加强基层人才建设，推动基层医疗卫生机构人才储备，实现以聘用管理和合同管理为基础的乡村卫生计生人员管理体制；推进乡村一体化管理，解决村医能力不高问题，推进聘用管理、卫生院和村卫生室人员队伍一体化管理与改革。

2. 巩固发展教育脱贫成果

继续发挥发展教育巩固脱贫一批。脱贫后继续执行教育扶贫专项到村、到户、到人的精准扶贫助学体系，继续支持农村建档立卡贫困户家庭学生就学，提升贫困学生综合素质和技能水平，促进贫困家庭从根本上脱贫，稳定脱贫。巩固教育脱贫成果中，南部县教育系统脱贫攻坚工作以建档立卡贫困家庭学龄人口为主要对象，兼顾农村非贫困家庭人口，以建档立卡贫困家庭为延伸，充分发挥教育扶贫的人才、智力、科技、信息优势，提升人力资本素质，提高贫困家庭脱贫能力，推进教育脱贫攻坚工作。

巩固提升教育水平。抓好学前教育，实施第一期学前教育三年行动，进一步完善城乡公办幼儿园规划设置和园点布局，加强对学前教育的管理，强化师资配备，提升教育质量，加强对学前教育特别是偏远贫困地区学前教育发展工作的指导；推进义务教育均衡发展，落实局长、乡（镇）长、校长、“村长”（村主任）、家长“五长”负责制，建立健全义务教育控辍保学责任机制；办好优质高中教育，发展中等职业教育，大力发展高中教育，探索省级示范校面向贫困初中毕业生定向、专项招生试点。

抓农村教师支持计划。拓展农村教师补充渠道，解决农村教师学非所教的问题，大力实施师范生免费教育、培养工作，为农村学校定向培养教师；生活待遇向农村学校教师倾斜，落实农村教师工资待遇，改善教师生活条件。建立农村教师荣誉制度，对长期在农村任教的教师予以表彰鼓励；促进城乡教师交流，建立城区优质学校与农村学校、薄弱学校对口支教、交流轮岗、联合教研等制度。

3. 巩固就业扶持脱贫成果

持续劳动力技能培训，多方合作增加就业岗位提供。南部县贫困家庭技能和就业促进扶贫专项以县内外商会为依托，推进县级人力资源市场建设，建设各商会与全县贫困劳动力对接平台，开展以乡镇为主的“进乡入村”专项招聘活动。保证贫困家庭劳动力新增转移就业，积极开展就业援助行动，在拟退出贫困村开发公益性岗位，支持贫困家庭大学生自主创业，并落实创业补贴、创业吸纳就业奖励、小额担保贷款等创业扶持政策。

完善“一库五名单”，及时更新数据库，确保就业扶贫更加精准。2017 年，南部县以四川省“六有”信息系统数据为基础，摸清全县贫困劳动力基本信息，建立县、乡、村三级贫困劳动力台账和“一库五名单”数据库。2018 年，南部县村村建立完善统一的贫困劳动力实名制登记数据库，动态掌握贫困劳动力基础信息、转移输出、就业培训、自主创业、公益性岗位安置“五个名单”。

拓宽就业渠道，确保稳定增收更加精准。一是加强县级人力资源市场建设，充分利用南部县现有就业培训中心的闲置资源建成规范化、标准化的人力资源市场，建立商会、企业与乡镇、村（社区）及劳动力互联互通的信息网络。二是有序组织劳务输出，通过分乡镇、分行业举办现场招聘会、网上招聘会等活动，保证每个商会联系的乡镇每年至少召开 3 次大型现场招聘会，对有组织地向企业输出劳动力，并协助签订 1 年以上劳动合同、参加社会保险的人力资源机构，按不低于 300 元 / 人标准给予补贴。对贫困劳动力参加有组织劳务输出的给予一次性单程交通补贴。三是加强跟踪服务。南部县通过加大依法劳动维权力度，引导驻外商会加强人文关怀，保证及时解决贫困劳动力工作、生活中遇到的难题，稳定就业岗位。

依托产业发展就近就地就业。一是通过发展各农村经营主体带动就业。南部县围绕特色产业奔康园、农民专业合作社龙头企业、种养大户、农村电商等农村经营主体，帮助贫困劳动力在家门口就业。二是鼓励园区企业吸纳贫困劳动力就业。南部县通过引导工业园区、农业园区、旅游园区等各类园区，吸纳贫困劳动力就业。三是支持发展新的就业形态。通过解决发展乡镇、村社代工点等就业新形态，对妇女、残疾人、家庭负担重、难以外出就业的实际情况，发展草编、竹编、刺绣等居家就业和灵活就业形态。针对贫困劳动力实现灵活就业的，南部县给予社保补贴。

四、强化“四个后续”保障机制，精细管理扶贫资源

巩固脱贫成效离不开好的组织保障。南部县在打赢脱贫攻坚战中“三年任务，一年完成”的敢拼敢抢的精神背后，离不开南部县委、县政府以及各级部门所制定的保障措施，有效的保障措施是成功的一半，特别是对组织领导、帮扶单位的督查考核以及对资金投放的有效监管、对干部工作的奖惩激励措施等保障措施，能够使人才充分发挥在脱贫攻坚中的作用。

重视组织保障。南部县脱贫后继续坚持脱贫攻坚领导小组“双组长”制及其定期例会制度，为全县脱贫攻坚决策部署、过程推进提供坚强有力的组织领导保障。南部县所有县级领导继续挂联乡镇，负责挂联乡镇目标任务的制定、发展规划的审定、工作措施的落实和推进过程中有关具体问题的处理，保证了工作在一线部署，任务在一线落实，问题在一线解决。县级领导对所挂联乡镇范围内预防返贫、遏制新贫、实现小康的终极目标承担领导责任，为中央、省、市对责任乡镇的考核结果承担挂联责任。

帮扶强化力量。南部县规定各帮扶单位的主要负责人必须每月到所帮扶的贫困村研究一次后期帮扶和脱贫后持续巩固工作，驻村工作队长（第

一书记）坚持脱产驻村，实时研究和推进贫困村的产业发展等相关工作，并组织工作队员建立预防返贫、遏制新贫以及特色困难群体跟踪监测三本台账，对台账内容进行动态管理、实时更新，对风险户提前谋划和跟踪落实预防措施，对所驻贫困村遏制新贫承担第一责任。规定结对帮扶干部至少每周到农户家里对接帮扶一次，全面掌握农户生产生活现状和急需解决的问题和困难，落实切实可行的措施全力解决，对所帮扶农户预防返贫承担第一责任。

强化政策资金保障。按照国务院和省委、省政府关于整合涉农资金集中投放贫困村、贫困户的相关规定，南部县通过加大整合力度，加大领导小组集中研究大额资金安排的力度，规范资金投放的程序。新增脱贫攻坚资金主要用于深度贫困地区，新增脱贫攻坚项目主要布局于深度贫困地区，新增脱贫攻坚举措主要集中于深度贫困地区。南部县提出让各部门安排的惠民项目向深度贫困区域倾斜，深度贫困区域新增涉农资金要集中整合用于脱贫攻坚项目的要求，对南部县五个革命老区乡镇和六个升钟库区尾水段深度贫困乡镇进行政策倾斜和项目支持。加大力度聚合群团组织、良心企业、爱心人士和社会有识之士等民间力量，盘活社会资金，引导多元投入，解决资金短板。

强化督查考核保障。南部县在巩固脱贫成果过程中继续坚持脱贫攻坚中的督查考核机制，脱贫后做到坚持目标导向、问题导向、动力导向，继续把脱贫攻坚成效考评作为目标管理的重要环节，坚持严管和厚爱相结合、正向激励与反向约束并重的科学考核评价，坚持定期现场验靶不动摇，坚持明察暗访不动摇，坚持审计稽查不动摇，坚持目标标准不动摇，坚持客观评价不动摇，坚持“挂图作战、现场验靶、蹲点巡查、现场办公、差评召回、轨迹剖析、电视问政、问责追责”等激励约束、工作推进举措，众志成城坚决打赢脱贫攻坚战。

五、经验启示

（一）建立风险管控机制，继续攻坚、防止返贫、遏制新贫三手抓

通过建立返贫预警机制，提前消除返贫风险。根据习近平总书记“防止返贫和继续攻坚同等重要”指示精神，南部县把有限的资源优先投入贫困村、贫困户，坚决啃下最后的“硬骨头”；同时，对已脱贫的贫困户和已退出的贫困村持续跟踪监测，坚持扶上马送一程，分类管理、持续帮扶。对所有贫困户，进行能力培养和技能培训，推动转移就业，利用因地制宜的“四小工程”，提高贫困户自我增收能力，通过“五方联盟”脱贫奔康产业园利益联结机制，做大做强做好产业扶贫，夯实产业基础进一步带动就业，保证贫困群众持续性增加收入。对政策兜底对象，核查“两线并轨”后，是否还存在基本生活保障难、大病治疗负担重、贫困代际传递等问题，对症下药、强力扶持。

全面改善生产生活条件，跟踪监测，防止新的贫困产生。在巩固成效、防止返贫的基础上，采取切实有力措施，遏制产生新的贫困。通过全面关注老、病、残、幼等弱势群体，强化产业就业和住房、教育、医疗等基本保障。精准摸排非贫困户中的临界困难农户，实行跟踪监测、台账管理，在政策资源上予以倾斜，扶助措施上强化力度，挂账销号上定责到人头。加大对基础条件较差、发展相对滞后的非贫困村的投入，做到“特惠”与“普惠”并行。

（二）建立多维治理模式，基础设施、产业发展、帮扶主体共建设

多项措施保障南部县贫困群体脱贫稳增收。南部县作为全国首批脱贫的国家级贫困县，在脱贫攻坚中涌现了“四小工程”“三议五会”“五方联盟”等一批好的做法。脱贫“摘帽”后，南部县通过与乡村振兴的有效衔接，建立“亲水南部”。继续运用“南部做法”的成功经验，通过坚持目标导向、问题导向、动力导向，将脱贫攻坚中好的做法继续应用。针对南部县基础设施仍然薄弱的现状，一方面完善农村基础设施，另一方面提高县域基础设施，实现基础设施发展的经济带动作用。通过产业发展保证贫困群体收入的稳定性，也通过产业发展实现促进农民就业增收目的。只有激发贫困群体的内生动力，才能把贫困群体主动奋斗的积极性调动起来，巩固脱贫成果。

（三）建立约束激励机制，作风建设、督查机制、奖惩激励并施

党建扶贫应以严格自律为基础，大力加强思想政治建设，建立完善作风建设的“导向机制”，结合群众路线教育实践活动，加强党员干部思想政治建设，倡导自我修养和自我约束，提高宗旨意识和群众意识，为改进作风奠定牢固的思想基础。强化他律是保障，通过加强督促检查，建立完善作风建设的“推动机制”，提高党员干部作风修养，并逐步建立制度规范、风险防控、监督检查相结合的工作机制，以严格的约束保持良好作风。奖优罚劣是手段，有针对性地进行考核评价，建立完善作风建设的“激励机制”，以量化考核衡量工作绩效，建立奖惩激励机制，以严格的奖惩手段促进作风建设的深入开展。

第九章　2020年后减贫与发展展望

目前脱贫攻坚已取得阶段性成果，贫困人口和贫困村陆续脱贫，农村基础设施水平明显提升，乡村面貌大为改观，在此背景下，精准扶贫重点难点、方式方法将会有所调整，特别是国家“乡村振兴”战略下，精准扶贫与乡村振兴的衔接融合、相互促进成为趋势。远期看，2020年后，扶贫面临着一系列机遇和挑战，从国家层面到县乡层面，相关体制机制设计面临重构问题，结合目前精准扶贫、精准脱贫形式，前瞻性探讨2020年减贫后的现实特点、政策趋向，对区域扶贫与发展、扶贫部门乃至学术研究都有一定参考意义。

一、乡村振兴与脱贫攻坚衔接

（一）乡村振兴与脱贫攻坚衔接机理分析[①]

精准脱贫目标在于解决贫困群众基础的生存发展需求，而乡村振兴旨在减少城乡福利差异，同时要不断满足乡村居民的更高层次发展需要。乡村振兴被认为是对长久以来城乡二元结构经济体制的一次系统反思，其目

① 庄天慧：《精准脱贫与乡村振兴的内在逻辑及有机衔接路径研究》，《西南民族大学学报（人文社科版）》2018年。

的在于减少城乡二元结构下工业主导农业和城市主导乡村的非均衡发展模式所造成的乡村凋敝。[①] 在极化效应下，资本、劳动力和技术向城市集中流动，逐渐形成城市愈加繁荣、乡村愈加落后的中心—边缘经济，城乡在收入、社会保障、教育和基础设施公共服务上差距不断拉大。[②]

在这样的前提下，"乡村振兴"战略应运而生。乡村振兴不仅要从经济上改善城乡关系，而且从政治、经济、文化、社会和生态五个方面对乡村进行全面升级，引导城乡资源配置优化，从而实现城乡融合发展和福利均衡。显然，城乡融合发展和福利均衡的实现对于精准脱贫意义重大：一方面，乡村贫困居民脱贫和实现"两不愁三保障"为城乡融合发展和福利均衡补齐了短板，这是城乡融合发展和福利均衡的最基本前提。另一方面，乡村政治、经济、文化、社会和生态五个方面的全面升级对于推动形成脱贫稳定长效内生动力具有重要作用。

精准脱贫和乡村振兴之间是相互协调和相互促进的关系。精准扶贫通过政策性措施，精确瞄准贫困地区和贫困户推进脱贫攻坚，解决了绝对贫困问题，但稳定脱贫内生动力的形成需要更长效的机制；乡村振兴在协调城乡资源配置实现帕累托最优的过程中，天然地强化了脱贫内生动力，降低了精准脱贫的制度费用；同时乡村振兴过程中存在短板效应，精准脱贫解决了乡村贫困居民的基本生存和发展需求，弥补了乡村振兴的最低短板。

精准脱贫是乡村振兴的前提和基础。以消除绝对贫困为目标的精准脱

① Lewis,W.A.,1954, "Economic Development with Unlimited Supply of Labor" ,Manchester School, 22（2）:139-191；张军：《乡村价值定位与乡村振兴》,《中国农村经济》2018 年第 1 期；Krugman P.Increasing Returns and Economic Geography[J].*Journal of Political Economy*, 1991, 99（3）:483-499.

② Krugman P. Increasing Returns and Economic Geography[J]. *Journal of Political Economy*, 1991, 99（3）:483-499.

贫要在2020年前完成，这是当前最大的历史使命。打好打赢脱贫攻坚战是全面建成小康社会的底线任务，是乡村振兴的首场硬仗，是乡村振兴的前提、基础和底线，是必须率先完成的任务。精准脱贫攻坚战的实施效果，对于乡村振兴战略有基础性的影响。

从空间关系上看，精准脱贫与乡村振兴具有耦合关系。耦合本是物理学概念，现已被广泛运用于经济学等相关领域研究。其一般指一定时间与空间范畴之内，两个及以上的系统基于一定的相互影响使得系统之内各要素由无序向有序逐步演化与协同促进，进而使得系统产生相关的特征和规律。① 精准脱贫主要聚焦集中连片特困地区和以“三区”“三州”为代表的深度贫困地区，而乡村振兴的区域则是基于城乡融合的原则覆盖整个农村区域。

乡村振兴为精准脱贫提供长效内生动力。乡村振兴助力产业扶贫，发展生产脱贫一批是精准脱贫“五个一批”中的重点，也是形成脱贫内生动力的主要举措。乡村振兴助力精神脱贫、精准脱贫，关键在人，激发贫困人口内生动力是形成长效脱贫内生动力的核心。一方面，“乡村振兴”战略“二十字方针”提出“乡风文明”，通过乡村文化建设和发展教育，可以为贫困主体树立信心，改变贫困人口的“心穷”状态，调动他们脱贫致富的内生性动力。另一方面，“二十字方针”中还强调“治理有效”。通过对乡村治理机构的改革和对乡村干部队伍素养的提升，可以打造高素质的乡村干部队伍，促进各项精准扶贫决策的贯彻落实，使基层扶贫干部“有所为”和“能为之”。②

---

① 叶玉瑶、张虹鸥、刘凯等：《珠江三角洲建设用地扩展与工业化的耦合关系研究》，《人文地理》2011年第4期；马丽、金凤君、刘毅：《中国经济与环境污染耦合度格局及工业结构解析》，《地理学报》2012年第10期。

② 王曙光：《乡村振兴战略与中国扶贫开发的战略转型》，《农村金融研究》2018年第2期。

（二）打造“亲水南部”：南部乡村振兴实践

1. 总体思路

南部县坚持以习近平新时代中国特色社会主义思想为统揽，将乡村振兴与脱贫后发展紧密结合，深入挖掘区域资源，从战略上提出了不断丰富完善“亲水南部”，实现乡村振兴与稳定脱贫有机衔接、促进发展再上新台阶的战略安排，全面贯彻落实党的十九大精神，回应人民群众对美好生活的新期待，统筹推进“五位一体”总体布局、协调推进“四个全面”战略布局，把党的十九大精神转化为发展思路、工作举措，落实到推进绿色发展、建设“亲水南部”的具体实践中。

全面把握新时代“亲水南部”新县情。经历克难攻坚、砥砺奋进的历程，南部成功摘掉一戴 30 年的国贫县“帽子”，县域经济实力进入全省扩权县前列。风清气正的政治生态、公平正义的社会生态、勤劳感恩诚实包容的人文生态和可持续发展的自然生态加快形成，政治大局、社会大局、民生大局、发展大局全面巩固，“亲水南部”站上现代化建设的历史新起点。面临机遇叠加、资源优势的利好，南部既有乡村振兴、脱贫攻坚、深化改革等政策机遇，又有多点多极支撑、中小城市综合改革等战略空间，更有丰富水资源等明显优势，“亲水南部”迎来大有可为、大放异彩的历史新时期。但是，南部县依然面临基础差、底子薄、发展不平衡不充分的县情挑战，环境约束加强、政策约束刚化、脱贫任务繁重、重大风险防范等压力倍增的重大挑战，破解资源瓶颈、思想观念转型、生态环境建设压力大的短板挑战。

全面明确新时代“亲水南部”新目标。建设“亲水南部”的发展定位，明确了“六个走在全省丘区县前列”战略目标和“打赢八大攻坚战”战略举措，并进一步锁定了建成丘区强县、摘掉贫穷“帽子”、力争撤县建市、打响康养品牌“四大目标”，确立了聚焦一个定位、决战两大战场、汇聚三大力量、建设四个生态“四个不动摇”实践路径和“十个坚定不移”推进措施。对照中国特色社会主义进入新时代的重大判断，按照“两个一百年”奋斗目标的战略部署，南部进一步丰富完善了实现“亲水南部”的总体目标，即到2020年，综合实力明显增强、发展质量明显提升、城乡面貌明显变好、群众生活明显改善、社会治理现代化水平明显提高，与全国全省全市同步全面建成小康社会；从2020年到2035年，实现发展质量效益更高、民主法治更加健全、生态环境更加优美，人民群众更加富裕、社会更加文明和谐，“亲水南部”建设取得决定性胜利，基本实现社会主义现代化；从2035年到21世纪中叶，物质文明、政治文明、精神文明、社会文明、生态文明水平全面提升，社会生产力高度发达，治理体系治理能力实现现代化，“亲水南部”实现更高质量、更高水平、更可持续发展，全县人民基本实现共同富裕、享有更加幸福安康的生活。

全面深化新时代“亲水南部”新路径。遵照党中央“五大发展理念”“五位一体”总体布局和“四个全面”战略布局，落实科教兴国、人才强国、创新驱动发展、乡村振兴、区域协调发展、健康中国、可持续发展等重大战略。推动县乡协同共兴、整体跨越提升，推动“四化”同步发展、城乡共同繁荣，推动动力转换接续、发展提质增效。从精准扶贫融合乡村振兴、各产业统筹带动、城乡要素融合发展等路径着手，以全面深化“亲水南部”模式，实施乡村振兴。

2. 具体实践

南部县根据实际县情，充分利用精准扶贫形成的干部组织优势、基础交通优势、产业发展资源，把精准扶贫优势转化为乡村振兴优势，以实施“亲水南部”乡村振兴战略作为主线，按照产业兴旺、生态宜居、乡风文明、治理有效、生活富裕的总要求，全面打牢立稳亲水产业、亲水城镇、亲水文化、亲水社会、亲水品牌“五大体系”，形成具有南部特色的乡村振兴模式。

立足产业兴旺，做大做强亲水产业。产业兴旺是乡村振兴的主要目标之一，南部县根据自身资源特色，利用现有产业特色，结合中央政策和市场特点，把亲水产业作为主攻方向，其中亲水产业既以水资源为依托，又不局限于水资源本身，扩展到了农业、工业等各产业链；既强调经济发展，又注重生态环境的可持续性。南部县以深化供给侧结构性改革为主线，以做强实体经济为关键，以绿色化、生态化、集约化为方向，着力构建创新驱动、集约高效的绿色产业体系和现代化经济体系，加快一二三产业融合发展，推动经济发展质量变革、效率变革、动力变革。推动新型工业低碳集约发展，推动现代农业绿色有机发展，紧紧围绕全市“三百示范工程”和现代农业千亿产业集群部署，深化农业供给侧结构性改革，突出建基地、创品牌、搞加工等重点任务，加快构建现代农业产业体系、生产体系、经营体系，促进农村一二三产业融合发展。推动第三产业高效协同发展，全面推进川东北现代物流集散地、现代服务业集聚地和亲水旅游集聚地建设。推动现代基础设施体系配套发展，加快建设川东北次级交通枢纽，坚持水陆空“三线并举”、东西南北“四向突破”。通过三产融合，结合生态化、绿色化，为南部亲水产业发展提供有力支撑。

立足生态宜居，提速建设亲水城镇。深化可持续发展的自然生态建设和全国生态文明示范县建设，构建城乡融合发展的体制机制和政策体系，着力打造望得见山、看得见水、记得住乡愁，人与自然和谐共处共生、生产生活生态有机相融的现代城乡新形态。坚持推进绿色发展，牢固树立“绿水青山就是金山银山”的理念，实施绿色城乡建设工程，扎实开展绿化南部行动，构建亲水城镇体系，突出“显山露水”；建设“数字南部”“光网南部”和“智慧城市”，突出“依山傍水”。依托现有山体水系、湿地等，突出产业、生态、集镇三大重点，高起点、高标准规划建设一批工业强镇、商贸重镇、文化古镇、旅游名镇；以传承耕读文化、水乡文化、民俗文化、民间文化为灵魂，持续创建“四好”村，推进村道入户路硬化、河渠沟塘净化、村容村貌美化、能源清洁化，改善农村人居环境。

立足乡风文明，传承培育亲水文化。坚持高度的文化自觉和文化自信，以习近平新时代中国特色社会主义思想为指引，发挥社会主义核心价值观对国民教育、精神文明创建、精神文化产品创作生产传播的引领作用，打造以亲水文化为主体的特色人文亮点，促进文化大发展、大繁荣。牢牢把握意识形态工作领导权，大力弘扬社会主义核心价值观，构筑起南部道德风尚建设的高地，让“饮水思源——知恩感恩，上善若水——向善向上，滴水穿石——坚韧坚强”成为南部人共同的价值取向、精神指引和情感认同。大力传承和弘扬南部人民在脱贫攻坚中创造和彰显出来的争分夺秒的拼抢精神、挑战极限的拼命精神、不胜不休的拼搏精神和万众一心的拼合精神，并丰富其新的时代内涵，使其成为南部人共同的形象标识和精神特质。

立足治理有效，合力构建亲水社会。深化公平正义的社会生态建设，探索推进基层党建引领社会治理创新，实现法治、德治与自治有机贯通，推动形成党组织领导、政府主导的多元参与、共同治理、共促发展的社会治理新格局。以自治为基础，加强民主政治建设。坚持党的领导、人民当家做主、依法治国有机统一，以法治为保障，深化依法治县实践，以德治为引领，加强人文生态建设。常态化开办道德、法纪、经济“三大讲堂”，在潜移默化中提升干部群众的人文修养、道德涵养和综合素养。大力弘扬传统美德，持续强化“五大教育”，常态化开展“寻找最美南部人”“四好”创建、孝悌感恩等活动，争做“地道南部人”。深入推进文明村镇、文明社区、文明家庭、文明校园创建，成功创建全省文明城市，整体提升社会文明程度和公民文明素质。

立足生活富裕，高点打造亲水品牌。深度挖掘南部亲水优势和潜力，推动亲水美食、亲水运动、亲水康养产业化、市场化、品牌化，形成以“一江五湖”为标志的亲水品牌，带动群众多元化持续增收。打造“亲水美食”品牌。放大南部水质优、生态好、土壤净等自然优势，把增加绿色优质农产品供给放在突出位置，大力发展无公害农产品、绿色食品、有机食品和地理标志产品，形成亲水、绿色、有机农业区域品牌。一是打造“亲水运动”品牌，根据“一江五湖”资源承载、水景特质、地理特点，高端规划，科学定位，做深做精“山”“水”文章，突出休闲垂钓、水上运动、旅游观光、生态体验等不同主题，整体打造“一江五湖”亲水运动胜地。二是打造“亲水康养”品牌，高标准规划建设“一江五湖”生态湿地，建成一批水禽候鸟栖息湿地和原生态滩涂湿地，以“一江五湖”为重点，顺江、顺河、顺溪规划实施垂柳、翠竹和彩色树种等景观林培植，构建色彩层次分明、景色优美宜人、水文化特色彰显、水系与绿地相依的网络绿色空间和“亲水绿色画廊”。

二、2020 年后减贫形势展望

在 20 世纪末基本实现小康社会的情况下，中国共产党十八大报告明确提出了 2020 年“全面建成小康社会”目标，即 2020 年全面消除极端贫困。党的十九大报告提出“实施乡村振兴战略”，减贫和乡村振兴具有同步性。2020 年后，贫困人口瞄准、扶贫标准、帮扶方式、帮扶机制等减贫体系将随着绝对贫困人口的消除而发生变化，在此背景下减贫方式、扶贫模式都将有所调整。

1. 2020 年后的贫困特点

绝对贫困基本消除，相对贫困问题将更加凸显。绝对贫困主要是指一个家庭所拥有的收入不足以维持其最低生理上的需要，其核心的最低生理上的需要包括食物、衣着、住房和医疗。相对贫困则是以社会平均生活状况来衡量的，如果一个人或一个家庭的生活状况（如以收入或消费来衡量）低于社会平均水平（如平均或中值收入）到了一定的程度，则认为其处于贫困状态。2020 年后，“现行标准下农村贫困人口实现脱贫、贫困县全部‘摘帽’、解决区域性整体贫困”等已经顺利实现。而现行标准主要是针对最基本的生存、发展问题而设立的，其目标是解决绝对贫困问题。随着绝对贫困人口的消除，扶贫攻坚工作将由解决绝对贫困向相对贫困转变。

贫困治理重心将由农村向城乡统筹转移。从“八七”扶贫攻坚计划到精准扶贫，较长期的脱贫攻坚任务主要针对的是农村地区的贫困人口。随着农村绝对贫困人口的消除、城市化的加快，以及城乡一体化的发展、城乡户籍改革的稳步推进，城乡人口之间的界限将越来越模糊。因此，2020 年后将更多地打破城乡的“二元分割”体制，从城乡一体化的角度统筹开展贫困治理。

贫困人口的贫困维度将更宽，贫困治理将更深层次化、常态化。在解决绝对贫困阶段，主要针对的是贫困人口的基本生存问题，特别是瞄准贫困人口的短期性增收、脱贫问题。随着贫困人口收入的提高，贫困人口在文化、能力等维度的贫困问题将更加凸显。同时，随着贫困人口短期内增收“达标”的实现，贫困人口稳定持续脱贫问题以及深层次贫困的阻断问题也将更加凸显。这也就意味着，贫困治理将更多地向深层次化、常态化转变。

2. 2020 年后面临的挑战

随着共享发展理念不断深入人心、全面小康社会建成以及城乡一体化快速推进，乡村振兴大力开展，农村整体面貌将会发生变化。2020 年后，随着贫困特征的变化，现有城乡二元分割的扶贫体系将面临诸多现实挑战。

贫困对象空间动态变化面临着扶贫资源政策属地供给的挑战。目前，一些常住城市人口存在着因户籍隐含的城市社会保障福利可及性较差问题，主要包括农民工、流动儿童、流动老人等，很难从原籍地农村扶贫开发中直接受益，也不能享受城市最低生活保障，易成为扶贫“死角”。

扶贫体制分割化、政策“碎片化”面临着城乡一体化的挑战。随着《国务院关于建立统一的城乡居民基本养老保险制度的意见》(国发〔2014〕8 号)、《国务院办公厅关于全面实施城乡居民大病保险的意见》(国办发〔2015〕57 号)、《国务院关于整合城乡居民基本医疗保险制度的意见》(国发〔2016〕3 号)等城乡一体化政策的实施，扶贫工作必然要求适应城乡一体化的趋势，扶贫政策缺乏衔接、政策“碎片化”等问题不容忽视，加大城乡扶贫政策统筹力度是现实需要。

随着扶贫战略方向及重心变化，将给二元分割的扶贫体系带来前所未有的挑战。可以预期，随着 2020 年农村现行标准下贫困人口全部脱贫，农村绝对贫困现象消除，加之贫困对象城乡空间转移导致扶贫战略重心开始变化。2020 年后扶贫战略由重点解决农村贫困转向城乡扶贫统筹推进，城市贫困和农村贫困构成扶贫的重要内容。随着扶贫重心的变化，在贫困人口城乡识别上、扶贫标准的统筹上将面临新的挑战，目前现有的城乡户籍制度、医疗和教育资源分配制度都将难以适应新的变化。

三、2020 年后减贫政策探讨

构建一体化扶贫体系，由“运动扶贫”转向“制度化扶贫”。贫困治理最重要的是做好扶贫顶层制度的设计。总体上来说，需要探索两个方向的改革。一个是扶贫体系的城乡对接，即做好城乡一体化扶贫体系的建设。从贫困识别、贫困帮扶、贫困监测与管理等层面构建城乡对接的扶贫体系。另一个是由“运动扶贫”向“制度化扶贫”转变。改革开放后，中国经济发展突飞猛进，扶贫对象的特点、扶贫的方式和内容也在不断调整，因此扶贫采用“运动式”的模式是切合实际的，是符合阶段性临时攻坚任务需要的。但是在 2020 年后，扶贫将进入常态化、稳定化阶段，通过一系列长期的制度安排，特别是社会福利制度进行扶贫，将是未来大势所趋。因此，需要探究扶贫的制度创新与整合问题。在创新方面，探索切合中国国情的贫困治理制度，比如从政府基层到扶贫机构的扶贫动员机制，社会各界参与的多元扶贫机制。在整合方面，将改革开放以来农村关于扶贫的好的机制融合到城市扶贫中，将农村扶贫与城市社会保障等相融合，形成城乡一体化的识别、帮扶和治理机制。

解决稳定脱贫问题，正视扶贫返贫难题，强化贫困治理成效。2020 年后相对贫困将成为主要问题，绝对贫困变为次要问题，但绝对贫困不可忽视，2020 年后仍然可能出现绝对贫困问题，这主要是由于脱贫的不稳定性所致。因此，需要将贫困人口脱贫稳定性纳入参考范围。一方面，一些地方在脱贫考核时只考虑了收入总量，政府补助贫困人口占了大部分，一旦脱贫后失去扶贫补助，这些刚脱贫的人口就会有再次陷入贫困的危险。因此，在最终脱贫时，要考虑收入结构问题，对于政府临时救济等收入超过一定比例的脱贫人口应重点关注。另一方面，应正视返贫问题，贫困人口自身收入等情况是动态的，出现一定比例的返贫是正常的，但是没有完整的应对机制则会严重影响脱贫成效。对于返贫问题重点是建立好前期“防治”、中期识别、后期“救治”的机制。比如采用稳定脱贫的指标，及时识别、及时跟踪返贫人口，及时找准致贫原因，从根本上阻断贫困。

重视相对贫困问题，延伸城乡帮扶体系，缓解“流动性贫困”。随着全面小康社会的建成，相对贫困愈发突出，而较长时期内，相对贫困中的流动人口贫困问题是扶贫的难题。这里指的流动人口，主要是从农村流动到城市的人口。在城市化未完成之前，农村人口流向城市是常态。在家庭联产承包责任制长期保持不变的情况下，农村人口住房在农村，打工在城市，亦工亦农，这就给扶贫工作带来了极大的挑战。在 2020 年后城市化未完成之前，这种挑战将一直存在。因此，需要进一步强化城乡扶贫的对接性，特别需要从城乡流动人口的角度，制定城市和农村对接的扶贫机制。根据流动人口在城市和农村不同生活状态制定扶贫标准，比如探索在相对贫困标准基础上，制定城市和农村相对贫困的标准，根据城乡生活时间获取相应的扶贫帮助。对于城市和农村不同的生活空间制定城乡一体的帮扶手段，比如建立城乡联网的帮扶系统，将城乡教育、医疗等进行城乡对接。

不断扩展治理维度与深度，注重文化扶贫，强化发展之动力。随着绝对贫困的消除，温饱、小康问题已基本得到解决，贫困治理将更加注重长效化治理，注重多维度“治本”。一方面，处理好深层次贫困治理中的脱贫动力问题。对于暂时失去劳动能力的贫困者，应完善相应的服务措施，如贷款、技能培训等，使其尽快实现再就业；对于“等靠要”思想严重、发展动力不足的贫困人口，要积极做宣传工作，要有一定奖惩措施，充分激发其自身脱贫动力，形成脱贫自生能力；最后是帮扶方式、形式应多样化，在物质、精神、能力和权利等维度进行针对性帮扶，注重扶贫先“扶志”，增加贫困人口收入、增强发展能力、赋予发展权力、削弱发展排斥力、注入发展动力。另一方面，2020年后的贫困治理是长期的工作，需要更多地发挥好市场的作用，以市场为主体，以政府为引导，以贫困村、贫困人口自主创新为抓手，促进其持续发展。同时，需要拓宽贫困治理维度，特别要重视文化维度的扶贫，从根源上改造贫困人口的落后观念和思想。从提升教育、开展文化活动等方面渐进式地影响贫困地区的文化观念。倡导村民设立村文明村规，倡导减少“红白喜事”办酒席，减少送礼，倡导文明生活，杜绝不良攀比，努力开拓贫困人口的眼界与素质，不仅实现硬件设施达标脱贫，更要从思想意识上脱贫。宣传孝敬、和谐等传统文化，强化家庭责任，特别是要强化家庭中子女赡养老人的义务，使老年贫困人口的子女积极加入扶贫当中，改变贫困人口过度依靠政府扶贫的局面，形成社会、家庭、政府多元帮扶，参与扶贫的大格局。

健全动态化监测机制，降低信息成本，构建大数据监测体系。在2020年后“制度化”扶贫的模式下，更需要进一步提高信息效率，减少信息成本，提高扶贫精准度。信息占有量是决定扶贫精准与否的重要变量，改变信息表达和传递的机制与方式，就可以改变相关行为主体信息占有量的多寡，克服信息不对称问题，进而可能改变不精准现象背后科学规律的作用方向。目前的扶贫工作信息化整合较少，已建立的建档立卡数据平台仅仅用于识别，没有在考核中发挥好作用，而且考核只是对暂时性脱贫对象进行考核，不能通过动态化监测将脱贫不稳定性对象纳入常态化考核当中，当各类灾害、大病侵袭等导致脱贫脆弱性群体发生返贫时，静态化的传统考核方式将失效。2020年后，可以根据已有建档立卡信息平台、各行业部门监督考核和第三方评估统计信息、基层的网络平台的情况，完善基于移动互联网技术的参与式扶贫大数据平台，以建档立卡数据平台为依托，整合各地方信息平台、各部门、第三方评估信息，同时结合基层网络，通过视频、电话等方式调查贫困村、贫困户，实施动态化的监测，降低信息成本。

附　录

一、南部脱贫攻坚案例集

案例 1：乡镇案例——精准脱贫的八尔湖之路

一、基本情况[①]

八尔湖镇即原大堰乡，位于四川省南部县，地处北纬 31°09′20″、东经 106°01′33″；居于四川省南部县东南部，处于南部县、西充县交界处，东临河坝镇，北接西源乡，西连紫岩乡，南与大全镇接壤；该镇距南部县城 37 公里，总面积 16.8 平方公里。

作为一个农业镇，八尔湖镇自然条件并不优越。从地形地貌看，八尔湖镇属深丘低山与浅丘之间的过度地貌，整体地势东北高、西南低，平均海拔约 400 米。从气候上看，八尔湖镇属中亚热带湿润季风气候区，气候温和，四季分明，夏季最高气温为 38—39℃，冬季最低气温为 -2℃，年平均气温 17℃。境内降雨主要集中在 8—10 月，多年平均降雨量为 1300 毫米。八尔湖镇多年平均日照时数约 1350 小时。镇内坡地土壤以石灰性紫色土为主，土质疏松，氮、磷含量低，锌、硼严重缺乏，土体浅薄，保水抗

① 李然：《南充这个镇建起 15 个脱贫奔康产业园，覆盖全镇 10 个村，打通脱贫致富路》，http://www.ctoutiao.com/1020845.html。

旱能力差。2016 年 3 月南部县启动以“一江五湖、亲水南部”精准扶贫乡村旅游开发为发展方向的扶贫攻坚行动，原大堰乡境内的八尔滩更名为八尔湖，借此与升钟湖、盘龙湖等南部县境内名湖齐名，借势以拉升八尔滩的发展定位，获得较大成功。2017 年 9 月，原大堰乡政府在八尔湖乡村旅游开发成功基础上，为更大程度带动全乡人民的经济发展和旅游开发，提高人民生活水平，改善百姓经济面貌，申请撤乡建镇，设立八尔湖镇。

八尔湖镇下辖 10 个村 83 个组，总人口 9700 余人。经 2014 年精准识别后，八尔湖镇 10 个村中有 6 个村属建档立卡贫困村，2890 户农村居民中贫困人口达 750 户 2647 人，贫困发生率高达 27.1%，是南部县典型的贫困镇。八尔湖镇呈现出贫困面积大、程度深、集体经济薄弱、基础设施落后、没有当家产业、自然条件差等贫困特征。面对复杂的形势，八尔湖镇通过夯实基础设施建设、发展特色产业、党建引领等途径打赢脱贫攻坚这场硬仗。截至 2018 年底，八尔湖镇建起 15 个脱贫奔康产业园，覆盖全镇 10 个村。

二、精准识别

精准脱贫，精准识别是关键。为精准、精确地做好贫困户识别工作，八尔湖镇按照“宣传优先、程序公平、分类管理”的原则大力推进精准识别工作，找出真正的贫困户，了解贫困状况，分析致贫原因，摸清帮扶需求，为扶贫开发对象瞄准提供了科学依据。

要实现精准识别，就要坚持宣传优先，促进政策入户，保障贫困户都能在公开透明的政策中了解识别政策和部署。八尔湖镇在精准识别过程中加大宣传力度，组织宣传培训，发动群众参与，引导第三方监督，实行公示公告，确保精准识别，做到政策公开、规则公平、结果公正、群众公认。同时，八尔湖镇积极响应市县号召，派镇内“两委”班子、帮扶干部和驻村工作队等人员，接受县扶贫移民局的宣传培训，增加政策宣传专业知识；并在村召开宣传动员大会，把上级有关识别政策通过干部入户讲解、张贴精准识别明白书、召开“三议五会”号召群众自发宣传、夜校上课等方式宣传到户到人，长久不在家农户通过由村干部电话通知讲解、邮寄政策书等方式宣传到位；另外，八尔湖镇还引导各村建立官方微信公众号、微信群，不时发布识别政策；同时，镇宣传回访组还会不定时入户询问农户是否了解政策，查漏补缺，确保人人都懂政策、知程序，保护群众知情权、参与权、监督权。

保证精准识别程序的公平、公开，是进一步提升基层组织建设水平、完善村民自治、规范农村脱贫攻坚工作的重要抓手。为实现精准识别程序的公平、公正，八尔湖镇在精准识别过程中力求识别政策公开、识别过程公开、识别结果公开，取得了良好的成效。

为做到识别政策公开，在精准识别前，由乡镇干部给群众普及识别“一超六有”知识，严格按照政策要求核算家庭人均纯收入，保证客观真实；同时，干部家庭、商品房家庭、有车家庭等在内的人员不能进入贫困系统；此外，通过公开栏、发放明白纸、广播等多种方式将精准识别标准政策公开，时间不得少于五天。确保村级贫困户识别事务民主决策、办事公开，接受党员群众的广泛监督，最大限度地消除群众疑虑。为做到识别过程公开，八尔湖镇坚持精准识别程序化运作，接受民主监督。不满足“一超六有”的农户可向村委会提出申请，或村“两委”入户调查统计出贫困户，填写申请书，由南部县精准扶贫领导小组办公室统一协调，乡镇人民政府牵头，成立入户调查小组进村入户对申请对象的家庭开展经济状况调查和劳动能力认定。依据调查结果，以村为单位召开村民代表大会对申请农户逐户审核评议，确定最后的识别名单。为做到识别结果公开，八尔湖镇坚持精准识别“一二三公示”，透明识别结果。对于识别结果，各村首先在本村对贫困户名单、注意事项、识别过程、参与单位、资金使用等的办理情况、达到的效果、发挥的作用等及时进行全面详细的一榜公示；公示结束后，由八尔湖镇党委和政府主要领导牵头组织乡镇干部，对村民主评定的识别对象进行回访、核查，根据结果上报村级名单，经同意后进行为期三天的二榜公示；公示无误后，正式文件报南部县扶贫办审批备案，县扶贫办对乡镇上报名单进行审核确认后，将下达批复文件，并在网上进行三榜公示，公示无异议后及时开展建档立卡工作。按照此流程，2014 年底，八尔湖镇精准识别出贫困户 750 户 2647 人，贫困发生率为 27.1%。

由于不同贫困户的实际情况不同，八尔湖镇将同类型贫困户归纳为一类，因人施策帮扶，以实现精准识别与精准帮扶的有效衔接。2016 年，八尔湖镇对建档立卡贫困户实行 ABC 分类管理。首先，由县级领导牵头，组织帮扶力量，对建档立卡贫困户进行逐户会诊，入户了解贫困户家庭的真实情况。其次，按照“稳定示范户、提升中间户、攻坚困难户”原则，分类建立清单，定实攻坚措施。对当年脱贫成功率大的示范户，鼓励其自主创业，自力更生，全面兑现帮扶措施和脱贫政策；对加一把力、鼓一把劲就能脱贫的“中间户”，及时调整帮扶力量，抽调精兵强将，进行点对点、人对人、面对面精准帮扶；对当年脱贫问题较大的困难户，针对安全住房、安全饮水、人均收入等方面存在的“硬伤”，一户落实一个工作组，一项工作落实一个责任人，每天一盘点、每周一会诊，集中力量攻坚，确保如期脱贫。

三、党建引领，政策落实强

事业兴衰，关键在党。脱贫攻坚犹如一场没有硝烟的战役，村“两委”作为基层党组织，是否能带领群众跟党走，激发贫困户的内在脱贫动力，是脱贫攻坚的关键所在。八尔湖镇之所以能有如此翻天覆地的变化，靠的就是一支脱贫攻坚战场上的精锐之师，打造这样一支精锐之师，秘诀就在于依靠党建引领。自脱贫攻坚战打响以来，八尔湖镇坚持以党建助脱贫、以脱贫促党建，充分发挥基层党组织的战斗堡垒和党员干部的先锋模范作用，把党建工作与扶贫开发有机结合，全力推动基层党建与扶贫开发“双推进”，实现了党建与脱贫互融互促、同频共振。

一方面，在村“两委”换届时，镇党委在强班子、壮队伍、拓富路上做文章，围绕“以党建助脱贫、以脱贫促党建”的目标，努力打造一支坚定理想信念、带领群众致富、真诚服务群众、勇于开拓创新、公道廉洁正派的坚强基层党组织队伍。该镇 10 个行政村，共调整 2 名党支部书记、3 名村主任、4 名村文书，为干部队伍注入了新鲜血液，为脱贫攻坚添加了动力。在配强配好村班子的同时，严格考评制度，融合党建责任，坚持基层党建与精准扶贫同研究、同部署、同推动、同考核，不断强化基层党建工作责任，每月镇党委会议都有基层党建议题，每月至少召开一次会议专题研究基层党建助推精准扶贫工作，加强驻村帮扶工作队的日常管理和考核。

另一方面，镇党委书记带头同脱贫困难户结对帮扶，实现所有贫困户、低保户、“五保”户、贫困残疾户的结对帮扶全覆盖；扎实开展“三分类三升级”活动，对“发展滞后村”“软弱涣散村”的干部进行约谈，激励转化升级；夯实党建扶贫阵地，完善村活动场所建设，为党建便民富民提供阵地保障。

此外，坚持村党支部引路、党员带路、产业铺路的做法，以壮大培育脱贫奔康产业园为突破口，深入推行“支部+”的扶贫模式，把产业扶贫作为脱贫的根本出路，遵循“信贷跟着穷人走、穷人跟着能人走、能人跟着龙头走、龙头跟着市场走”。同时，依托党员远程教育终端站点、“农民夜校”等平台，开展“五大教育”、远程教育“精准扶贫”、农村电子商务培训、养殖技术培训、农作物病虫害防治培训等专题培训活动，既扶贫又扶志，既脱贫又感恩，有效发挥基层党组织的先锋引领作用，从而带动贫困户实现增收脱贫、贫困村成功退出。

四、夯实基建，打通脱贫路

脱贫致富，基建先行。基础设施建设是打好打赢脱贫攻坚战的关键。地处南部县、西充县交界处的八尔湖镇基础设施一向较差，2010年底，八尔湖镇全镇通村水泥路不足500米、水利设施薄弱，各项工作在全县排名倒数第一。基建薄弱是长期制约八尔湖镇发展的“拦路虎”，要脱贫就必须夯实基础设施建设。脱贫攻坚战打响以来，八尔湖镇全力推进乡村基础设施建设，一是结合土地增减挂钩项目的实施，大力推进危旧农房的改拆建工作，共拆除危旧房586套，新建房屋642套；二是加强房前屋后的美化、净化、亮化工作；三是大力实施“村村通”工程，自脱贫攻坚战打响以来，八尔湖镇全镇修建了村组道路100多公里，全镇村组公路四通八达，90%的农户通上了水泥路；四是对城乡环境和农村水源污染进行了综合整治，在农村实施“五改三建”，家家建起了化粪池，场镇建起了污水处理厂，组织镇村干部积极开展“清河行动”，投入资金2000多万元，整治河道水系；

五是把城乡一体全域供水作为治本之策。大力实施“医疗救助 + 城乡一体化供水”，斩断饮水“穷根”。在饮水设施建设中，八尔湖镇将“医疗救助”与“城乡一体化供水”联系起来，通过这两方面的有效连接契合，落实政策，解决“因水致贫”“因水患病”这一重大难题。在实施城乡一体化供水工程中，南部县建立“项目资金 + 财政补助 + 社会融资 + 群众自筹”多元投入机制，整合资金 20 亿元，依托嘉陵江、西河和升钟水库“三大饮水源”，建成 6 个大型制水厂，铺设 9 条供水主干线，形成了“三源六厂九线 +N”的城乡一体全域供水体系，并建立“城乡水务有限公司 + 片区供水服务中心 + 乡镇供水服务站 + 村用水户协会 + 水管员”的五级管护体系，实行政府补贴贫困户每户 800 元的政策。另外，由帮扶单位出资 20 万元，统筹贫困户与非贫困户，每户再补贴 1000 元，减轻困难群众入户安装费用负担。目前已经建设应急供水工程 1 处，铺设集中供水主管网 20 公里，安装自来水 200 余户，全面解决村民饮水安全问题。实施贫困户饮用水限价和逐步同价政策，所有农村群众都吃上了与城里居民一样品质的自来水，这一举措让全村群众深为感动，极大提升了群众满意度。

经过 4 年的基础设施建设，八尔湖镇被确定为南部县域城镇体系规划中的中心镇，形成了高速便捷的公路体系，与巴南高速八尔湖互通相连，村、组公路 100 多公里，骑行、徒步道 26.5 公里、环湖路 13.6 公里。采取项目拉动、群众自筹的方式对场镇及景区农房按规划进行仿古立面改造，场镇特色风情小镇已基本成型，川北民居博物馆已具雏形。投资 2 亿多元的游客中心第一期已全面竣工投入使用，村村户户接通自来水，用上了天然气，广电、闭路、宽带实现了村村通、组组通。全镇拥有 2 所幼儿园、1 所小学，适龄子女义务教育入学率达 100%。拥有 1 所卫生院、10 个卫生室、1 个养老院，村村有文化广场，城乡居民基本医疗保险实现了全覆盖。镇域内的水、电、路、网络等基础设施和教育、医疗、卫生、文化等公共服务设施基本完备。

五、发展产业，奔康步履坚

产业带动扶贫，是实现全面脱贫奔康的重要抓手，是精准扶贫取得实效的必由之路。八尔湖镇通过产业发展为脱贫攻坚筑起支柱，以产业园建设撬动引领产业规模发展、特色发展、融合发展，并探索建立“三议五会”决策机制、“三金合一”投入机制、“三四五”推进机制等因地制宜建设产业园。在产业园建设模式上，八尔湖镇采取政府主导、企业主引、群众主体“三主”定发展，项目资金、企业资金、金融资金“三资”定规模的产业发展模式；实行龙头企业“四统”（大棚统建、原料统供、技术统教、产品统收）、“两保底”（保底收购价、保底产量）、农户“四自”（自愿参与、自缴押金、自出劳力、自保收益）的经营管理方式。在产业发展过程中，该镇采取早、中、晚熟品种搭配种植，鲜食与加工品种配套，形成了一湾一景、一湾一特色的水果产业园区，全镇主导产业良种覆盖率达100%，主要农作物良种覆盖率达98%。同时，创新建立创业园、就业园、托管园“三园”共建模式。实行“土地入社、统一流转，三园共建、租金保底，国资提成、集体增收，长短结合、循环发展”，有效保障群众土地租金、劳动就业、果园经营等三大收入，确保产业持续稳定高效发展。目前，八尔湖镇已建成果药、食用菌、肉鸡等特色产业园15个，覆盖全镇10个村，形成了以八仙桃、脆香甜柚为主的两大特色主导产业。在产业化的带动下，八尔湖镇6个贫困村全部退出贫困村序列，贫困人口减至9户30人，贫困发生率降至0.3%。

2015年，八尔湖镇纯阳山村村民姚素琼一家因丈夫生病花去10万余元。丈夫失去了劳动能力，家里还有年幼的女儿和年近九旬的婆婆，一时间，贫困让这个家庭陷入绝望。2014年，随着南部县脱贫攻坚工作启动，姚素琼的命运也悄然发生着变化。通过易地扶贫搬迁政策的扶持，姚素琼一家修起了80平方米的新房；通过政府贴息贷款，她承包下了一个食用菌大棚自主经营，并在家发展起“四小工程”。依靠勤劳的双手，如今，姚素琼一家年收入达到10万元。

八尔湖镇的扶贫经验为连片贫困地区乡村脱贫提供了实践参考。长期以来，制约连片贫困地区脱贫的根源在于关键性瓶颈未得到有效突破，贫困治理治标难治本，导致脱贫成效反复不断。连片贫困地区往往区位屏蔽现象突出，公共服务供给短缺，市场“碎片化”严重，同时自然灾害频发，基础设施建设维护成本高。这些因素严重制约着各片区区域经济发展，成为制约瓶颈。因此，聚焦连片贫困地区脱贫制约瓶颈，从根本致贫因素、主要帮扶措施、核心脱贫路径着手寻求突破，是破解脱贫难题的关键所在。

案例 2：村级案例——打鼓山村扶贫致富路

南部县东坝镇打鼓山村，位于四川盆地北部，南部县东坝镇东部，距东坝场镇约 2 公里，距县城 30 公里，面积 4.2 平方公里，该村共有耕地面积 944 亩，是远近闻名的贫困村，于 2014 年被评为建档立卡贫困村。打鼓山村全村共有 8 个村民小组，322 户，1156 人。“打鼓山，打鼓山，村民穷得连声叹，出了光棍一大班……”这是一首打鼓山村老少皆会的顺口溜，但顺口溜的背后，折射出的是这个村曾经的贫穷。随着脱贫攻坚工作的深入开展，如今，这个村发生了天翻地覆的变化。

打鼓山村在精准扶贫之前，在资源、产业和基础设施等方面具有许多贫困性特征。第一是打鼓山村产业底子薄、产业结构单一，以农业生产为主，农业基础差、农业生产灌溉只能依靠老天，没有灌溉供给水源，导致村民收入水平低下，幸福感不高。第二是自然资源缺乏，打鼓山村土地资源总量较少，导致人均土地拥有量少，其他矿产资源、工业资源和特色旅游发展资源也严重匮乏。第三是打鼓山村基础设施不完善，该村多处农田水利及生活所用的照明饮水等基础设施建设薄弱，电力设施建设滞后、起步晚。刚开始通电的时候，电力供应弱，只能用来照明，无法供应其他家电的需求，严重影响了农户的生产生活，阻碍了打鼓山村的发展。2014年前，该村也没有通公路，村民发展农业生产只能靠肩挑背驮，村民出行艰难，只能依靠双脚走土路，加之土地十年九旱，粮食收成少之又少，很多村民为了生存不得不背井离乡外出打工。总而言之，打鼓山村在资源、产业和基础设施三方面表现出明显的贫困特征，这也是该村发展不景气、成为建档立卡贫困户的主要原因。

2014 年 7 月，打鼓山村被列为精准扶贫重点贫困村，由该县农牧业局进行结对帮扶，这为该村的发展注入了强大的活力。2015 年 7 月，帮扶单位南部县农牧业局，下派龚可担任打鼓山村第一书记，对打鼓山村进行大刀阔斧的改革。打鼓山村在帮扶单位南部县农牧业局的帮扶下，由村“两委”班子齐心协力，驻村工作队团结合作，在党建引领促进脱贫、基础设施建设脱贫、村集体经济和产业发展脱贫以及易地搬迁脱贫这四个主要脱贫路径上，做到了精准帮扶，抓产业促就业，长短结合稳增收，为全村人民全面脱贫奔小康做出了突出贡献。

一、党建引领促进脱贫

打鼓山村在扶贫过程中，高度重视党建工作，抓党建促脱贫，做实做细脱贫工作，强化群众主体作用，关键措施一个也不少。首先，打鼓山村对村“两委”班子和驻村工作队定期进行培训培养，带领班子和群众走出去学习参观，并引进农业各方面的专家教授到村上课、培训、指导等，加强村民“科技扶贫、科技兴农”的思想理念。还动员村致富能手对口帮扶联系贫困户，帮助发展产业和就近务工。其次，打鼓山村“两委”班子和第一书记始终坚持严格执行“三议五会”、党员教育等制度，做到从思想上协同，上下齐心。最后，在“五个一”帮扶力量派驻方面，打鼓山村也严格按照省委、省政府有关政策，把干部驻村帮扶作为推进脱贫攻坚的重要抓手，创新实施“五个一”帮扶机制，在按村派人、按需培训等方面严格落实。打鼓山村派驻的“五个一”帮扶干部都是熟悉村发展情况、常年从事脱贫攻坚工作的干部。为了提高帮扶质量及工作效率、提升素质，打鼓山村的派驻干部每年分期分批参加密集专题培训，重点进行脱贫攻坚政策法规、特色产业发展及农村矛盾纠纷化解等方面的课程培训。在“五个一”帮扶力量的联动推进下，一大批长期制约贫困群众发展的突出问题得到根本解决，加快了打鼓山村决胜脱贫攻坚、同步奔小康的步伐。

此外，为了随时掌握村民所需所急，打鼓山村的扶贫干部严格按照“两原则”要求自己：第一个原则是每月走访全村所有在家农户；第二个原则是俯下身子，说群众话，和群众打成一片。对打鼓山村第一书记龚可来说，到村即是服务，服务即是办事。龚书记带领村“两委”成员同南部县农牧业局干部定期入户走访，宣讲扶贫政策，听取群众意见，记好民情日志，公开电话等联系方式，方便群众反映情况和为民办事。龚书记记录的民情日志写满了 4 个笔记本，把群众反映的问题、提出的意见和想法等全部记录在册，并建立工作台账、问题清单和任务清单，分类梳理村民提出的意见和想法，逐步解决村民反映的问题。到 2018 年，已解决 100 多名群众反馈的问题和诉求。

二、基础设施全面覆盖

基础设施建设，一直都是脱贫攻坚中重要和不可或缺的一环，打鼓山村的基础设施建设，主要包括农村公路、饮水、天然气和其他公共设施。打鼓山村始终把基础设施建设放在脱贫首位，只有这样才能刺激该村的农业发展、农业经济的进步和农业结构的升级，稳固脱贫攻坚的根基。

家家户户通公路。打鼓山村于 2015 年修葺乡村公路，到 2018 年，打鼓山村道路建设趋于完善，基本达到户户通。通过政府整合出资 70%、农户自筹 30% 的方式来统筹修建道路，全村形成了相通的网络体系，为村民的出行、务工带来了便利，极大地改善了生活条件。

“医疗救助＋城乡一体化供水”。打鼓山村的水利设施建设，由南部县政府统筹规划。在饮水设施建设中，打鼓山村将“医疗救助”与“城乡一体化供水”联系起来，通过这两个方面的有效连接，落实饮水安全帮扶政策，全面解决农户的饮水问题。村内所有群众都吃上了与城里居民一样品质的自来水，极大提升了群众满意度。

在村内互联网、光纤网络方面，打鼓山村基本实现了户户通，100%覆盖全村，打通了村民与外界联系的桥梁。打鼓山村也建有村级娱乐活动室、卫生室等，已全部达标并投入使用，发挥功能。

自精准扶贫工作开展以来，在南部县农牧业局、村“两委”、第一书记的带领下，打鼓山村建成硬化道路20公里，户户通硬化便民路；新建总占地近400平方米标准化村民活动室、文化室、卫生室；新修提灌站3处、整治山平塘6口；改造民居住房279套；网络信号畅通；户户通自来水、通电、安装闭路电视，医疗教育全面保障到位，“两不愁、三保障、户三有”全部达标到位。

三、产业发展整体推进

产业扶贫带动，是实现全面小康的重要抓手，也是精准扶贫取得实效的必由之路。产业扶贫相对于一般的产业发展，更加强调对贫困人群的瞄准线和特惠型。南部县农牧业局下派龚可担任打鼓山村第一书记，在他的带领下，带发展强产业，连片建成3000亩的脱贫奔康柑橘产业园，建立“三带建三园”产业机制；带群众强主体，围绕“两不愁、三保障”“四个好”“户三有”的脱贫标准，带领群众脱贫奔向小康生活；带真情强服务，了解群众之所需、群众之所急，解决实际问题，成为群众认可满意的好书记、好干部。

打鼓山村的产业发展，主要是通过短期产业和长效产业两种途径。发展短、平、快增收项目，坚持因地制宜、精准扶贫到户，引导180户在家的贫困户和非贫困户发展“四小工程”，实现户户有骨干和增收门路。为帮助贫困户实现基本生活与发展生产、长期致富与短期脱贫相协调，该村将土地单一利用和统筹使用相结合，由帮扶单位统一提供技术指导、疫苗药品等，鼓励贫困户积极发展以小买卖、小庭院、小养殖、小作坊为主的“四小工程”，确保每户贫困户至少有一个短期见效的增收项目。

发展长期产业主要是以脱贫奔康（柑橘）产业园为主，连片建成3000亩的脱贫奔康（柑橘）产业园，建立“三带建三园”产业机制，“三带”为党支部带企业入村、党员带群众入社、群众带土地入园，“三园”为返租创业园、代管托管园、务工就业园。在南部县农牧业局牵线搭桥下，第一书记龚可成功引进新星果品有限公司，下一步将积极与新星果品有限公司合作，充分发挥龙头企业规模效应、技术支撑、统一规划、集中管理的优势，确保“创业园”“托管园”“就业园”全面落地。为彻底改变村庄面貌，帮助打鼓山村驶上脱贫奔康的“快车道”，该村采取帮扶单位和村“两委”分头并进的办法，由帮扶单位负责规划产业、寻找项目，争取上级扶贫开发项目资金用于村庄建设；由村“两委”负责招引企业、引进业主、成立专业合作社，采取“龙头企业＋合作社＋贫困户”的模式，引导农户流转土地、入园发展，带动整村脱贫。为把产业扶贫落到实处，建立起村民满意、长期增收的长效支柱产业，村里召开村民代表大会和党员代表会议，积极引导群众参与项目决策、项目建设和项目监督，建成覆盖全村的以“春见”“不知火”等柑橘品种为主的脱贫奔康（柑橘）产业园2700余亩。2014年9月和2016年3月，村“两委”牵头组织的南部县国凯海农民种植专业合作社、南部县泥土香农民种植专业合作社分别成立，将昔日的荒山、撂荒田地等变成了果园。2015年10月，该村还争取到农田水利项目支持，修建提灌站2个，将喷灌设施安装到田间地头，解决了果树的灌溉问题。

打鼓山村柑橘产业成了助推打鼓山村脱贫“摘帽”的坚实产业基础和发展动力，连片建成3000亩的脱贫奔康（柑橘）产业园，已有2000亩果树挂果，盛产期每亩纯利润达9000元。同时，充分利用林下空地，套种蔬菜、花生等作物和发展林下养殖，每亩年均增收1500元。目前，已有800多名群众入园务工，年均务工收入6000元，村里有了稳定增收的当家产业。

四、易地搬迁保障住房

在扶贫开发中，易地扶贫搬迁一直都是精准扶贫中最行之有效和最重要的脱贫路径之一，也是解决现有大多数贫困人口彻底、稳定脱贫的根本出路，是一项很重要的脱贫举措。鉴于此，打鼓山村在易地搬迁上也下了很多苦功夫，努力绣好住房这片花瓣。打鼓山村坚持“四书一报告”，把建房申请书、建房承诺书、施工安全责任书、告知书、验收报告这五项都落到实处，跟搬迁农户讲解清楚政策，引导农户主动搬迁。严守了每户人均不超过25平方米、1.8万元、户均不超过6万元、自筹户均资金不超过1万元、自筹人均资金不超过3000元的众多底线原则，充分保障了搬迁的贫困农户生产生活所需资金。

在其他方面，自脱贫攻坚工作开展以来，打鼓山村共完成危房改造55户165人，进行排危整治200余户，风貌改造实现全覆盖。如今，打鼓山村正在筹建“产供销”一体的电商平台，还将规划建设农家乐10家。打鼓山村将以产业园为依托，发展电商销售和观光农业，不仅要把柑橘卖到全国各地，还要通过开展自由采摘、垂钓休闲、水上乐园等项目，吸引游客回归自然。通过多元途径、多方主体助力打鼓山村脱贫攻坚，让人民摘掉“穷帽子”，过上好日子。

党的十八大以来，习近平总书记站在全面建成小康社会、实现中华民族伟大复兴中国梦的战略高度，把脱贫攻坚摆到治国理政突出位置，提出一系列新思想新观点，作出一系列新决策新部署，推动中国减贫事业取得巨大成就，对世界减贫进程做出了重大贡献。可见，打好脱贫攻坚战，推进扶贫开发、推动经济社会发展，是目前我国需要攻坚的重大事件。脱贫任务越到后来难度越大，责任也就越大，因此越到脱贫后期，越不能放松。

我国2018年的中央一号文件指出，要做好实施乡村振兴战略与打好精准脱贫攻坚战的有效衔接。未来三年，是打鼓山村精准脱贫战巩固的决胜时期，也是乡村振兴启动的关键时期，打鼓山村主要在基础建设继续行进、产业发展、旅游扶贫、民宿和农家乐发展方面做好精准扶贫与乡村振兴的有效衔接，继续花大力气推进基础设施、产业、旅游等的发展，确保长效收益，激发贫困群众脱贫致富的信心和同步小康的决心。

打鼓山村的精准扶贫工作主要是从党建引领、基建保障、产业带动、易地搬迁等几方面进行的，下足了苦功夫，做出了好成绩，提升了群众的满意度，做到了“真扶贫”。但是扶贫工作不单是消灭贫困，首先，在经济上和思想上，把贫困群众从贫困的道路上拉起来，也让贫困户自己在贫困路上学会走路，并且依靠着自己，能够越走越远。其次，扶贫道路上要稳扎稳打、稳步前行，摒除形式主义、官僚主义，用求真务实的态度，积极推进扶贫工作。同时，基层干部是最贴近群众的，他们离开家庭、亲人，深入扶贫一线，负担着巨大的压力和责任，各级扶贫干部应当注重对基层干部的关怀和保障。只有这样，才能确保精准扶贫政策不走样、不变形，基层干部才能静下心来、沉下去，带领贫困群众走向康庄大道。

贫困村最紧要、最突出的事情依然是基础设施建设问题。首先，基础设施建设历史欠账多，亟须补旧账填缺口；其次，大部分贫困村基础设施建设成本高、维护成本高，末梢工程突出，“最后一公里”问题严重；最后，现有基础设施建设基本属于“保生存型”供给，例如生活用电不稳定、通信信号不强、道路通村不通组等现象突出且普遍。瞄准贫困村，聚焦贫困村的发展型基础设施建设，尽快完善基础设施提升质量尤为重要而急迫，其中特别要根据贫困村类型因地制宜施策。

村级扶贫要注意特殊类型贫困的村情。特殊类型贫困村，与一般贫困村相比，有着特殊的属性特征，成为脱贫攻坚的难点所在。高半山区特指农区河谷以上，位于山体相对高度一半以上或海拔高度在 2300 米以上的农村地区。高半山村脱贫攻坚面临着扶贫工作是优先尊重主体意愿还是遵循经济效益的两难选择，面临着易地扶贫搬迁带来生活便利性与生产不便性的艰难选择。位于高半山区的贫困村，其区域环境封闭、山高坡陡、气候恶劣、生态脆弱、交通不畅、信息闭塞，往往形成地理和信息上的双重“孤岛”，身处其中的贫困者与外界联系、交流匮乏，生产发展处于自给不自足的状态，人们居住分散、劳动素质低下、思想观念陈旧，在缺乏外力有效介入的情况下，先进的意识、技术和制度均难以自我产生，也难以被本土贫困者自主引进，容易形成贫困的“孤岛”。

空心村是在工业化、城镇化背景下农村变迁的阶段性外在表现，“空心”并不一定是一种空间形态，而是土地、人口、经济、社会、文化等各要素偏离和谐“运行轨道”的结果，是农村多要素“空心”的综合，是农村社会“生态失衡”的体现。空心村脱贫最大的难点在于，伴随着精壮劳动力的流失，人才空心化问题凸现。不管是脱贫还是发展，最主要的就是人力和人才的保障，缺乏人的支撑，空心村的农业劳动生产、基础设施建设、公共服务运行、科技推广示范等均难以推行，容易造成村庄的“塌陷”。

在村级扶贫政策着力点上，一方面要注重基础与产业共融，构筑贫困村自生能力，在村级产业选择上，须因地制宜，根据村自身的资源禀赋、地理区位、市场需求等，选择既具地方特色又有相对比较优势的产业，特别要注重在产业价值链的分工，通过一二三产业融合发展，发展“第六产业”；打造地域品牌，加大对贫困地区农牧业特色品牌的推介营销力度，提高知名度，提升美誉度；电商扶贫，拓宽产品营销渠道，降低交易成本。另一方面要充分考虑益贫性，避免贫困排斥，优先满足贫困对象的参与意愿与参与机会；而特色优势产业的发展在促进贫困村实现持续稳定脱贫的同时，又为基础设施的更新换代提供了物质条件与保障。因此，要补齐贫困村基础设施建设“短板”，提高基础设施质量，创造特色产业发展的先决条件，借助特色优势产业发展夯实基础设施，二者相互作用，共同构筑贫困村的自生能力。

案例 3：党建扶贫——封坎庙村第一书记李翼宏先进事迹

改革开放以来，我国综合国力有了极大的提升，目前经济总量已经跃居世界第二。在经济不断发展的过程中，我国具备了对贫困进行“准确研判”的能力。多年来，我国大力推行的开发式扶贫取得了巨大成绩，现阶段贫困对于我国已经不是“面”的问题，而是被压缩于 11 个山区集中连片特困地区以及一些深度贫困县、贫困村等“点”的问题。因此，必须采取“滴灌”的方式，找准致贫的原因，采取有针对性的举措。习近平总书记提出精准扶贫方略，要求扶贫开发工作必须做到因村派人（第一书记）精准，这是脱贫攻坚中党建扶贫的核心关键。

党建扶贫引领脱贫攻坚，是脱贫攻坚的组织保障。首先，站在实现脱贫攻坚全面胜利的高度来审视和谋划党建工作，通过以改革促发展、以开放促开发、以创新促跨越，进一步抓住机遇、加快发展，稳步推进工业反哺农业、城市支持农村，更好地提高农村经济社会的发展水平，为实现经济社会发展的历史性跨越打下坚实的基础。其次，社会和谐的基础在农村，农村稳则全国安。农村的和谐稳定显得尤为重要，把和谐的理念和要求贯穿到农村党建工作中，提高各级领导班子和领导干部整合资源抓好脱贫攻坚工作的能力和水平，切实发挥好党的基层组织建设凝聚人心、推动贫困地区发展的作用，帮助农村贫困群众改善基本生产生活条件、增加基本增收致富渠道、提高基本素质。

扶贫开发贵在精准，重在精准，成败之举在于精准。这是精准扶贫的优势。无论是贫困人口识别、扶贫措施选择与管理，还是扶贫结果考核，是否做到精准，人都是最为关键的因素。如何发挥好精准扶贫的“精准”优势，做到因村派人（第一书记）精准，关键在人。因为党建扶贫的最大优势就是将组织力量转化为扶贫动力，以推动党建和扶贫工作的共同发展。党建扶贫中，因村派人（第一书记）这一点是基层贫困治理中党建扶贫的核心，若是“人”这个因素有了保障，那扶贫工作就最大限度地实现了精准。

用学习培训精准施教，拓展驻村干部扶贫能力。习近平总书记多次强调，治贫先治愚；扶贫既要富口袋，也要富脑袋。随着扶贫攻坚进入关键期，对贫困户来讲，主要是缺信息、缺思路、缺技术，对基层党员干部来说，管用的办法越来越少，面临新的视野不宽、创新不够、信心不足的问题。为解决贫困户、党员干部的思想困惑、能力恐慌，南部县着力打造党员干部分类分级培训体系，增强自身本领，适应形势和任务的不断发展。每年聚焦一个主题，邀请全国权威专家、知名基层党组织带头人演讲授课、交流经验，让贫困村支书“零距离”接受前沿的政策解读、思想洗礼；组织贫困村村干部赴省内外抓党建促扶贫攻坚的先进地区实地考察学习；采取集中办班形式，对贫困村村支书进行集中培训，拓展扶贫带头人的视野；对农村党员、农民群众开展农村实用技能培训。

开展好农村党建扶贫工作、加强农村基层组织建设，关系到农村改革发展稳定，关系到社会主义新农村建设的成效，因此必须切实加强组织领导，确保取得实实在在的效果。2015 年 9 月，李翼宏自南部县委办公室选派至南部县八尔湖镇封坎庙村担任第一书记，带领全村群众探索出一条群众自主决策、自主参与、自主管理的扶贫攻坚和村级治理新路子，得到当地群众的一致好评，在 2015 年南部县第一书记考核中获第一名，先后受到四川省委副书记刘国中、南充市委书记李仲彬、南部县委书记张根生等省市县各级领导的高度肯定。

融入——机关文秘成功转型第一支书。没有调查就没有发言权，到村上，李翼宏坚持第一时间走访干部群众，熟悉农户基本情况，了解群众对村社干部的看法，征求群众对村工作的意见和建议。白天，村民在田地里栽植脆香甜柚，他就与大家同干同劳动，田间地头都能看到他忙碌的身影；晚上，利用村民在家的时间，他带上手电筒挨家挨户调查走访，与群众一起拉家常。不到一个月的时间，走遍全村的家家户户，踏遍全村的一草一木，迅速掌握了村社干部的能力品性，了解了各家各户的基本情况，逐渐厘清了全村下一步工作重点，更进一步拉近了干群关系。

担当——垂范打造永不离村的工作队。李翼宏始终把“抓班子、带队伍”作为第一书记的第一责任，一开始就拿基层组织建设作为突破点，着力塑造一支能干事、善干事的党员干部队伍。首先，厘清干部权力边界。梳理划分了第一书记、村支部书记、村主任、村文书、村纪检员的职能职责，明确村干部责任分工，哪个干部该做哪些事都能一目了然。其次，提升干部能力素养。把会前学法、学业务知识定为村“两委”会和群众会议的常态，多次组织村社干部到外地学习调研，切实以这些先进的典型给干部群众以奋进的动力。再次，广泛接受群众监督。重点加强村级制度建设，修订完善村级财务管理、群众矛盾纠纷调处等制度并实行制度“上墙”。建立村级公示栏，对党务、村务和财务进行定期公示，重大决策事项即时发布，方便群众随时监督检查。最后，完善考核激励机制。坚持对村干部每月进行一次上级点评，每季度实行一次干部互评和群众满意度测评，每年进行一次年终考核，并把考核结果上报乡党委政府，作为年终评优评先和发放绩效奖金的重要依据。

创新——村级治理不断焕发勃勃生机。如何走出“扶贫扶到哪里、干群关系就恶劣到哪里”的怪圈是摆在李翼宏面前最重要的课题，按照南部县委关于“三议”群众工作法的指示精神，李翼宏下定决心要在封坎庙村率先走出群众自主决策、自主参与的路子。首先，坚持自上而下宣传动员，让群众自己“愿”。村上干什么事情，都坚持宣传先行，通过会议、广播、传单、电话、短信、邮件等形式，动员群众广泛讨论，首先打通群众思想关，着力把群众的思想统一到村“两委”决策部署中来。其次，坚持自下而上决定决策，让群众自己“选”。在打通群众思想认识关的基础上，村上重大事情一律坚持通过村“两委”提议、群众代表大会审议、全体群众会议决议的“三议”程序进行决策，一件事情定下来后就是一条村规民约。全村已对5个项目、1个矛盾纠纷、1条信访秩序和1条环境卫生举措进行了集体约定，项目要不要实施、实施在哪里、怎么实施，群众要不要集资、集多少资等都由群众说了算，做到不办群众不愿办、没能力办、不受益的事情。最后，坚持自主自觉组织实施，让群众自己“干”。对工程项目，优先考虑当地群众就近务工，获取劳务收益，保证群众在项目过程中的参与；同时，落实3名监督员专门负责工程质量的日常监管，保证群众在项目质量上的监督。

苦干——贫困落后村走向致富带头村。第一书记不苦干是干不出来的，贫困村不苦干是脱不了贫的。在走访调研的基础上，李翼宏按照拟定的工作思路，带头苦干实施，重点推进精准识别、精准规划、精准帮扶、精准脱贫。首先，致力于产业的培育。在尊重自然条件、尊重市场规律、尊重群众意愿的基础上，带领群众在不到3个月的时间里，完成脆香甜柚栽植 360 亩、桃树 180 亩，并套种向日葵、黄花 150 亩，栽植莲藕 130 亩。同时，按照“种养结合、长短结合”的理念，采取以奖代补、先建后补的方式，鼓励农户积极发展“四小工程”，截至 2016 年，在贫困户中建成小养殖 23 户、小庭院 32 户、小买卖 1 户，两年时间中成功减贫 43 户 121 人。同时，启动新村聚居点建设，规划完成异地搬迁 43 户、实施风貌打造 21 户。其次，致力于民生的改善。2016 年建成村级图书室 1 个、卫生计生室 1 个、村民文化广场 1 个，同时，建成村级宽带网络，完成自来水安装，“七有”目标如期实现。

随着农村生活方式的改变，传统的命令式工作领导方式已不适应农村发展的需要。农村基层党员干部普遍存在受教育水平低的问题，因循守旧的思想浓厚，工作方式陈旧，因此衍生出党员干部对现行政策理解不到位、执行效率低、延缓农村建设发展的问题。提高党员队伍素质是保持党的先进性，发挥党员先锋模范作用，提升党执政能力的前提。基层党组织是党建设基层、巩固执政群众基础的主力军，基层党员干部的素质状况直接决定了党建扶贫的结果。南部县把扶贫与农村基层党组织建设结合起来，选派党建工作经验丰富的干部到基层挂职，理顺基层组织工作思路。封坎庙村维持现有村支“两委”班子，采用“加法”的工作方式，通过任命优秀青年为村支“两委”的新成员，既保证了原有工作的进行，也为党支部建设注入新鲜血液。第一书记改变以往单纯靠经验、命令等指派任务的不恰当方式，从农村实际出发，区别对待不同问题，化解干群矛盾，取信于民，带领贫困户脱贫。首先，通过与基层党组织成员共同走村入户，深入田间地头，倾听群众心声，真正做到急群众之急、解群众之忧；其次，通过举办发展研讨会、工作方法讲座等多种培训形式，切实提高基层党组织解决农村事务的能力，增强党员干部市场意识和为村民服务的信念，拓宽发展思路。

案例4：党建扶贫——顶子山村“第一书记”张长英

习近平总书记明确指出，要重视发挥广大基层干部群众的首创精神，紧紧扭住发展这个促使贫困地区脱贫致富的第一要务。在抓党建促脱贫攻坚中立足长远，充分重视贫困地区党员干部在脱贫攻坚工作中的主体地位与能动作用，积极开展“双向培养”活动，把村干部和广大党员培养成脱贫致富带头人，把脱贫致富带头人培养成党员或村“两委”后备干部，从而打造一支立足本土、坚持奉献的扶贫工作队，为脱贫攻坚提供源源不断的动力。

近年来，南部县通过搭平台、给政策、优服务，选拔懂市场、善管理、会经营的农村能人回乡担任村支书，实现由“输血型”向“造血型”转变，为基层党组织引领脱贫致富提供了有益探索。2013年以前，顶子山村是一个行路难、用水难、增收难“三难”贫困村，贫困户多、举家外出的多、游手好闲的多，成为该村的一个典型标签。全村村民迫切希望有一位带领群众走上富裕之路的领头人帮助他们脱掉标签，走出困境。张长英，南部县王家镇顶子山村党支部书记，1989年外出务工，2004年回家创业开办养殖场。入党以来，凭实干精神赢得全村群众信任，多次受到镇党委和政府的表彰，被推选到村党支部书记岗位。担任村支部书记以来，她尤其重视发展产业、修建公路、整顿民风，2015年以来，带领村“两委”班子成员和全村党员群众与贫困博弈、与发展赛跑，逐步将顶子山村这个远近闻名的贫困村带上致富路。

率先垂范，以村为家，树立脱贫致富典型标杆。2013年12月，正值村“两委”换届，39岁的张长英因年富力强、敢闯敢干、具有领富能力，被全票推选为支部书记。上任伊始，面对这样一个“烂摊子”，她有些无措，甚至有辞去支部书记的念头。但想到群众对自己的信任和对脱贫的期盼，她暗下决心，一定要带领群众走上致富路。为此，她放弃经营多年的养殖场，全身心投入脱贫工作中。三年来，她跑社入户了解社情民意，掌握致贫原因，带头宣讲政策，全村每个角落留下了她的足迹。

哪里有困难，哪里就有张长英。顶子山村 1 社的徐兴秀身有残疾，丧失了劳动能力，张长英主动上门帮助栽秧打谷子；5 社一户贫困户因病长年吃药，她随时登门看望，并进城帮助办理医药费报销手续。3 社有一处长达 300 米的隧道，因为年久失修，群众长期不能受益。村“两委”干部到现场查看损毁程度时，现场臭气熏天，没有一个人愿意往里钻。张长英二话不说，第一个走进隧道，详细地查看损毁状况。群众都说：“有这样的领头人，我们脱贫有望了。”

对于张长英而言，最遗憾的是没有照顾好她的两个孩子。因为忙于扶贫，经常把村办公室当家，丈夫又时常在外工作，两个孩子只有托付给父母看管。“我也想做个好母亲，可群众的眼睛看着，我不做点实事就对不住乡亲们的信任。”张长英带着对家庭的内疚和个人的委屈，继续带领群众脱贫致富。

顺应民意，攻坚克难，破除脱贫致富掣肘瓶颈。无路、无水、无产业，“三无”是顶子山村贫困的真正原因，也是群众迫切需要解决的难题。要想富，先修路。为筹集修路的资金，张长英整日奔波，她多次组织“两委”班子成员商议，多次带领村干部到社开会，多次争跑项目，组织群众集资 30 多万元，社会捐赠 20 多万元。尽管筹集到了资金，但是修路却又遇到阻力。3 社村民张丕友，因修路要削屋后岩，多次阻工；4 社村民何庆芳因遗留问题没解决，阻止修建。类似的问题不少，张长英都逐一深入农家，忍住白眼和挨骂，个个疏通。截至 2016 年，该村已新建 9.2 公里水泥路、1.3 公里通社的泥结碎石路，出行难、买卖难的问题得到根本解决。

产业兴，则民富。就在张长英提出发展水果产业时，麻烦接踵而至，首先几个社长带头不支持，认为以前多次发展水果产业都失败了，这条路行不通；其次群众也有抵触，认为种植了，没销路。针对这种质疑，张长英组织村社干部、党员群众代表到简阳、内江等地考察，在了解水果品种、市场行情和产出效益后，购买了“爱媛 38” 3 龄苗 1.5 万株，栽植面积 500 余亩。同时，她还引进业主 3 个，流转土地 200 多亩，规模发展水果产业。为了解决销路问题，她组织成立了景丰种植专业合作社，专门跑市场、跑销路。

在修路、发展产业的同时，张长英还把人畜饮水作为头等大事来抓。上湾堰塘是全村唯一的饮用水源，因长期未整治，基本废弃。2016 年 4 月，她组织党员群众积极整治，带头清淤、运土，在她的带动下，群众劳动积极性高涨，80 天的工程 50 天完工。

探索创新，带头引领，增强脱贫致富内生动力。2014 年底，顶子山村有贫困户 65 户 225 人。如何摆脱贫困，是张长英思考最多的问题。直接给钱，有的贫困户拿去就用了；给物资，用不了多久就没了。经过再三琢磨和探索，张长英思路逐渐清晰：单一扶贫手段取得的成效都很短暂，只能让老百姓暂时脱贫，时间一长，又会逐一返贫，综合的、长期性的扶持才是解决贫困的根本途径，唯有如此，才能让老百姓有可持续性收入。

由小做大，发展小养殖、做点小买卖、搞个小作坊、建个小庭院，贫困户既能承受又能赚钱，也是贫困户脱贫致富的一大支柱。由此，一场以发展“四小工程”、由小及大的扶贫攻坚战打响。2015 年，全村贫困户房前屋后整治土地 100 余亩，发展核桃、脆香甜柚、葡萄、枇杷等庭院经济作物 200 余亩；先后两批次为贫困户购买土肉鸡 6400 余只，帮助贫困户建小卖部。同时，利用入户资金，给予贫困户家禽养殖补贴。2015 年脱贫户达 30 户 106 人。

扶真贫，真扶贫。为了加速脱贫步伐，张长英利用自己曾开办过养殖场的经验，在 2016 年投资 200 万元建设了蛋鸡养殖场，并用活产业发展周转资金发放政策，将 21 户贫困户以每户 1 万元入股的形式纳入养殖场，每月按股份比例分红，长期享受。如贫困户想退股，其本金 1 万元如数退还。为了增加销路，张长英成立了桔源养殖专业合作社，实行产供销一条龙管理。目前，每月仅产蛋收入就达 24 万元，解决贫困户就近务工 4 人，21 户贫困户每户首次分红 120 元。“自己富，不算富；大家富，才是真的富”，这是张长英发自内心的想法。

精准扶贫由“漫灌”到“滴灌”的攻坚拔寨阶段，要按照习总书记的指示：“把扶贫开发同基层组织建设有机结合起来，真正把基层党组织建设成带领群众脱贫致富的坚强战斗堡垒。要推进党的基层组织设置和活动方式创新，引导广大党员干部发挥先锋模范作用。”顶子山农村基层党组织通过开展先锋引领行动、设岗定责活动、观摩学习、主题培训等有效举措，不断深化农村基层党组织对加强服务型党组织的认识，搭建为民服务平台，构建便民服务通道，形成“群众动嘴、干部跑腿”的新型基层服务机制。抓党建促扶贫，进一步强化了基层党组织的凝聚力与战斗力，在扶贫攻坚的工作中充分发挥了基层党组织的作用，将精准扶贫与基层党建工作有机地结合在一起，实现了良性的双向互动。张长英以自身示范成为引领全村群众冲锋向前的干事先锋，以实际行动诠释了一名合格党员的为民本色。她结合当地实际，选好选准产业项目，增强市场意识和商品意识，充分发挥支部和党员的“双带”作用，切实发挥基层服务型党组织在带领群众脱贫致富中的作用。

案例 5：内源扶贫——扶贫扶志，既富脑袋又富口袋①

南部打出思想扶贫“组合拳”，激发贫困群众内生动力。打赢脱贫攻坚战，需要政府主导、外力主推，更需要依靠贫困群众的主体力量，凝民智聚民力是关键所在，让他们主动用自己的双手去摆脱贫困。自精准扶贫工作开展以来，南部县通过培育群众的主体意识、加强群众的能力建设、建立与本地经济相结合的产业帮扶体制机制、激发群众志气和信心等思想扶贫“组合拳”，让贫困群众的心热起来、劲使出来、手动起来，确保实现脱贫攻坚连战连胜、再战再胜。

一、精准识别，群众有杆“公平秤”

脱贫攻坚的过程中能否做到因村、因户、因人精准施策，首先是做到精准识别贫困人口，这是一切扶贫工作的第一步，把第一步走好了，自然脱贫攻坚的群众工作就做好了一大半，脱贫攻坚的各项实施战略方针政策就沉得下去，落到实处，见得持续成效。

在万年镇天波村，关于村事务通过群众大会讨论的场面在村里是一件显得很平常的事情，村里的每一名干部和村民都把它当作生活中的一部分，这也充分说明了民主管理、治理有效在天波村已初步形成制度和机制，这对于发挥天波村群众力量，主观能动性，积极参与村事务，民主决策，提高村民公民意识，集中力量办大事，实现人民最根本的利益起到很重要的作用。在研究团队实地调研的过程中，从第一书记陈鹏的访谈中了解到，在脱贫攻坚过程中，凡是关系到群众切身利益的重大决策事务都要组织召开群众大会，识别和民主评议贫困户，和群众探讨做强有机生态农业、脱贫奔康产业园等的详细方案。近几年来，他已经记不清楚开了多少

① 2018 年，材料来源于网络・南充日报，A3 版次。

次群众大会。

天波村的群众大会能成为该村一道亮丽的风景线得益于天波村一开始就对扶贫对象公平、公正、公开的认定，精准识别到每一个人，一直以来，大家都积极参与脱贫攻坚。其实这样开展脱贫攻坚工作不只是这一个村，天波村只是南部县做好群众工作，激发群众内生动力的一个缩影。据县扶贫移民局相关负责人介绍，在精准扶贫过程中，南部县着力解决“扶持谁”的问题，强化公开识别程序，实行脱贫动态管理，定期核查扶贫对象的真实情况等，帮助群众树立脱贫攻坚主体意识，让精准扶贫得到群众普遍响应和支持。

从南部县扶贫移民局了解到的情况，南部县按照“坚持标准公开评定，确保扶持对象精准”原则，政策宣讲到位、业务培训到位、群众发动到位，在县、乡、村层层召开业务培训会和群众坝坝会，广泛宣讲政策、逐村逐户动员。通过农户申请、入户核实等程序，全程公开透明评定。

“在初步确定对象后，还实行县领导带队督查、县纪委暗访巡察，做到贫困户100%见面、临界困难户100%排查、疑点问题户100%复核。”该负责人说，通过“一村一档”“一户一卡”的精准识别和管理，引发当地干部群众一起出主意、想办法，实现外力推进与内生动力相互作用的良性互动，并在全县范围内形成你追我赶为脱贫的浓厚氛围。

此外，为了扩大和延伸群众大会的积极作用，转变贫困群众的贫困思想，以多形式、多途径深入开展精神扶贫、参与式扶贫工作，南部县创新群众工作法，推行村“两委”提议、村民议事会审议、村民大会或村民代表大会决议的“三议机制”和村“两委”干部会、党员会、群众代表会、联社会和院户会的“五会模式”，让脱贫攻坚工作得到群众的积极广泛支持和热情参与。可以说，这为确保如期实现脱贫“摘帽”和脱贫成果可持续、更长久奠定了坚实的群众基础和思想基础。

二、思想到位，群众有股“原动力”

消除思想贫困，激发贫困群众脱贫的内生动力是打赢脱贫攻坚战的重要前提。要强化政策引导，为思想扶贫提供科学导向；强化舆论宣传，为思想扶贫提供舆论支持；强化教育培训，全面提升贫困群众的素养，帮助贫困群众树立脱贫意识，坚定脱贫信心，明确脱贫方向，依靠自身奋斗逐梦小康。

南部县碑院镇林坝村与其他众多贫困村一样，是典型的饮水难、行路难、增收难、住房难“四难”贫困村、旱山村。2014 年，南部县安监局下派张浩到林坝村任第一书记，带领林坝村使出“绣花”功夫，通过带班子强队伍、带群众强主体，进行“四小工程”和脱贫产业园建设，林坝村于 2016 年在重点贫困村中率先出列，并被省委、省政府表彰为全省首批省级“四好”村。

林坝村是典型的旱山村，由于致富的内生动力不足，不利于村“两委”推进脱贫攻坚工作。林坝村村“两委”在狠抓自身作风建设的同时，引导教育村民艰苦奋斗、勤劳致富，多次组织村民开展“转观念、改习惯、促生产”大讨论，带领村民到成都市蒲江县和该县望月村参观学习，村民的思想观念、生活习惯得到转变，群众主观能动性也得到较好发挥。2016 年，林坝村在重点贫困村中率先出列，贫困发生率由 2014 年建档立卡时的 33% 降为 0.79%，村集体收入实现零的突破，被省委、省政府表彰为全省首批省级“四好”村。

三、“四小工程”细化到户，因地制宜发展脱贫产业

林坝村党支部把发展产业作为头等大事，坚持“种植业与养殖业相结合、小家禽与大牲畜养殖相结合、长效产业与短效产业相结合”发展产业。根据该村的特点，林坝村把“四小工程”细化到户，发展小养殖 63 户，饲养 5000 只绿色生态土鸡、土鸭。此外，林坝村还成片种植 380 亩

脆香甜柚，让农户长期效益有保障。

林坝村推动脱贫产业园建设，发展“归雁经济”。林坝村招引在外从事肉食品批发的乡友胡永红回乡创业，建立了2000平方米的养殖场，饲养母猪150头、生猪1500头，积极引导带动贫困户以入股、领养或就近务工的方式参与养殖，带动全村致富。该村采取“公司＋农合社＋农户”的模式，引入具有资金、技术和市场优势的温氏集团，发展小家禽托养；采取“公司＋党支部＋农户”的模式，引入四川天宫山茂林农业科技有限公司发展优质水稻——紫米订单农业。

精准扶贫，必须消除“等靠要”思想，才能真正斩断穷根。林坝村曾是远近闻名的“问题”村，干群关系紧张，村民“等靠要”思想严重。但是该村在开展脱贫攻坚工作中，坚持将扶贫和扶志有机结合起来，持续开展新风民俗培育及感恩教育、法纪教育、习惯教育、风气教育、脱贫光荣的自尊教育“五大主题教育”活动，林坝村从此脱胎换骨，变成了“四好”村，充分激发贫困户自我脱贫的斗志和决心是脱贫攻坚工作给林坝村带来的最有意义的变化。

思想引导是根本中的根本，打破思想瓶颈，才能激发出自我发展、自主脱贫的意识。为彻底消除“等靠要”思想，引导贫困户从“要我脱贫”转变为“我要脱贫”，南部县在农村家庭中开展以“住上好房子、过上好日子、养成好习惯、形成好风气”为主题的“四好”星级示范户创建活动，让“懒惰致贫可耻、勤劳致富光荣”厚植人心。决战贫困，需要贫困群众自立自强、铆足干劲，拿出“我要脱贫”“我会脱贫”“我敢脱贫”的积极性、主动性和创造性。为增强贫困群众的脱贫信心，该县持续抓好“五大主题教育”活动，通过在全县范围内开展最美南部人评选、最美家庭评选、十大孝星评选等活动，营造出人心思进、人心思变、人心思干的良好氛围。在脱贫攻坚中，南部县还以“察民情、解民难、保民生”为主题，开展家访住夜、代办服务、精准帮扶、扶贫济困、义工服务、送医进村、就业促进、新风培育、法律服务进村、扶贫专项巡察十大惠民行动，让扶贫帮扶政策家喻户晓，切实提高贫困群众参与脱贫攻坚的主动性和积极性。

案例 6：内源扶贫——金石村激发贫困群众内生动力

南部县楠木镇金石村，距县城 40 公里，共有 2817 人，村民以传统种养业为主。2014 年 6 月被列入革命老区贫困村，全村有 40 户贫困户，同年 7 月，南部县第二中学历史教师郭宗旋被下派到该村担任第一书记，开始了由“白面秀才”到“乡村万事通”的转变。郭宗旋通过与贫困群众搞好干群关系，向当地老百姓请教交流，带动群众做强产业，成片发展果桑、春见柑橘、小米椒，村民致富有了稳定收入。

要精准扶贫、精准脱贫，必须充分相信群众、依靠群众。在第一书记郭宗旋的带领下，村“两委”积极争取各方资金，扶贫项目下达后，积极组织、发动群众筹资投劳。在大家共同努力下，一年多来，金石村村民已踊跃筹资投劳折合人民币 150 多万元。同时完善村民代表会议制度，一事一议，并制定村规民约，大小事同群众商量，把权力交还给群众，让群众积极参与村级大小事务的决策，真正做到群众说了算。在村“两委”的带领下，两年来金石村完成 11.8 公里、3 米宽的通组道路建设，基本实现户户通；成片发展果桑 120 亩、春见柑橘 100 亩、小米椒 80 亩；成立“金石村自强农副产品合作社”，形成“党支部 + 业主 + 农户”的经营发展模式。

现在金石村 120 亩果桑产业已初见成效，在村党支部的组织协调下，进行科学管理，已经形成产销一条龙。今年果桑销售金额已达 10 多万元。金石村栽植的 80 余亩小米椒长势喜人，按每亩 4000 元计算，预计收入达

32 万余元。现在金石村已实现集体经济收入 18000 多元。自 2015 年 10 月以来，金石村金土地项目全面实施。作为第一书记，郭宗旋积极协调处理各种矛盾纠纷，监督工程质量，确保土地整改项目稳步、高效、有序进行。现在土地整治已全面结束，新建水池 8 口，整治大型堰塘 5 口，维修水渠 2.3 公里，修建生产便民路 5.8 公里。

“扶贫先扶志，脱贫当去愚。”针对金石村部分贫困群众“等靠要”的思想，郭宗旋首先从思想教育工作抓起，耐心开导、晓之以理、动之以情，以促使其思想观念转变，并先后组织有思想、觉悟高、能带头的群众代表，对观念落后、思想保守的群众一对一做思想工作。此外，抓好示范带动，让贫困户之间相互比较、相互竞争，看谁先脱贫，并对脱贫进展进行跟踪、评比，让那些有着“等靠要”思想的贫困户脸红心跳、奋起直追。

贫困户肖术芳家里以前一贫如洗，时常有揭不开锅的时候，自己还有依赖心理，总觉得扶贫是国家的事、干部的事，与贫困户本身无关。通过教育和帮扶，她家养了 3 头牛，年纯收入 3000 元；养了 2 头猪，年纯收入 2000 元；还养了 100 只鹅，已出栏一批 100 只，纯收入 2000 多元；栽种了 0.4 亩果桑，年纯收入 2400 元；加上儿子外出务工的年收入 1.5 万元，她家的年纯收入可达 2 万多元。现在肖术芳的精神面貌焕然一新，每天晚上还乐滋滋地跳起坝坝舞。

金石村现在已经形成了先进帮后进、后进学先进的良好氛围，为金石村脱贫奔康奠定了坚实基础。从以上南部县发挥“造血”功能的产业就业扶贫模式看，很好地提高了贫困群众的参与意愿和主观能动性，可以得到一些启示：

产业植入是推动贫困地区高质量脱贫的重要途径。高质量脱贫强调脱贫之后发展的内生性、长效性、持续性，切实解决深度贫困和防止返贫问题是实现高质量脱贫的重要任务。高质量脱贫的关键是产业发展，只有产业发展了，贫困区域人口才能获得更多的就业机会，拓宽收入来源渠道，改善生产生活条件，摆脱贫困状态，走出“贫困陷阱”，走上致富道路。农村地区目前成为我国精准扶贫、精准脱贫的主战场，要实现精准脱贫必须要有产业支撑，形成“造血器官”，使其具备“造血能力”，逐步提升“造血功能”。在贫困地区由于客观和主观因素的制约，其发展机制不健全、发展动力不足，只有借助外力因地制宜、合理适度植入产业，通过经济和市场化的手段引导和调动贫困地区人口的脱贫参与度，激活劳动力要素的积极性，才能有效提升资源利用效率、降低运营成本和市场风险，提升贫困地区内在发展动力，推动贫困地区实现高质量脱贫。

产业植入是提升贫困个体发展能力的重要手段。从实践来看，产业和就业帮扶能够迅速提升其发展能力，有效改善其生产生活条件，并能够使其收入保持持续稳定增长，具有较好的扶贫效果。因而，从乡村振兴的视角看，产业植入能够有效提升贫困人群的自我发展能力。

案例 7：产业扶贫——铺就长效致富之路

仅 2016 年，南部县整合涉农项目资金 5.5 亿元，共投入扶贫资金 8.9 亿元，全县实际脱贫 27569 人，退出 66 个贫困村，贫困发生率降至 2.52%。南部脱贫攻坚工作一天一进步、一月一变化，南部县不但要扶持一家一户脱贫致富，还特别注重发展长效产业，南部县在充分尊重群众意愿的基础上，采取“龙头企业 + 合作社 + 贫困户”的模式，做强做大一个产业，稳定增加贫困农户收入，辐射带动更多贫困户走上致富路。

为了实现这一目标，南部县采取农民以土地、资金方式入股，合作社采取入股分红、返租托管、租金保底等方式帮助农民实现长效增收，其中柑橘产业就有长远的增收潜力，2018 年柑橘树试挂果，2019 年正式投产，投产后户均收入达到1.2万元。同时，它也创造了巨大的岗位空间。在栽种树苗期间，每天有700多名农民在园区务工，每人每天收入80元，在后期产业园区需要大量工人进行管护，园区还将充分利用林下空地套种蔬菜、花生等作物和发展林下养殖，为广大留守妇女和老人提供更多就近就业的机会。目前，南部县建立了食用菌、肉鸡、果药、水产、柑橘等脱贫奔康产业园206个，贫困村实现当家产业全覆盖。

一、“四小工程”助脱贫攻坚

南部县地处秦巴山脉西南端干旱走廊、深丘地带，1986年被确定为国家级贫困县，也是全省脱贫攻坚战首批5个计划脱贫“摘帽”县之一。过去的半年，南部人在省委、市委的坚强领导下，坚持一切资源向脱贫攻坚主战场整合，一切能人向主战场集中，一切宣传向主战场聚焦，一切制度为主战场服务，切实把省委、市委脱贫攻坚的每一项决策部署抓细抓实、抓出实效。面对脱贫时间紧、任务重的实际，南部县从办得了、办得好的“短、平、快”项目上着力突破。在听取了自下而上的意见后，南部县明确了发展小庭院、小养殖、小买卖、小作坊“四小工程”，“四小工程”即鼓励和支持贫困户栽植以脆香甜柚为主的果园、菜园、林园，开展生态水产和林下养殖，贩卖农产品或经营小商品直销店，进行竹木制品或方酥锅盔、川北凉粉等土特产品加工，从最现实、最直接的地方下手解决群众“增收难”，有效破解了农村经济发展瓶颈，夯实了群众脱贫致富奔小康的基础。下面的两个典型贫困户的脱贫事例就是在小养殖方面的真实写照。

因地制宜，“小工程”显大效果。碑院镇林坝村地处川陕革命老区，交通闭塞、土地瘠薄，全村745人，贫困人口234人，贫困发生率达31%。但林坝村人不等不靠谋发展，干群同心抓攻坚，走出了一条因地制宜、分类施策脱贫奔小康的路子，为贫困山区、革命老区全域推进精准脱贫提供了鲜活的样板。

南部县碑院镇林坝村村民张定科原来是村里的典型贫困户，在南部县开展精准扶贫后，2015 年，张定科利用 1000 元扶贫资金做本钱，搞起了小养殖，从最初的 20 只鸡，发展到现在的 1000 多只，一年收入 3 万多元。如今，他不仅自己脱了贫，还带动周围 30 余户贫困户脱贫致富。张定科说："在家门口搞点小养殖，投钱少见效快，帮助老百姓脱贫真的很实在。"

南部县大堰乡三家沟村贫困户张体仁就是脱贫大军中的一员，他用帮扶干部资助的 1700 元钱购买了 1 头母羊，产下了 3 头小羊。他算了一笔账，以每头 2000 元的价格计算，3 头小羊就可以卖 6000 元。平时自己勤快点，还可以打点散工，在村里的合作社挣钱，年收入过万元肯定没问题。为解决"无钱发展"的问题，南部县通过干部捐助、亲友借资、小额信贷、政策奖补落实"四小工程"启动资金，张体仁就是其中的受益者。

目前，"四小工程"已规划落实到全部贫困户，每户贫困户至少有 1 个增收致富的项目，让每家的"小"变成了区域的"大"，形成了产业的规模经营。据悉，按照贫困户脱贫标准和"五个一批"要求，2016 年，南部县将重点发展"四小工程"6116 户，到年底，越来越多的贫困户走上了像张定科和张体仁一样的脱贫路。

二、"四小工程"助农增收

2015 年，南部县创新提出了大力发展小买卖、小庭院、小养殖、小作坊的"四小工程"，确保每户贫困户至少有一个增收项目，处处涌动着脱贫攻坚的热潮，"南部做法"的生动实践催开了南部人民生活的幸福之花。南部县扶贫和移民工作局认识到，要脱贫，增收是关键。"四小工程"投入少、见效快，能有效解决群众"增收难"的问题，在实施过程中不但精准到户，还分类指导。2015 年以来，南部县共规划实施"四小工程"

的贫困户占全县贫困户总数的61%。其中，帮助1800户贫困户从事蔬菜、水果、畜禽等农产品贩卖；建成小果园、小菜园、小林园等16.2万亩；1600户贫困户从事竹木制品或锅盔、豆腐、凉粉等农产品加工；近1.2万户贫困户通过发展小养殖实现了增收。

南部县鼓励贫困户搞小养殖，利用到户补助资金做本钱，搞小养殖，投钱少、见效快。南部县定水镇郑家沟村4组村民魏丕仁喂养了母猪，一年之后开始下崽，靠卖小猪仔一下赚了8000元。除了养母猪，他还养殖了鸡、鸭200只，纯收入达到4000元，收入比以前翻了一番。现在他的脸上总是洋溢着幸福的笑容。小养殖只是南部县产业扶贫长效手段的一个侧面反映，其背后体现的是产业扶贫政策的实施，或者说扶贫产业是否能够起到稳定长效的扶贫作用，取决于扶贫产业政策是否符合配对贫困户现实需求与市场选择。如果配对成功，就能让贫困农户从中获得长远稳定收入，增加其增收路径。

案例8：产业扶贫——三官镇朱家梁村通过枇杷产业扶贫

朱家梁村是该县农业产业发展的先进典型。朱家梁村地处三官镇东面，距南部县仅20公里，全村共有8个村民小组，242户农户，1020余人，全村水田200亩，旱地640亩。国道212线东西贯穿本村，通村公路和组级公路实现基本硬化，交通十分便利，紧邻国道是该村发展枇杷产业得天独厚的地理优势。村委会经过商讨后决定充分利用这一优势发展水果产业。该村计划通过入股集资的方式，在紧邻国道的弃土场上建一个农贸市场，为村民提供便利的销售平台。该村从一个贫困村转变为富裕的产业村，确实是抓住了产业脱贫这一关键。

该村结合实际，依托独特的地理环境和气候优势，积极引导村民进行农业产业结构调整，以农业增效、农民增收为主线，通过引进业主的方式，在8社流转110亩土地着力打造优质枇杷，以拓宽农民增收渠道。此外，还组织部分农户在城隍垭村、望月村考察学习后，在该村2、4、5、6、7社发展枇杷170亩。在发展枇杷产业的过程中，在县农业局的指导下，在镇党委、政府的支持下，村支部书记朱治善亲自带头，组织扶贫、农技、林业技术人员，进村社、到田间，全面开展地理条件、土壤特性、市场前景、劳动力资源调研分析，积极引进适合当地种植的枇杷品种和种植技术，有计划、有规划、有组织地发展枇杷产业，为群众找好致富路。同时，从政策、资金、技术、销售等方面给予农户大力扶持，组织人员外出考察学习，积极为群众引进新技术，并大力推广宣传，组织群众进行交流培训，为群众种植和管理奠定技术基础；坚持走规范种植示范引领道路，集中打造种植示范样板，引领群众有技术、有效益地种植，力促群众把枇杷做成产业。刚开始种植枇杷时，由于短期内看不到经济效益，许多村民心存疑虑，担心销路，甚至打算砍掉枇杷树复耕。为了保住枇杷产业，坚定农户的信心，该村成立了富林果业农民专业合作社，在镇技术人员的指导下，统一组织人力进行修枝、治虫、疏花疏果、采摘、装箱、销售等工作。该村支部书记朱治善带领全体村社干部到重庆拓宽枇杷销售渠道，组织村民将采摘的枇杷集中打包装箱，连夜运到重庆进行销售，全程产生的运费和人工费均由村集体支出，未向农户收取任何费用，帮助果农户均增收近1.5万元，使群众切实看到了发展枇杷产业的成效，切实感受到了由种植枇杷带来经济收入的增加，体会到切切实实的效益。该村每年拿出5000元集体资金，专门聘请了7名县果树技术人员对枇杷树进行统一修枝整型、施肥打药、防病治虫等田间管理。同时，在县农业局的帮助下，解决了部分肥料、农药等农用物资的费用问题。

在大力发展枇杷产业过程中，三官镇朱家梁村以培育大户为抓手，推广规模种植，并实施土地流转、引进业主发展，形成示范带动效应，成为远近闻名的“枇杷村”。三官镇朱家梁村处在南部县枇杷产业带上，枇杷产业是当地群众的支柱产业。2017 年因前期天气较好，管理科学，枇杷实现了大丰收。为避免果农陷入增产不增收的困境，2017 年，县农牧业局早安排、早部署，通过建立销售专业队伍，组织枇杷种植重点村和业主大户代表赴重庆、西安、贵州等地考察市场，积极与外地收购商洽谈，签订意向收购合同，成功招引了 80 余家外地收购商来南部县驻地收购，全县外销枇杷产量达 8000 余吨。

同时，为打造知名品牌，南部县还加大了商标注册和“三品一标”认证工作力度，提高了南部枇杷知名度。截至目前，枇杷栽植面积达 280 亩，平均亩产 1100 斤，总产值达 92.4 万元，户均收入约 2.5 万元，枇杷种植大户年收入可达 5 万元。

要想贫困村真正脱贫，关键在于产业，而产业扶贫的长效性如何，还得依靠群众，充分发挥他们的主体作用。开展精准扶贫工作以来，南部县通过直选群众代表、严格落实重大事务“三议”程序、订立“村规民约”等方式，让群众自觉、主动参与到村级事务和扶贫开发工作中来。调动贫困群众的积极性，不等不靠，苦干实干，才能实现彻底脱贫。坚持公开民主的原则，制订“村规民约”，完善村民代表会议制度，把大小事务交与群众商量，真正做到“领导不拍板，群众说了算”。群众工作法是发展产业的制胜法宝。在扶贫攻坚工作中，南部县一直严格要求，各乡镇、各村充分依靠群众，发展什么产业、怎样发展产业都由群众来决定。群众的力量是无穷的，要改变过去政府大包大揽的思维，增强市场观念，把产业的培育和管护变成村规民约，变成群众的自主行动，掀起群众自主的产业发展热潮。

南部县发生可喜变化也得益于各个村党组织、支书等干部的治村思路，致富能人的积极广泛参与。这部分人往往思维开阔，点子多，喜欢和善于了解学习新事物，做事灵活，富有冒险精神和敢闯敢拼的精神，这样一支具有“狼性”的基层扶贫队伍，在脱贫攻坚中充当着至关重要的精神支柱的作用，是脱贫攻坚的主心骨，能够让贫困群众的力量凝聚起来。

案例 9：产业扶贫——聚焦产业强镇，助力精准脱贫

在乡村振兴中，产业振兴是基础和支撑。农村精准扶贫更要因地制宜，注重农业产业发展，而产业发展能够有效提升贫困区域和贫困个体持续增收能力。精准扶贫的关键是精准受益，只有村集体掌控下的产业发展才能够有效增强集体经济实力，才能将更多产业发展利润留驻于村级层面，进而实现精准收益目标。对于贫困村脱贫而言，产业发展要在尊重发展规律的基础上，有耐心、分阶段推进，因地制宜选择最有效的经营主体、经营模式、经营规模，使业态、主体、产品等多元化，为贫困村脱贫致富提供持续有效动力，降低返贫风险。因此，要实现精准脱贫，应强化市场化思维，借助大数据、信息化手段，提升农业定制化服务能力和水平，鼓励和扶持创建新型经营主体，发展以农村集体经济组织为经营主体的、多元主体参与的、产供销一体化的、一二三产业互融的产业脱贫模式。

南部的晚熟柑橘产业带建设在定水镇—升钟湖镇带状区开展，以建设晚熟柑橘产业强镇为目标打造脱贫产业，带动辐射地区的贫困群众融进产业，走出贫困。以谢家垭、庙子山、懈空寺、九洞磨 4 个村为重点，全镇规划栽植晚熟柑橘 5300 余亩。南部的土质和气候适宜柑橘树生长，群众也有发展经果林木的意愿。为此，定水镇广泛征求群众意见并开展市场调研，确立以晚熟柑橘为主导产业。南部县在推动定（水）升（钟）晚熟柑橘产业带建设中，坚持让群众做主，积极发动定水、大王、兴盛等定升公路沿线乡镇群众规划栽植，规划建设范围涉及 12 个乡镇、86 个村，栽植品种有杂柑、橙类、脆香甜柚等，规划柑橘产业建设面积达 5 万余亩。南

部县在推进“中国晚熟柑橘之乡”建设中，按照田成方、地成型、路成网的标准，实行“标准统一、项目统一、行动统一”，目前整个产业带沿线的12个乡镇10个作业片区已全面启动建设，已完成去杂超过90%，田地调型8000亩、栽植2000余亩。定升晚熟柑橘产业带分两期建设，2018年，两期共完成5万亩。南部县依托该产业带，将重点建设大王镇药王庙乡村旅游环线、升钟镇回龙场核心示范片、永红鸳鸯小环线、万年镇万年寺核心示范片、雄狮乡庆丰核心示范片等5个重点区域。围绕“打造一片产业、再造一个景区”的发展定位，通过创新“农投公司招商、筑巢引凤联建、三权二次分离、带领群众奔康”机制，推行“农投公司+业主”“农投公司+能人+农户”等发展模式，大力提升产业带的经营管理水平。

南部县还建立起可追溯农产品质量安全控制体系，推进柑橘有机食品认证，力争地理标志农产品认证，创建“亲水南部”柑橘品牌。同时，在南部农业物流园规划发展物流、加工、电商等配套产业，在产业园统一规划生产用房及临时仓储设施等。在建产业带的同时，该县已初步探索形成了“土地入社、统一流转，龙头带动、示范引领，五方联盟、按股分红，农旅结合、融合发展”的建设管理机制，并通过发动商会、招商引资等方式实现了与龙头企业的有效衔接。目前，定升沿线晚熟柑橘产业带已与新疆天业集团、成都南部商会、北京天顺富达公司等达成了初步合作意向。

建兴镇是四川省南充市南部县下辖镇。建兴位于四川盆地东北部，南部县城西南部，这里南连西充，西接绵阳，是南部县的南大门，距南部县城27公里。建兴地形地貌属浅丘陵地带，平均海拔516米，最高海拔678.30米，最低353.70米，属亚热带湿润气候，季风气候明显，年降水量600—1300毫米，土地肥沃，植被较好。建兴镇种植水果4200亩，核桃1.2万多株、花椒2.4万株，还套种了龙竹、中药材等经济作物。充分利用资源优势、地理优势，并出台了一系列优惠政策，引进业主种植琯溪蜜柚10万株，黄花梨、大枣、枇杷700亩。

南部县建兴镇桥楼子村涂登明家庭农场就是该镇水果产业的一个缩影。在调研中了解到，该农场面积有217亩，其中桃园面积50余亩，种植有五月红桃、白雪桃、皮球桃、中华寿桃、日本山红等多个品种，年产量约1.5万公斤，采摘期可持续到10月下旬。据农场业主介绍，由于水果属于劳动密集型产业，农场平时聘请了不少村民参与日常管理，为当地村民增收开辟了新的途径。目前，水果产业已成为该镇的支柱产业，全镇共种植葡萄、枇杷、桃子、猕猴桃等多种水果，种植面积达2000余亩，每年可给当地果农带来近千万元收入。

在南部县产业发展强镇取得重要成效的一个最好例证就是南部县定水镇庙子山村，该村凭借种植葡萄的突出成效入选第五批全国一村一品示范村。庙子山村的葡萄产业园于2009年12月建成，该园种植葡萄1000余亩，有夏黑、巨峰、红提、巨玫瑰等数个品种，年总产量达400吨左右，产值达500余万元。

近年来，该产业园还将葡萄种植与旅游开发有机结合起来，修建了近5000平方米钓鱼池，可容纳200人同时聚餐的餐厅，游客住宿、接待、停车、休闲设施一应俱全。每逢节假日，县城居民及周边地区的游客纷纷驾车前来，采摘、品尝葡萄，体验劳动乐趣，年接待游客近10万人次。此外，该产业园还通过土地流转、入园就业等方式带动村民增收致富。

其实，从南部县产业强镇的发展思路不难看出，强有力的产业支撑是引领和推动南部县贫困地区经济增长的重要驱动力。南部县贫困地区经济发展滞后的主要原因是没有找到适合本地实际情况和市场需求的产业。通过发挥扶贫机制的政策引导、资金帮扶等植入产业或培育出贫困地区主导产业和特色产业，以此促进就业和创业，进而实现持续增收和稳定脱贫，并进一步撬动和吸引人才、资本、土地等各类经济资源，使当地经济增长进入螺旋上升通道。在此传导机制的作用下，产业振兴能够进一步激活贫困地区的经济增长点，引领带动社会需求，促进经济良性循环发展。

产业振兴是实现南部县贫困地区长治久安的根本路径。经济基础决定上层建筑，经济发展是乡村保持长期稳定繁荣的基础。解决乡村发展中绝大部分问题，归根结底要靠经济的发展，而经济的发展核心又是产业的振兴，南部县也正认识到了这一发展规律。精准扶贫，意味着不是全面帮扶，而是在精准识别的基础上有针对性地帮扶，这也成为农村产生矛盾和不稳定的重要因素。南部县在精准帮扶和社会稳定中寻找平衡点，以产业强镇发展路径为突破口，通过市场和经济的手段激励全民参与精准扶贫，实现更高水平的发展和社会稳定。

案例 10：乡村振兴——南部县厚植乡风文明助力振兴

文化是乡村的灵魂，文化兴，乡村兴。2019 年 3 月 8 日，习近平在参加山东代表团审议时强调："要推动乡村文化振兴，加强农村思想道德建设和公共文化建设，以社会主义核心价值观为引领，深入挖掘优秀传统农耕文化蕴含的思想观念、人文精神、道德规范，培育挖掘乡土文化人才，弘扬主旋律和社会正气，培育文明乡风、良好家风、淳朴民风，改善农民精神风貌，提高乡村社会文明程度，焕发乡村文明新气象。"

培育文明乡风。"风俗，天下之大事也。"乡村振兴，乡风文明是重要标志。乡风是维系中华民族文化基因的重要纽带，农耕文明是中华民族对人类文明做出的重要贡献，是乡风文明的根和魂。农耕文明孕育了内敛式自给自足的生活方式、文化传统、农政思想、乡村管理制度等，与现代提倡的和谐、环保、低碳等理念十分契合。乡村文化建设要重视培育乡风文明，引导农民在思想观念、道德规范、知识水平、素质修养、行为操守等方面继承和弘扬农耕文化的优良传统，把社会主义核心价值观融入农村社会发展的各个方面，转化为农民的情感认识和行为习惯，吸收城市文化乃至其他民族文化中的积极因素，形成积极、健康、向上的社会风气和精神风貌。要重视培育乡土文化人才。乡贤文化曾是我国乡村文化发展的主要方式。新时代，要更加注重引导和培养乡贤，把德高望重的老人、心系故土的有识之士、道德模范、乡村教师、经济能人等有助于乡村治理的人，纳入乡贤群体中来，使其成为社会稳定的维护者和乡村文化的弘扬者。

培育良好家风。“一家仁，一国兴仁；一家让，一国兴让。”家风是社会文明的根基，家风相汇成民风，民风相融成国风，家风好则世风正。家风是家族成员长期恪守家训、坚守家规，通过家教而形成的具有鲜明家族特征的家庭文化，是一个家族最宝贵的财产，是每个家族成员自豪感的源泉。家风是融化在我们血液里的气质，是沉淀在我们骨髓中的品格，是我们立身做人的风范和格调。好家风是好家庭的血脉，好家风成就好家庭，好家庭培育好子女，好子女建设好社会。家风纯正，雨润万物；家风一破，污秽尽来。从家出发改变社会，源清流洁，强基固本。习近平总书记指出：“广大家庭都要弘扬优良家风，以千千万万家庭的好家风支撑起全社会的好风气。”中华民族历来重视门楣家风的教育和传承，讲求耕读为本，忠孝传家。周公旦的《诫伯禽书》、诸葛亮的《诫子书》、颜之推的《颜氏家训》、包拯的《包拯家训》等代代相传，成为引领中国社会向善向上的标杆。新时代，要更加注重家庭、注重家教、注重家风，让新农村呈现新家风。

培育淳朴民风。“君子之德风，小人之德草，草上之风必偃。”民风指的是民间教化和习俗，即社会风气。其核心是民间风尚，即民间共同体的价值取向和行为模式，如提倡道德自觉、理性、友爱等。民风建设是中国古代政治和社会治理的优良传统，对数千年中国社会政治的有秩序运转发挥了独特作用。《管子・八观》说："入州里，观习俗，听民之所以化其上，而治乱之国可知也。"指的是通过观察地方风化，可以预测一个国家的兴衰治乱的趋势。可见，民风是社会兴衰的风向标。习近平指出："实施乡村振兴战略要物质文明和精神文明一起抓，特别要注重提升农民精神风貌。"厚植淳朴民风，要加强农村公共文化建设。按照有标准、有网络、有内容、有人才的要求，健全乡村公共文化服务体系。支持农村地区优秀戏曲曲艺、民间文化等传承与发展。深入开展文化惠民活动，提供更多、更好的农村公共文化产品和服务。持续推进移风易俗，弘扬时代新风，遏制大操大办、厚葬薄养、人情攀比等陈规陋习。加强农村思想道德建设，加强道德意识，培育勤勉、诚朴的生活态度，为建立优良民风厚植底蕴。

积极培育文明乡风、良好家风、淳朴民风，是美丽乡村的精神内核，是乡村精神文明的基石，这"三风"不纯，再美的山水也缺乏灵气。乡风文明建设既是乡村振兴的智力支撑和精神动力，也是助力乡村振兴的重要推动力量。近年来，南部县把乡风文明建设作为实施乡村振兴战略的重要内容，以提升农民整体素质和社会文明程度为目标，积极培育文明乡风，持续开展优良"家风家训家规"评审、"最美南部人"评选等活动，为乡村振兴注入强大精神动力。

最美力量，弘扬最美精神。南部县已成功举办三届"最美南部人"评选活动，持续挖掘身边的凡人善举，一起寻找激励南部正能量的人物。并以这些先进典型的"最美力量"，弘扬"最美精神"，持续提高群众的文明素养，培育和传播"勤劳、朴实、诚信、包容"的南部人文精神。

中心乡漏米岩村村民马全民，几十年如一日兑现着对父亲的诺言，将扫墓、修墓、守墓作为一种使命，坚持做好烈士墓的第三代守墓人。他诚实守信、执着坚持的精神深受社会好评，曾荣获诚实守信类"四川好人"、感动南充 2016 年度人物、2016 年度"最美南部人"等荣誉。他的大女儿冯炼深受父亲影响，大学毕业后选择回乡教书育人，并牢记父亲的嘱托，当好第四代守墓人。

助人为乐的“熊猫女侠”敬红梅、敬业奉献在三尺讲台的胡仕敏、奋不顾身挽救他人生命的邓光跃等，他们让生活在南部县的每个人为“最美事迹”所感动，为“最美精神”所感染。“开展‘最美南部人’评选活动，树立文明标杆”，在南部县像这样的“最美”人物还有很多。为了挖掘并传播社会正能量，南部县已连续3年开展“最美南部人”推荐评选活动，选树了7个类别30余名忠诚担当、敬业奉献、诚实守信等类别的典型。在此基础上，南部县还强化“最美效应”，关心和支持先进模范人物，经常进行走访、座谈，认真听取他们的意见、建议，帮助他们解决实际问题，不断带动形成人人敬典型、学先进的氛围。

“家风”榜样，传承文明乡风。在保城乡大圆山村的“升钟湖敬洪琳家庭无声书院”，一副副木刻对联、整齐陈列的书法字画、一个个根艺作品等，让整个家充满了浓郁的书香气息。生命不息、学习不止，以书院为载体，继承和发扬传统文化，并世代相授、代代相承，传承良好家风、弘扬传统美德。家庭书院通过对联、根雕、字画等，展示爱国爱家、勤奋博学、做人做事等内容，让后辈在耳濡目染中受到熏陶，并运用到具体生活中。敬洪琳家庭书院不仅影响着他的子孙后代，更让周边村民也获益匪浅。随着农村群众对精神生活的追求越来越高，建立家庭书院能够改变村民的精神面貌，有助于农村风气的好转。在敬洪琳指导下建起的50余家家庭书院，让立身、处世、持家、治业等家风教诲走进了这些家庭。由90余户村民组成的百家无声文化艺术协会，成为助力当地农村精神文明建设的重要支撑。

一个个普通家庭，就像多米诺骨牌效应中的一张张骨牌，一个接着一个传递着文明风尚。好的家规家风树立起来，就把村风民风都带动起来，从而产生强大的文化引领效应。南部县着力培育乡贤文化、开展家庭星级创评等活动，坚持从每个家庭抓起，大力弘扬传统美德，让更多群众自觉践行社会主义核心价值观，提高思想道德水平，让乡村人居环境更优美、乡风更文明。

乡贤、家训、村规等农村文化资源根植乡土、贴近性强，蕴含着崇德向善的教化力量。南部县通过开展优良“家风家训家规”评审活动，挖掘弘扬优秀传统文化，树立文明家庭的标杆，并以村为单位，每年评选10%的“文明家庭”，逐步壮大乡风文明的家庭细胞，推进乡风文明进农村、优秀文化到农家、传统美德入农心。

以文化人，推进移风易俗。文化广场上，人们伴随着音乐跳舞；农家书屋里，人们专心致志阅读书籍；文化活动室内，人们尽情施展才艺。在八尔湖镇纯阳山村，群众脸上洋溢着幸福的笑容，成为南部县推进乡风文明建设最真实的写照。

纯阳山村建立村民文化活动广场，让群众休闲娱乐有好去处，也为净化村风民风提供了阵地。纯阳山村坚持文化惠民、以文化人，在修建群众文化广场的同时，加大文化配套投入和群众文化活动开展力度，村里建有综合阅览室、文化活动室、农家书屋、广播室等场所，配备有健身器材、体育用具、乐器等文体娱乐设施，并设置专人进行日常管理和维护，丰富群众文化生活。

走在东坝镇打鼓山村的乡间小路上，随处可见图文并茂的“讲文明、树新风”公益广告。打鼓山村将培育和展示社会主义核心价值观的公益广告，与乡村景观、日常生活紧密结合，让社会主义核心价值观不仅离得近、看得到，还听得见、摸得着。良好的村容村貌既是美丽乡村的外在表现，也是农村文明程度的直观反映。

“乡风淳，乡村兴。”近年来，南部县先后开展“助力精准扶贫，树立文明乡风”建设、美丽乡村文明建设示范村创建等活动，持续推进移风易俗，在乡村大地铺开了一幅幅“环境优美、乡风文明、社会有序”的画卷，为乡村振兴筑起了一道道坚实的精神保障。与此同时，南部县还创新载体、拓宽渠道，组织基层理论宣传队伍深入农村，开展形式多样、内容丰富、生动活泼的宣传教育活动，并以连户会、坝坝会等为载体，讲述新时代的好故事、暖心事。通过开展电影下乡、传统文化进校园等活动，促进乡村文体生活不断丰富，倡导健康文明的生活方式。

2018年9月，中共中央、国务院印发的《乡村振兴战略规划（2018—2022年）》指出，中华文明根植于农耕文化，乡村是中华文明的基本载体。乡村振兴，乡风文明是保障。实施乡村振兴战略，深入挖掘农耕文化蕴含的优秀思想观念、人文精神、道德规范，结合时代要求在保护传承的基础上创造性转化、创新性发展，有利于在新时代焕发出乡风文明的新气象，进一步丰富和传承中华优秀传统文化。

南部县通过“最美力量”“家风榜样”“以文育人”等活动，使农民精神文化生活得到了有效改善，农民文明素质和农村文明程度明显提升，推动了移风易俗，培养了新型农民，树立了文明乡风。“乐民之乐者，民亦乐其乐；忧民之忧者，民亦忧其忧。”在党的十九大、中央经济工作会议、中央农村工作会议精神和政府工作报告要求下，根据乡村振兴描绘的战略蓝图，推动社会主义核心价值观在农村落地生根，结合农村生产生活实际和农民群众思想实际，抓重点促落实，积极推动乡风文明建设工作，为乡村振兴提供思想保证、精神力量、道德滋养和文化条件。

案例11：乡村振兴——南部县培育新农人振兴农村

习近平总书记指出，农业农村现代化是实施乡村振兴战略的总目标。没有农业农村现代化，就没有整个国家现代化。实施乡村振兴战略是新时代做好“三农”工作的总抓手。人才振兴是乡村振兴的基础，要创新乡村人才工作体制机制，充分激发乡村现有人才活力，把更多城市人才引向乡村创新创业。乡村振兴，人才是魂。人才匮乏，一直是影响和制约农业、农村发展的一大瓶颈。乡村没有人才，再好的政策也难以实施，再好的资源也难以利用。2018 年 6 月，习近平在山东考察时指出：“乡村振兴，人才是关键。要推动乡村人才振兴，把人力资本开发放在首要位置，强化乡村振兴人才支撑，加快培育新型农业经营主体，让愿意留在乡村、建设家乡的人留得安心，让愿意上山下乡、回报乡村的人更有信心，激励各类人才在农村广阔天地大施所能、大展才华、大显身手，打造一支强大的乡村振兴人才队伍，在乡村形成人才、土地、资金、产业汇聚的良性循环。要积极培养本土人才，鼓励外出能人返乡创业，鼓励大学生村官扎根基层，为乡村振兴提供人才保障。”

实施乡村振兴战略，必须从根本上树立“人才是第一资源”的理念，充分认识农民在乡村振兴中的主体地位，把乡村人才振兴放在乡村振兴的重要位置，培育产生一大批新型农民，打造一支强大的乡村振兴人才队伍，为加快推进农业农村现代化提供坚实人才支撑。实施乡村振兴战略，必须破解人才瓶颈制约。要把人力资本开发放在首要位置，畅通智力、技术、管理下乡通道，造就更多乡土人才，聚天下人才而用之。

人才是第一资源，也是乡村振兴的关键。在推进乡村振兴的过程中，南部县着力在人才培育、引导、引进上下功夫，在吸引人才、留住人才、激发人才活力、释放人才红利上持续用力，坚持培养一批技术能人、乡村匠人、归乡贤人，以扎实的“三农”人才队伍建设，破解人才瓶颈制约，激发乡村振兴活力。

培养技术能人，提供人才支撑。这段时间，谢河镇武圣宫村村民魏刚忙得不可开交。白天，他要走家串户给村民传授养牛技术；晚上，还要学习果蔬种植技术以及帮助联系肉牛的销路。自从成为村里的种养能手，像这样的忙碌日子就成了魏刚的家常便饭。然而，曾经的魏刚却因缺少技术，打过工甚至摆过地摊，但都没能找到适合自己的致富道路。2014年，在帮扶干部的帮助下，魏刚学习养牛技术，建起肉牛养殖场，并拓展到西瓜种植、养蚯蚓等行业，成了村里的致富榜样。他还邀请村民和自己一起干，带动更多村民发家致富。村里养殖的肉牛品种好、品质佳，销售渠道也打开了，大家都感谢“魏能人”。魏刚带着大家养牛，平均每头有3500元的纯利润。现在，在家的村民都发展起种植养殖业，户户都有增收门路，致富有了保障。

依托产业基地、农民夜校等，村村培养适用技术人才、职业经理人、电商销售员，造就一批特色种养方面的“土专家”“田秀才”，实现致富一人、带动一方。南部县强化农村实用技术人才队伍，实施新型职业农民培育工程和农民工返乡创业培训计划，并采取驻村农技员实地指导、邀请农技专家专题讲授、农村创业青年外出学习、专业合作社定期交流等方式，以培育一批懂技术、会生产、能务工的复合型农民，培育一批有技术、会管理、善经营的新型职业农民，为乡村振兴提供有力的人才支撑。南部县整合农村各类现有人才资源，注重培育和发挥农村实用人才和带头人的“传帮带”作用，通过种养大户、专合社带头人、农民企业家等的带动、辐射和影响作用，以专题培训、现场观摩、结对帮扶等多种形式，开展技能培训和指导群众发展产业，解决乡村振兴专业人才短缺的问题，充分激发农民的内生动力。

培养乡村匠人，传承乡村文化。保城、升钟一带的根艺创作始于20世纪60年代，分布范围为升钟、大桥、大坪一带，尤以升钟根艺作品最具代表性。升水镇临江坪村村民宋坤明的家在升钟湖畔，具有川北民居特色的房屋古色古香。院子里，几名师傅正精心雕刻着树根。普通的树根经过艺人的精心构思与手雕展现，成了主题鲜明、有艺术品位的作品，不少人慕名前来购买。

南部县的文化积淀厚实而多元，有以马王皮影、剪纸、根雕、傩戏为代表的“川北四绝”等。马王何家班皮影，于2008年被列为国家级非物质文化遗产；群龙李氏剪纸，将历史人物、民间故事、飞禽走兽等随意剪来，栩栩如生；升钟杜氏树皮画，既有油画效果，又有国画神韵，更具浮雕风格，堪称精美的民间手工艺品。让传统技艺在传承中延续，在发展中创新。南部县坚持乡村传统手艺的发扬和传承，让树皮画、傩戏面具、刺绣、竹编等一批批手工匠人亮出“绝活”留住文化，使一批“能工巧匠”成为激活乡村活力和领路手工复兴、加快乡村振兴的“生力军”。

南部县紧扣培养一批“乡村匠人”的要求，以文化产业发展、推动文旅融合为主线，推进农村优秀传统文化保护和振兴，积极培育民俗工艺、民俗产品、民俗建筑匠人和农村手艺传承人，尤其抓好“川北四绝”优秀文化遗产的传承，通过“抢救”特殊艺人，解决好乡村旅游、传统工艺等人才后继乏人的问题，把手艺传承的软实力转化为乡村振兴的硬支撑。

培养归乡贤人，引领乡村产业。位于南部县河东工业园区的劲椹食品科技有限公司以“服务农业、服务农村、服务农民”为宗旨，已建成果桑种植基地3万余亩。公司负责人秦华林，曾是国内一家建筑企业的高管，2012年他放弃正风生水起的建筑行业，回到南部县，建立以桑葚产品研发、生产、销售为一体的综合生产企业，从事桑葚食品开发生产销售。近年来，南部县立足农业农村工作实际，通过打好“乡情牌”，念好“人才经”，以乡情乡愁为纽带，招引一批有奉献精神、对农村经济文化社会发展有带动力、引领力的精英，吸引一批资金实力雄厚、专注家乡发展的乡贤回归，鼓励和引导各类人才到乡村奉献才智。同时，借助农村电商发展契机，整合各种资源，搭建孵化平台，为创业电商人才开通“绿色通道”，吸引有乡愁、有知识、懂技术、善经营的乡土人才返乡创业。

南部县坚持对标补短引人才，针对农业供给侧结构性改革、培育农业农村发展新动能等重点，充分挖掘在外人才关心家乡建设、有志服务家乡发展的潜力，通过加大资金激励、落实政策扶持、健全社会保障，鼓励引导在外优秀企业家、农村实用人才、高校毕业生等回乡创业、反哺家乡，持续不断地为乡村振兴注入源头活水。坚持筑优平台招引人才，广泛运用外地流动党组织、异地商会组织等建立联系，通过“搭台子”“拓路子”，建立完善“创业培训＋创业贷款＋创业补贴＋创业指导”的创业扶持机制，为有意愿返乡创业人才提供支持，为乡村产业振兴提供重要支撑。

乡村振兴要把人力资本开发放在首要位置。南部县不仅关注高精尖的农业技术、管理人才，也重视“土专家”“田秀才”等乡土人才。既“筑巢引凤”引进外来人才，也就地孵化本土人才，推动资本、技术等资源流向乡村建设，让乡村成为乡土人才干事创业的乐园。“一门手艺能带活一门产业，一个手艺人就能带活一片乡村。”南部县大力开展农民职业教育，扶持培养一批农业职业经理人、经纪人、乡村工匠、文化能人和“非遗”传承人等。南部县还积极鼓励各类人才回归乡村，通过打好“乡情牌”“乡愁牌”，念好“招才经”“引智经”，想方设法创造条件，让农村的机会吸引人、让农村的环境留住人。

乡村振兴，顺应了亿万农民对美好生活的向往。亿万农民既是乡村振兴的受益者，也是实施乡村振兴战略的主体。他们的积极性、主动性能否被充分调动起来，他们的创造精神能否充分发挥出来，直接关系到乡村振兴战略能否顺利实施。从农村现实出发，尊重农民意愿，尊重基层实践，农民精气神足了，乡村振兴的群众基础也会更加坚实。

二、课题组调研基本情况

1. 课题调研概况

县级调研：调研团队由庄天慧教授牵头，于2018年12月23—29日赴四川省南部县进行脱贫“摘帽”经验总结深度调研。课题组与南部县主抓扶贫的县领导以及扶贫局、组织部、纪委、畜牧局、发改局、住建局、农业局、教育局等单位负责人进行了座谈。此外，于2019年3月初到南部县进行了补充调研，进一步丰富了扶贫案例和相关资料。

村级调研：调研团队在县级调研的同时，抽取出了封坎庙村、张家坝村、任江寺村、打鼓山村、青狮子村等村，对这些村的基层组织、基础设施、基本公共服务、基础产业、农户增收等方面进行了驻村调查。其中将重点了解纯阳山村扶贫情况和经验做法。

2. 调研和工作照片

调研组资料收集和座谈团队入村实地调研

开展村级座谈　　课题工作推进会议

课题成员案例撰写、讨论以及与村干部进行访谈

参考文献

杨帆、庄天慧:《精准扶贫的理论框架与实践逻辑解析——基于社会发展模型》,《四川师范大学学报(社会科学版)》2017 年第 2 期。

南部县财政局:《2017 年财政专项扶贫资金绩效评价自评报告》,2018。

南部县人民政府官网:《南部县县情介绍》,http://www.scnanbu.gov.cn/h/ zjnb.html,2018。

南部县人民政府:《南充实践·南部县脱贫摘帽攻坚纪实》,2017。

南部县人民政府:《四川省南部县 2016 年贫困县退出专项评估检查报告》,2017。

四川在线·四川农村日报(成都):《评选“最美家庭”传递文明风尚》,2016。

南部县扶贫开发局:《南部县 2016 年脱贫攻坚 19 个扶贫专项工作计划》,2016。

微南部微信公众号:《东西协作南部脱贫奔康》,2018。

南部县人社局:《南部县人社局 2017 年工作总结及 2018 年工作思路》,2017。

南部县人民政府:《四川省南部县 2016 年贫困县退出专项评估检查报告》,2017。

汪三贵:《产业扶贫是稳定脱贫的关键》,https://baijiahao. baidu.

com/s?id=1617287370480354281&wfr=spider&for=pc，2018。

南部县财政局：《南部县2016年脱贫攻坚19个扶贫专项工作计划》，2016。

南部县人民政府：《精准扶贫（贫困人口精准扶持）特色产业之“四小工程”》，2018。

南部县人民政府：《南部县脱贫攻坚档案南部县脱贫攻坚宣传图片资料汇编》，2018。

庄天慧：《精准脱贫与乡村振兴的内在逻辑及有机衔接路径研究》，《西南民族大学学报（人文社科版）》2018年第12期。

Lewis,W.A：Economic Development with Unlimited Supply of Labor, Manchester School,1954.

张军：《乡村价值定位与乡村振兴》，《中国农村经济》2018年第1期。

Krugman P：Increasing Returns and Economic Geography.Journal of Political Economy,1991.

叶玉瑶等：《珠江三角洲建设用地扩展与工业化的耦合关系研究》，《人文地理》2011年第26期。

李然：《南充这个镇建起15个脱贫奔康产业园，覆盖全镇10个村，打通脱贫致富路》，http://www.ctoutiao.com/1020845.html，2018。

庄天慧、陈光燕、蓝红星：《精准扶贫主体行为逻辑与作用机制研究》，《广西民族研究》2015年第12期。

庄天慧：《西南少数民族贫困县的贫困和反贫困调查与评估》，中国农业出版社，2011。

王思铁：《“六个精准”指引脱贫奔小康》，《四川党的建设（农村版）》2015年第8期。

汪三贵、Albert Park:《中国农村贫困人口的估计与瞄准问题》,《贵州社会科学》2010 年第 2 期。

汪三贵、郭子豪:《论中国的精准扶贫》,《贵州社会科学》2015 年第 5 期。

蓝红星:《民族地区慢性贫困问题研究——基于四川大小凉山彝区的实证分析》,《软科学》2013 年第 6 期。

庄天慧、杨帆、曾维忠:《精准扶贫内涵及其与精准脱贫的辩证关系探析》,《内蒙古社会科学》2016 年第 3 期。

黄承伟、覃志敏:《论精准扶贫与国家扶贫治理体系建构》,《中国延安干部学院学报》2015 年第 1 期。

庄天慧、杨宇:《民族地区扶贫资金投入对反贫困的影响评价——以四川省民族国家扶贫重点县为例》,《西南民族大学学报(人文社科版)》2010 年第 8 期。

庄天慧:《四川藏区农牧民收入水平、结构及差距研究》,《西南民族大学学报(人文社科版)》2016 年第 1 期。

徐伍达:《西藏打赢深度贫困地区脱贫攻坚战的路径选择》,《西南民族大学学报(人文社科版)》2018 年第 5 期。

杨浩、庄天慧、蓝红星:《气象灾害对贫困地区农户脆弱性影响研究——基于全国 592 个贫困县 53271 户的分析》,《农业技术经济》2016 年第 3 期。

叶初升、高考、刘亚飞:《贫困陷阱:资产匮乏与悲观心理的正反馈》,《上海财经大学学报》2014 年第 4 期。

郑长德:《“三区”“三州”深度贫困地区脱贫奔康与可持续发展研究》,《民族学刊》2017 年第 6 期。

郑长德:《贫困陷阱、发展援助与集中连片特困地区的减贫与发展》,

《西南民族大学学报（人文社科版）》2017 年第 1 期。

庄天慧、蓝红星、杨浩、曾维忠等：《精准脱贫第三方评估：理论、方法与实践》，科学出版社，2017。

庄天慧、张军：《民族地区扶贫开发研究——基于致贫因子与孕灾环境契合的视角》，《农业经济问题》2012 年第 8 期。

杨浩、庄天慧等：《气象灾害对中国特殊类型地区贫困的影响》，《资源科学》2016 年第 4 期。

杨浩、庄天慧等：《少数民族贫困测量：理论和实践》，《西南民族大学学报（人文社科版）》2015 年第 9 期。

杨浩、庄天慧等：《“大众俘获”视角下贫困地区脱贫帮扶精准度研究》，《农村经济》2016 年第 7 期。

王小林、张晓颖：《迈向 2030：中国减贫与全球贫困治理》，社会科学文献出版社，2017。

王晓毅：《易地扶贫搬迁方式的转变与创新》，《改革》2016 年第 8 期。

王晓毅等：《生态移民与精准扶贫——宁夏的实践与经验》，社会科学文献出版社，2017。

李小云：《东西部扶贫协作和对口支援的四维考量》，《改革》2017 年第 8 期。

李小云：《脱贫摘帽重在不返贫》，2018 年 8 月 26 日《人民日报》。

南部县人民政府：《南部县扶志与扶智优秀案例——“弱鸟先飞”的奥秘》，2018。

南部县人民政府：《南部县产业扶贫典型案例——实施“345”增收计划，解决好群众收入问题》，2018。

南部县人民政府：《南部县产业扶贫典型案例——构筑“五道防线”，

解决好群众医疗保障问题》，2018。

八尔湖镇人民政府：《八尔湖纯阳山村农建示范园简介》，2018。

东坝镇人民政府：《东坝镇脱贫奔康产业园简介》，2018。

南部县脱贫攻坚领导小组：《南部县创新产业扶贫长效机制做好贫困群众在产业链上的“加法”》，2017。

南部县脱贫攻坚领导小组：《出“六个坚持”激发贫困群众脱贫奔康内生动力》，2017。

南部县脱贫攻坚领导小组：《脱贫摘帽之后的“南部做法”》，2018。

中共南充市委组织部：《南部县打好“链式组合拳”强化党建引领决战决胜脱贫攻坚》，2017。

中共南充市委组织部：《南部县开展“双诺双评”活动助推乡村组织振兴》，2018。

中共南部县委、南部县人民政府：《“四水共建”助力乡村振兴——在全省农田水利基本建设现场会上的发言》，2018。